康德文艺美学思想与现代性

Kant's Aesthetic Theory and Modernity

张政文　施锐　杜萌若　著

人民出版社

国家社科基金后期资助项目
出版说明

后期资助项目是国家社科基金项目主要类别之一，旨在鼓励广大人文社会科学工作者潜心治学，扎实研究，多出优秀成果，进一步发挥国家社科基金在繁荣发展哲学社会科学中的示范引导作用。后期资助项目主要资助已基本完成且尚未出版的人文社会科学基础研究的优秀学术成果，以资助学术专著为主，也资助少量学术价值较高的资料汇编和学术含量较高的工具书。为扩大后期资助项目的学术影响，促进成果转化，全国哲学社会科学规划办公室按照"统一设计、统一标识、统一版式、形成系列"的总体要求，组织出版国家社科基金后期资助项目成果。

全国哲学社会科学规划办公室

2014 年 7 月

目　　录

第一章　现代性透视下的德国古典美学

第一节　启蒙现代性与审美现代性

18 世纪兴起的启蒙运动引发了社会生活的革新与重建。理性的思考、批判的怀疑传统社会生活引发了近代社会生活的革新与重建。在政治上，启蒙之前，欧洲传统国家大多数在政治上是政教合一的君主国和帝国。这些君主国和帝国在君权神授的意识形态中，高度宗教化、集权化、专制化。启蒙思想对教会的批判、对专制合法性的质疑，导致了欧洲政教分离运动。而在政教分离的过程中催生了民族国家的诞生。经历启蒙哺育的民族国家大多选择了具有历史进步性的开明君主制。在启蒙的进一步推动中，开明君主制发展为君主立宪制，最终创生了以分权为特征的美利坚合众国和法兰西共和国这些现代民主法制国家。国家政治实现了现代化。在经济上，启蒙之前，欧洲各大国基本上推行的是重商政策，认为世界财富是个常量，各国都想通过掠夺或榨取更多的物质财富，却不懂得增加贸易、加快流通是创造财富的根本。而启蒙思想重视人的现实利益，特别是以重农主义为基础的经济利己主义的提出和推行，促进共同利益，让广大的民众获得更大利益的政策出现了废除经济领域各种限制自由的规定，从而使市场形成，市场经济制度逐渐建立起来。在文化上，在启蒙思想倡导的自由意识影响下，欧洲的思想自由、言论自由和出版自由有了法律的保护，而思想自由、言论自由和出版自由是现代人权的基本内容。启蒙尊重知识，认为知识可塑造人性。知识的转达依靠的是教育，因而，在启蒙的呼唤下，大学教育在欧洲普遍兴起。中世纪，教会所办大学极少，而教育领域也只是神学，后来增设了法学、医学和一些人文科学。而启蒙时代兴办的大学则更重视自然科学和人文科学的教育。在某种意义上讲，正是科学教育的推广，现代社会才得以实现。可以说，启蒙时代的大学是现代社会的摇篮。

启蒙引发了社会观念的革新与重建。社会生活的变化必然导致社会观念的变化，而新的社会观念出现又引起社会的新变化。启蒙在引起欧洲社会生活的变化同时，也带来了社会观念的革新与重建。建立在基督教基础上的传统社会观念和普遍价值被启蒙所创立的一系列全新的社会意识所取代,从而引起社会意识形态的转型。在启蒙思想所创立的一系列观念中,理性、自然、自由、平等、财产、进步等观念不仅在启蒙思想中有特殊地位,而且也是现代社会价值观念中的核心理念。启蒙思想中的理性观念有着丰富的内涵,既有思维理性之意,又有意志理性的内涵,还有知识方法论和工具理性的意蕴,理性后来成为当代人类理解世界、创造自我的基本方式。而启蒙思想中的自然观念成为当今人类理性观念与方法的基本参照,被看成是现代文化对社会、文化的一种根本要求。自由作为启蒙思想的核心之一,在当代成为对人类自主状态的一种基本态度和追求。平等在启蒙思想中是为打破欧洲封建政治等级制度设立的观念,这个观念现在成为整个社会生活各个领域、各个方面的基本价值尺度,而进步则是当代对人类行为和决断的最终标准。正邪、善恶、是非的历史性判断准则就是看其是否具有进步性。可以说,现代社会价值体系的基本骨骼源于启蒙所带来的这些新观念。

启蒙产生了全新的知识体系。启蒙的最终目的在于重释人的内涵。而对人的重释和对世界的理解根本上依靠科学知识。启蒙的重大历史成果之一就在于产生了全新的知识体系。就自然科学而言,伴随着工业化过程,启蒙引发了近代天文学、近代力学的建立,产生了科学意义上的数学、医学、化学、生物学等学科,有些学科已经十分精细,如化学医学、物理医学,等等。而在人文科学方面,启蒙思想创立了关于人的知识或智慧的人学、研究道德知识和道德行为基础的伦理学、研究美以及美的创造和美的认识的美学、关于政治及人类社会权力之基础的政治学、以人类身体特征和文化特征为对象的人类学、解释人类心理活动以及心理对个体行为的影响方式的心理学。同时,启蒙运动还改造了哲学、宗教学、逻辑学、法学等许多传统学科,使之成为科学。所有这些,都为现代社会的庞大的知识体系的建立、发展、演变做了充足的准备。

不过,启蒙并非意味着人类光明的真正现实实现,启蒙价值中共时性地酝酿着启蒙危机。

首先,无论是作为人类面对世界而进行的有序思维活动的思维理性,还是为人类提供观念、信仰的意志理性都具有普遍化、秩序化的性质。理性的普遍推行导致现代社会的整体理性化。理性之外的鲜活内容被理性的普遍要求、秩序规则、统一目标所扼杀,最终理性成为维系社会存在、发展的制度,成为现代社会的唯一标志。理性从人的主体中分离出去,成为最为强大的社会客观力量。理性主宰着社会、主宰着每一个生活着的人,政治理性化、经济理性化、技术理性化,一句话,生活完全被理性所控制,人类丧失了生活最重要的丰富性维度,这是启蒙在现代社会中造成的最具异化特征的消极后果。没有理性的人类生活是蒙昧的,而只有理性的人类生活则是可悲的,这正是福柯等当代思想家对启蒙批评的根本所在。

其次,由于理性是现代社会最为基本的规则,理性成为统治者,它从反对宗教迷信,破除专制独裁变成了最大的权力。依附这个权力,运用这个权力就成为社会的中心;反之,便被边缘化。理性强迫人们迷恋它、盲目崇拜它,正像霍克海默指出的那样,理性成为当今世界最大的宗教。

最后,理性的制度化、权力化、宗教化导致自然与人关系在当代相当紧张。本来对自然的界定、阐释体现着人们对世界感知与思考的深度及广度,是人类理解自我的基本写照和重要维度,但是,启蒙过度强调理性对世界的支配作用,从而导致自然的认识功能和价值功能逐渐丧失,福柯、阿多诺等人指责启蒙背叛了自然,当代思想家一致对理性摧残自然以及带来的生态危机深恶痛绝,不断追问理性对自然的支配权力的合法性,而海德格尔则提出诗意栖居于自然之中,以纠正启蒙的过错。

从更本质的方面来看,启蒙与现代性之争关涉什么是进步、人类是否能够进步、人类怎样才能进步、人类是否已经进步并将继续进步的人之生存的根本性问题。启蒙与现代性之争目前没有答案,也许这将是一个永远敞开的哲学问题。

现代性(modernity)是对现代生活的一种描述和判断。现代生活由工业化生产消费普及、现代国家制度逐渐建立的社会进程与宗教改革、启蒙运动、近代科学技术发展的文化进程相互协作、相互影响、相互渗透而共同编成的,是一种既具有共同的方式和形态又充满矛盾对立的生活。因而,对现代生活进行描述和判断的现代性也就有了不同的解读。哈贝马斯将现代性理解为从公元5世纪末希腊罗马古典世界覆灭、基督教世界到来后不断向当代展开的现代社会生活的文化性质,因而被哈贝马斯称为现代的社会生活具有千年的历程,其文化性质也是多变的、复杂的、至今尚未完成的。不过,哈贝马斯指出现代性有一点是清晰、稳定的,那就是现代性不再是传统的模仿,它自我复制、自我创造并形成只属于现代性自身的规范,从而与传统彻底断裂。沃勒斯坦的"所知世界终结论"、福山的"历史终结论"也都将现代性视为文化的断裂。与哈贝马斯等人不同,鲍曼则认为现代性是一种用普遍性解说世界的理解范式。按照鲍曼对现代性的指认,现代性是由18世纪启蒙思想家们开始的一种文化设计,即通过知识建造谋求人类的自由解放,将日常生活从神话、宗教中划分出来,使人们的世俗生存获得合法性与合理性的规划。如此,这种现代性就可概括为理性现代性。

哈贝马斯曾区别过两种现代性:一种是资本主义经济、政治的现代性;

另一种是文化审美意义上的现代性。文化审美意义上的现代性生长在启蒙主义思潮、浪漫主义思潮以及由波德莱尔、莫奈开启的现代主义思潮的文化语境中,与资本主义经济、政治的现代性相关却又相异。分析西方现代化的历程,在市民社会逐渐形成资本主义社会经济、政治、宗教、道德的理性观念和理性制度的同时,西方文学艺术领域萌发了一种既不同于古希腊罗马知性模仿传统,也不同于启蒙理性观念的新兴审美趣味。这种新兴审美趣味的特征就是感性化、个体化、内省化。中世纪的骑士传奇、短歌,文艺复兴时代的戏剧、十四行情诗、绘画艺术,启蒙时代的教育小说、市民悲喜剧,浪漫主义时期的诗歌和歌剧,现实主义时期的小说、音乐和芭蕾舞无不显现对自然人性的倾心、对感性生命的珍视、对个体价值的张扬、对理性规范性的远离。伴随着文学艺术的趣味转型,从18世纪起,"趣味无争辩"、"厚今薄古论"、"情感至上论"等不同于"模仿论"、"教化论"、"理智论"等传统文艺思想的理论也纷纷面世,成为最有影响的审美文化观念。可以说,新的文艺实践和文艺观念共同形成了一种不同于传统审美文化性、也不同于理性现代性的文化形态和文化价值,这就是审美现代性,它与理性现代性一样,也是现代性的主要构成部分。

然而,如哈贝马斯所言:"现代性的特征在于主体具有一种自相矛盾和人类中心论的知识型。而主体是一个异常复杂的结构,虽然有限,却又向着无限超越。"[1]这一时期的许多德国思想家穿透性地看到了政治现代话语的主体自身存在着感性与理性的强烈分裂,并认为,这种分裂最终将会导致主体的破裂、政治现代性话语的崩溃。面对政治现代性话语的内在危机,他们选择了审美批判,审美独有的感性力量与自由性质消除政治现代性话语主体的内在冲突,使感性与理性统一和谐起来。也许看到了席勒采用审美批判方式解决政治现代性话语的内在矛盾,哈贝马斯在《现代性的哲学话语》一书中才肯定地说,现代性的哲学话语与现代性的美学话语在许多方面是联系在一起的,"现代性首先是在审美批判领域力求明确自己的"[2]。

第二节　现代性与德意志民族文化

德国现代性在欧洲现代化进程中产生,也与欧洲基督教普世文化有着神秘的渊源,但德国现代性不同于英国现代性和法国现代性,其现代性的民

① 　哈贝马斯:《现代性的哲学话语》,曹卫东等译,译林出版社2004年版,第308页。

② 　哈贝马斯:《现代性的哲学话语》,曹卫东等译,译林出版社2004年版,第9页。

族、国家之根本在于它植根于孕育、培养它的母体——德意志民族文化之中。德国现代性首先是民族的，然后才是世界的，这一原理曾被歌德、马克思深刻地论述过。但是，长期以来，人们大多关注德国现代牲与世界的关系，却忽略了对德国现代性与德意志民族文化的关系研究。德国现代性的问题选择、文化追求、精神气质、思想风格、价值关切、话语趣味等总有让人迷惑之处，迄今难以得到广泛的认同和理解，关键原因就在于这一切与未被我们真正关切的德意志民族文化有关。德意志民族文化极为复杂，自身的文化起源、发展过程中文化的变迁、文化在演进流变中与其他文化的相遇以及相遇后的碰撞、冲突、互渗而形成的张力等都造成德意志民族文化的复杂性。但是，通过仔细地分析每一个重大历史事件以及这些事件产生的历史影响，可以看到以下三点值得细细体会。

第一，德意志民族向东迁徙中与罗马民族的相遇注定了德意志民族文化不可更改的历史命运。德意志民族对罗马民族的占领与罗马民族文化对德意志民族文化征服产生了德意志民族文化内部深刻的矛盾性，德意志民族的强大、凶悍、坚强、朴素最终汇集为不可阻挡的物质力量打败了不可一世的罗马民族，摧毁了自以为不灭的罗马帝国，这为德意志民族注入了异常的优越感和自豪感，德意志民族同一性的最深处就是这种战胜异族后的优越感和自豪感，它是德意志民族凝集力和自信心的根本。然而，当古老的德意志民族文化与罗马民族的帝国文化照面时，相形见绌，显得是那样的原始、落后、粗俗而野蛮。面对文明的罗马文明，作为主人的德意志人如何能不汗颜、羞愧。于是，德意志民族文化的命运就这样被决定了，政治、军事的强大权力与文化的贫瘠、弱小使德意志民族对罗马民族文化既蔑视又爱慕，爱恨交加，德意志民族文化的焦虑就在此，形成了一种独有的文化张力：一方面是向心力，在民族文化感情方面，德意志民族文化自然不自然地倾心于罗马文化、模仿罗马文化，以追随罗马文化为荣；另一方面是离心力，在民族文化理性方面，因民族优越感、自豪感以及所拥有的政治、军事、经济等现实权力，德意志民族文化又有着强烈的、迫切的摆脱罗马文化而创造能与罗马文化一比高低、令世人荣耀的德意志民族文化的愿望与诉求，并且这一方面向来是德意志民族性格中最具有意志力的地方。德意志民族文化的这一历史命运也决定了德意志知识界包括德国古典哲学家们的文化性格即对英法先进方法和制度的渴望与在本民族文化自信的支配下超越英法而成为思想文化之王的梦想交织在一起。

第二，德意志民族的演进发展的向心式类型值得关注，它与德国古典哲学有着深厚的联系。不同的民族由于其历史境遇和自然环境的差异，民族文化的特质也不同。就世界范围而言,民族的发生、发展有三种基本类型:第一种可以称为扩展型,即从一个核心的地域、以一种稳定的文化形态从中心向外延拓、扩展,如古希腊民族和其民族文化以希腊半岛为中心向东方的小亚细亚、北方的马其顿和高加索、南方的爱琴海诸岛、西方的意大利半岛和黑海地区辐射,最终产生了深刻影响世界形势的"希腊世界"及对西方文化起着决定性作用的希腊文化。罗马民族和罗马文化也是这种文化类型的代表,从两千多年前的小氏族部落定居在罗马这个地区,最后成为横跨欧亚大陆的世界性大帝国。第二种可以称为传播型,传播型民族与民族文化在其民族与民族文化的早期较为落后、弱小,但是在历史进程中与强势民族与民族文化相遇,其结果是强势民族与民族文化改造了本民族与本民族文化,本民族文化经过调整、改变形成了新的民族品格与功能和新的独立,而不是屈从的民族文化,如彼得大帝之后的俄罗斯民族与俄罗斯文化、明治维新后的日本民族与日本文化。第三种可以称为分化型,是指从一个民族与民族文化逐渐分化成几个有渊源关系却彼此又不同的民族与民族文化,如历史上的尼德兰民族与尼德兰民族文化后来分化成荷兰、葡萄牙等民族和民族文化。

德意志民族与民族文化的演进发展类型不同于上述这三种类型,而是一种从边缘到中心、从分散到集中的向心式类型。众所周知,在罗马时代,德意志民族在欧洲易北河、莱茵河一带和中北欧森林地带发祥,众多的德意志氏族部落未能很快形成统一的民族以及民族国家,因而德意志民族没有明确的边界和域限,这种现象一直到 18 世纪至 19 世纪由歌德、席勒、赫尔德、康德、黑格尔等人最终建立统一的德意志民族文化和 1871 年建立统一的德意志民族国家才宣告结束。因而,德国的现代性也可以被理解为德意志民族文化的基本构成,德国现代性的许多问题设计、思想探究、社会方案、理性意志和理想情怀都与建立统一的德意志民族文化直接相关,不关注这一点,就无法真正领悟德国现代性。

第三,德意志民族文化与罗马民族文化的相遇所造就的德意志民族与德意志民族文化的命运以及德意志民族与民族文化向心式演进路径带来了德意志民族文化的与众不同的特点。

(1)德意志民族与德意志民族文化发展缓慢,而且在发展的进程中处于不稳定的状态中,因而与许多民族与民族文化相比较而言成熟得较慢,有人称为"延长的青春期"。其表达形式主要表现为政治文化缺乏凝聚力,政治文化理性相对匮乏,在其长久的进程中始终未形成民族强势和文化霸权。

(2)由于没有形成民族强势和民族文化的霸权地位,在形成统一民族和民族文化的过程中,基督教的普世文化成为凝聚德意志民族和德意志民族文化的主要动力。不过,民族统一与文化独立的强烈诉求又使基督教普世文化以新教方式而不是天主教或东正教方式在德意志民族统一和文化独立的历史中起着决定性的作用。新教文化为德意志民族和文化带来了新的不同于其他民族和文化的精神追求和道德标准,这就是职业道德与行业纪律共同构建的社会公共道德。这种社会公共道德不以传统为基础,而犹太人的十诫则以特定宗教传统为依据,中国伦理道德基于民族血缘、家族传统。这种社会公共道德也不以中国的圣人、希腊的英雄、天主教的殉道者为理想。相反,这种公共道德以成为普通而有责任的社会成员为道德人格定位,以对社会的经济贡献、文化教育等公共事业的贡献大小作为道德评判标准,倡导勤勉、效率、热情、秩序、服从、责任的价值观念和文化生活。可以说,所有这些正是德意志民族与德意志民族文化得以产生、发展并最后成为对世界有重大影响的民族与文化的根本所在,而这些也是德国现代性构建关于人的学说和民族的学说、国家的学说、历史的学说的理解、诠释的文化源头。

（3）在德意志民族历史发展进程中,由于城市与乡村的分裂,城市的同一秩序、乡村的无序混乱使得德意志城市与乡村社会发展、文化进步极其不平衡。在城市社会经济发展较好、文化公共事业的发达、市民生活相对的稳定、富足,使得教权、王权对待城市的统治较为宽松,其实,掌握教权、王权的人大多生活在城市,他们或认同城市生活,依靠城市的物质资源和精神资源的供给,自然而然地就给予城市更多的自由权力和宽松政策,这些权力和环境在新教伦理和行会组织共同整合下就产生了市民社会。市民社会既不同于传统的贵族、臣民社会,也不同于传统的教会、教民社会,它的社会主要成员不同于贵族,也不同于农民,还不同于神职人员的城市居民,它的社会意识形态是新教伦理,它的社会政治、法律基础是社会契约。可以说,市民社会是统一的德意志民族与德意志民族文化的最终生活形态,而德国现代性在总体的历史文化情境上说是这种市民社会的文化话语表达。

（4）就德意志传统文化思想而言,对其有重大影响的有:希腊的理性智慧、罗马的知性原则、欧洲大陆特别是笛卡尔的理性思维和英国的经验主义;基督教的普世信仰、新教的道德伦理、自然神论;英国自然市场主义和君主立宪制度;法国的社会民主思想和社会革命倾向;德国的民族文学和民族叙事。

总之,德国现代性与德意志民族文化所具有的神秘关联是我们打开德国现代性自我理解之门的一把钥匙,只有真正清晰地将德意志民族文化的结构、功能、特征、发展以及边限解释明白,描述到位,才有可能解开德意志民族文化与德国现代性的关系之谜,而这是我们重建对德国现代性自我理解的万里长征第一步。

意大利文艺复兴运动中的人文主义是现代性中的核心价值,也是德国现代性理性、主体性、普遍人性等基本文化立场、意识态度和价值判断的底线和底蕴。意大利文艺复兴运动对德国现代性产生重大的影响就是对科学的强烈诉求,对知识普遍化的极度渴望,加之现代大学在意大利兴起、知性被隆重推出,与感性同时被确认为人的主体性基本构成。现代科学精神在逻辑推理与经验归纳的知识建设中生成,造就了日后庞大的、具有决定性的科学知识体系,关于自然的知识叫自然科学,关于社会的知识叫人文社会科学。而知性的确立和科学的价值确认是德国现代性的基本任务之一,也是在德国现代性构建过程中基本完成的。意大利文艺复兴为德国现代性带来的最重要的思想成果是:由于人性、感性、知性的概念与价值的出现,人取代神不可避免,传统关于人的理解——无论是古希腊理性式的还是基督教神学式的——已经面临颠覆,新的关于人的理解从意大利文艺复兴中提出,最终在德国现代性中以德国古典哲学理论体系的方式完全建立。这种关于人的理解认为,人的本性既不是神性,也不是兽性,神性是纯理性的,兽性是纯欲望的。人非神亦非物,所以,人性是由自然与社会、精神与物质、必然与自由、心理与物理等多方面、多层次、多结构的功能交互作用过程中产生的唯一属于人类的以理性、知性、感性为基本能力的复杂多元的生命的生存和生活的性质与特征,概括地说就是主体性。可以说,建造关于主体性的基本理解和知识体系是德国现代性的最重要、最基础的思想工作。可以说,德国现代性最终实现启蒙理性转向当代理性,最终在思想理论层面实现德国现代性的标志就是德国古典哲学完成了建造关于主体性的基本理解和知识体系的历史任务。

可以肯定地说,从欧洲现代化进程的开始阶段到相当一个时期,生活的秩序基本上由宗教来决定。宗教一方面通过其合法而有效的社会组织系统为人们提供物质和经济的保障;另一方面宗教决定了一个人或群体是否可以合理、合法地生活在社会中,受到各种法律、政治、道德、习俗的保护,有权享用各种公共资源。因而,在欧洲自基督教统治到现代进程的早期的千年之中,宗教势力不是简单地建立在个人利益或宗教信仰的基础上,宗教的意识、宗教的行为是任何人都无法回避、无法抗拒的公共事务。宗教改革使宗教自身发生了质的变化,而且这种质的变化产生了社会改革的新要求、新思想、新观念,所有这些又与自文艺复兴以来的人文主义发生了联系:一是新的教育纲领和模式的推行促进了文化推广;二是对教会的批判使宗教成为文化,回归个体。所以,宗教改革是一场深刻的社会与文化运动。德国学者里夏德·范迪尔门在《欧洲近代生活》一书中将这场社会与文化的运动概括为五个特点:大多数受过良好教育且口才极好的布道士支持宗教改革;使用德意志方言布道使民众广泛地参与到运动中,而且形成了德语;文化事业的发展,特别是教育业和印刷业的发展极大地推进了宗教改革的传播;教区自治和市民的自治保障了宗教改革不受到大规模的政治迫害和军事镇压;宗教改革有一个十分明确的纲领,这个纲领受到民众和布道士的共同自觉的认同。

马丁·路德开始倡导宗教改革时的想法非常简单,就是要将教义的解释复归于《圣经》,把《圣经》视为唯一的信仰原则和信仰起点。然而,宗教改革后来宣布了一种新的信仰、一种新的生活方式和一种新的社会秩序。新教对天主教的拒斥和批判集中表现在以下三点:其一,新教认为,以教皇为首的天主教教士集团无法实现上帝与人之间的联系人的功能,教会从没有为民众提供关于上帝的真正信仰,相反,教会与世俗权力狼狈为奸,通过教会的信仰权力牟取世俗的现世利益;其二,天主教教会垄断了基督教教义的解释权,过分突出教会的解经,而无视《圣经》的核心和优先的解释权;其三,天主教教会制定的圣事、圣规和宗教仪式断绝了信徒与上帝的直接相遇,上帝无法赐福与救赎信徒,赐福与救赎的权力被教会从上帝的手上夺走。

新教的基本教义是:其一,上帝的意旨是终极的、不可知的,人类不可能在理性和知性中理解上帝的福音。渺小的人不可能认识上帝,与上帝的照面唯有信仰。信仰也是唯一可以获救的路径和方法。其二,人们只能通过上帝的赐福获救,现世的善行或捐买无法实现救赎。其三,道德生活决定不了恩赐与救赎,却可能坚定信仰,而信仰是人唯一使人与上帝相遇和对话的路径、手段。

宗教改革对德国现代性有决定性的影响,德国现代性集大成的德国古典哲学家康德、费希特、谢林、黑格尔都出生在新教徒家庭,从小就接受新教的教育和养成。德国古典哲学中许多基本哲学观念特别是关于人、关于神、关于信仰、关于善、关于幸福、关于生活、关于历史、关于爱等理论与新教密切相关。宗教改革对德国古典哲学的影响与启示表现在以下六个主要方面:

第一,德国古典哲学的自由观来自于对理性的思考与理解。宗教改革锻造了理性的怀疑、批判功能。马丁·路德对教会的批判成为一种传统,而到了德国古典哲学已成为一种精神和方法。理性的思考与批判使思想获得了自由。康德的意志自由论、费希特和谢林的自我自由论、黑格尔绝对意识自由论都源自宗教改革的理性批判传统。

第二,德国古典哲学主体性理论的建设受到宗教改革的深刻影响,在新教教义中,个体直接面对上帝,无需教会中介。个体直接受上帝的关怀,个体的意义具有了终极价值,个体的生存和生活产生了普遍性和形而上的维度。个体直接被上帝关怀产生的结果就是在上帝面前人人平等、人人自由,而且这种平等与自由是先验的,无需经验证明,在现世中不证自明。

人人平等、人人自由就使人人皆负有上帝的义务、对他人的责任,因而也就构成权利与义务对等的公平正义的社会,每个人也因此而有了自己的历史。

第三,德国古典哲学接受了宗教改革关于道德超越性的观念。天主教的道德根基是好坏善恶,好坏善恶带有强烈的世俗意味,与生活的现世目的和利益直接相关。新教对道德的理解很不同:真正的道德是先验的,与现世目的和世俗利益无关。真正的道德是普遍的,与具体的好坏无关。德国古典哲学坚持了新教对道德理解的这两个基本要旨并将之提升为系统的伦理思想,使道德具有了超越性、自由性和普遍人性,从而也具有明确的界域和形式性,道德与宽容就有互补互动的作用了。

第四,德国古典哲学在宗教改革的信仰观中汲取了信仰理性化的精神:信仰不是屈从或盲从,信仰是理性的认同和理性的服从。信仰是最终与最高的诉求和践行,但信仰不是生活唯一的目标和唯一的内容。信仰有自己的领地,这个领地在自我精神世界中,而不在世俗公共生活内。

第五,德国古典哲学受到宗教改革关于人的历史的观念的影响。新教坚持因信称义,在自救与他救中选择他救。天主教认为通过世俗教会的努力,人可获救。新教则相信无论怎样,人无法自我获救,唯有上帝方能使人获救,所以只能信仰上帝,别无获救他法。因信称义,等待他救,表面上是他救,但实质上却是自救。关键在于救的过程是现世生活中要实现超越。他律变成了自律。

第六,宗教改革促进了市民社会的独特文化的发展,这也深深地影响到德国古典哲学。信仰在天主教中是由教会宰制的公共性活动和事物,宗教事物与国家政治一体化。所以天主教的信仰对个人而言是不允许自由的,社会的文化由教会价值群体来决定。而新教的信仰相对属于个人,信仰与政治相对疏离,教区社会与国家相对独立,因而促进了市民社会与市民文化的发展。新教信仰的个人性又产生了私的领域和私的精神,这对市民社会与市民文化乃至整个资本主义社会和文化意义重大而深远。

从某种角度讲，法国大革命可以说是德国现代性的社会形态，而德国古典哲学则是法国大革命的现代性理论叙述。海涅在他的《论德国》一书中对法国大革命与德国古典哲学的关系曾作过精辟的论述，成为经典之论。法国大革命的言论自由导致德国古典哲学关于思想与言论自由的坚定诉求。法国大革命中民众社会自治，导致德国古典哲学社会生活自由的强烈冲动。反对专制与强权成为德国古典哲学的精神主旨和价值追求。法国大革命中自由是与民主相关联的，其结果就是产生两种不同的自由观念和行动。两种自由观念和行动有联系却更有冲突：一种是丹东式自由，这种自由基于个体权力的理解，自由是个体的自由；另一种是罗庇斯特尔式的自由，这种自由基于集体权力的理解，自由是人民的自由，只有在人民的名义下才能享受这种自由。罗庇斯特尔对丹东的审判标志着人民名义的自由战胜了个体的自由，这深刻刺激了德国古典哲学，引发德国古典哲学对自由的认真思考。

德国古典哲学对自由的思考的入手点是：自由为何是人的根本属性，为何自由成为人的根本诉求，自由为何可以成为人的本质，自由怎样成为人的本质。结论是：自由根源于人性。所以自由与绝对相关、自由与道德相关、自由与个人权力相关、自由与法律相关。法国大革命的民主观源于平等意识和契约论。然而，在本质上平等与契约二者是对抗的。最终，在法国大革命中，平等战胜了契约，导致多数人的民主宰制了个人的自由，如雅各宾专政，使得民主与自由产生冲突、安全与自由发生矛盾。所有这些引起德国古典哲学的高度关注和深切思索，得出以下结论：自由是本位的。民主和安全必须建立在尊重人性、维护社会契约的基础上，绝不能因为民主和安全取消个人自由与社会契约。理性至上、个人自由是德国古典哲学不同于法国大革命的价值追求的根本之处。

欧洲浪漫主义文化运动是指18世纪中期至19世纪初期以文学艺术为中心的一种反传统、反古典主义文化观的思潮。欧洲浪漫主义追求个性、情感、想象，是现代化进程中出现的一种抵制理性宰割、机器通吃的文化运动。在法国以雨果、乔治·桑的小说为代表，英国则是湖畔诗人、拜伦的诗作领风骚，德国以青年歌德、赫尔德、席勒为领袖。20世纪大哲学家罗素认为，西方近代文化在本质上就是浪漫主义文化，包括政治上的无政府主义、经济上的自由主义、道德上的个人主义、宗教上的无神主义、社会理想上的乌托邦主义。浪漫主义运动与德国古典哲学是在一个历史时段上发生的精神活动，具有共时性。

浪漫主义文化运动与德国现代性有着一样的处境与背景,即社会的工业化、生活的现代化、精神的科学化,一句话,理性化的时代。但是,同在共同处境与背景的欧洲浪漫主义与德国现代性思想集大成的古典哲学对理性化的时代却有不同的态度:浪漫主义拒绝或逃避理性时代,而德国古典哲学则承认或超越理性时代。

欧洲浪漫主义文化与德国古典哲学具有共同或相近的历史动机和现实任务:回应启蒙和建设启蒙后的文化。

一是浪漫主义运动是启蒙运动后欧洲最有影响力之一的文化运动。浪漫主义运动承继了启蒙文化反传统、反古典主义的文化性质,坚持文化与自由的内在联系,继续推进文化回归民众的生活世界。但是浪漫主义文化运动对启蒙运动滥用理性极为不满,反对理性压迫感性,反对普遍性取代个体性,反对用逻辑替换想象,大力推进感性、情感、想象的审美性文化世界的建造并以此抵制启蒙运动用理性建造的认识世界。这一特点引发德国古典哲学超越启蒙现代性打造当代现代性的工作。

二是德国古典哲学继续了启蒙运动的理性精神,为以理性为底蕴的各种启蒙思想建立了完备的理论体系,使启蒙思想成为现代化进程的理论体系、思想体系和价值体系。所谓理论体系,指德国古典哲学使启蒙思想成为主流意识形态。所谓知识体系,指德国古典哲学使启蒙思想成为公共理解的原理和标准并被普遍传授和接受;所谓价值体系,则指德国古典哲学使启蒙思想成为现代文化的基本内核。

三是德国古典哲学对启蒙的超越在于建立了一个更为庞大、更为精密、更为系统、涵盖启蒙文化和浪漫主义文化的主要内容的理性帝国。

欧洲浪漫主义文化运动中的主要领袖,除歌德、席勒、许莱格尔兄弟外,其他的人特别是法国、英国的浪漫主义文化领袖对德国古典哲学索然无味,可见文学艺术的骄傲与自大。而德国古典哲学对英法浪漫主义文学艺术也知之甚少,显得有些封闭。但是德国浪漫主义与德国古典主义之间却关系神秘,如康德与席勒之间、谢林与许莱格尔兄弟之间、黑格尔与歌德之间均有着千丝万缕的联系。

浪漫主义倡导感性使德国古典哲学坚持感性与理性的统一,从而建立了感性与理性统一的主体理论。康德、费希特、谢林、黑格尔无不重视感性、情感、想象等问题。康德将感性视为人的基本主体能力之一,黑格尔则把感性看成绝对精神的运行起点,费尔巴哈干脆将人的本质理解为感性。浪漫主义倡导个性对德国古典哲学重视个体自由产生了积极影响:康德认为自由只有属于每一个人才可能属于所有的人。费希特、谢林则认为自由首先属于自我。黑格尔将个体自由的实现界定为绝对自由实现的必然阶段。浪漫主义倡导情感对德国哲学的理论建设有着深远启迪:康德为此设计了反思判断力、天才等关键性概念。谢林对想象和情感概念进行了革命性改造。黑格尔把美界定为理性的感性显现。在德国古典哲学中,情感成为主体性的基本维度,情感也为德国古典哲学建造了审美世界,构成了人与世界的审美关系。与历史中所有的哲学体系不同,在德国古典哲学中,美学是整个哲学体系不可缺少的理论组成部分。浪漫主义自然观对德国古典哲学的影响表现为:人性自然发展为人化自然;自然成为对人的关怀;自然与人构成了基本的生存关系。浪漫主义对理性的拒绝与逃避多少也使德国古典哲学对理性增加了谨慎,使批判的现代性思想出现在德国古典哲学之中,如黑格尔在《精神现象学》中对启蒙和市民社会的批评等。

第三节　现代性与康德美学

德国古典美学的现代性既是一个历史性概念又是一个批判性概念,是对现代化转型过程中审美观念、审美制度和审美方式的确认,同时也是对欧洲传统审美文化的批判。它通过对传统美学框架内诸种美学概念的改造,确立了文艺的现代性美学原则和方法。

德国古典美学的理论建构工作是在康德那里展开的。康德之前,文艺学与美学虽有联系却未构成完整的文艺美学知识体系。直到康德解决了美的本质、艺术的本质、美与艺术的关系、创作与制作的关系、艺术创作的审美特性等基本而重大的理论问题之后,近现代美学才成为一门具有独立学科意义的理论。从文艺学、美学走向文艺美学的重要里程碑是"美学"这个词的问世。鲍姆嘉通从德国理性主义哲学出发,把认识过程分解为理性认识与感性认识两大类。在他看来,理性认识是冷静的、明晰的、概念化的,关于理性认识的知识就是逻辑学。逻辑学在西方是一门古老的学科,古希腊时代就已经建立。鲍姆嘉通认为感性认识是模糊的认识、非概念的认识,而西方从未就感性认识建立系统的知识体系。鲍姆嘉通确信应该建立关于感性认识的知识系统,并将关于感性认识的知识称为感性学(Atsthetics)。在鲍姆嘉通看来,文艺是最典型、最完善的感性认识,文艺应成为感性学主要的研究对象。由此,感性学成为近现代意义上的美学。而将文艺视为主要研究对象的美学也就具有创生文艺美学的可能性,直到康德在其《判断力批判》一书中解决了美的本质、艺术的本质、美与艺术的关系、创作与制作的关系、艺术创作的审美特性等基本而重大的理论问题之后,近现代文艺美学能够成为一门独立的理论学科具有了现实性。可以说,康德对近现代文艺美学有着巨大的理论贡献。

第一,美学原理是建立文艺美学体系的理论前提。美学原理必须解决美的本质问题。康德之前,西方美学始终存在着美源于客观与美源于主观之争。美是客观的或美是主观的都无法说明以符号形式出现的艺术从何而来。康德认为,美既非客观属性又不是主观意识,美根源于人类的主体判断能力,从而为解决艺术的本质问题确立了理论根据。

第二,美根源于人的主体审美能力。既非客观属性又非主观意识却又含纳着主客观的主体审美能力的展开是美的真正本质所在。因而,在康德看来,美绝非单一维度,而是多种属性的审美文化过程。正是将美的本质理解为人的主体审美文化过程,艺术才能从传统文艺学的真实性或道德性的本质界定中解放出来,获得全新的艺术本质定位。

美的本源只说明了美从何而来却未昭示"美本身"。然而,美的本源又是把握美的本质的前提,为美的本质的发现提供了视域和途径。美的本质与作为美的本源的审美判断力有关。康德认为,当目的由主体来设定并仅仅为着主体时,合目的便是主体需要的满足。主体需要的满足引发了主体的愉悦情感,它含纳着判断对象的存在又显现着主体的价值,从而完成了从自然概念领域向自由概念领域的转化,这正是判断力作为美的本源的关键之一,审美判断力"只把使一个客体得以给予出来的那个表象联系于主体,并且不是使人注意到对象的形状,而只是使人注意到在规定这些致力于对象的表象力时的合目的性的形式"。① 换言之,判断力在对世界下判断时,对象的内容与主体不发生意义联系而对象的形式则向主体呈现意义。审美判断力的关键之二是审美判断力的核心——想象力。想象力具有感性与知性之间的中介功能。在认识过程中,想象力将感性直观提供的杂多经验按知性的逻辑形式排列起来,使之具有获得规律的可能性。同时想象力又使知性的逻辑框架图式化。想象力在审美判断中起着另一种作用。审美判断力本是介于理性能力与知性能力之间的能力,想象力则具有知性能力与感性能力的中介功能,审美判断力中的想象力与知性能力也就发生了某种关系。从这种关系引起的主体情感愉悦性质可以断定,想象力与知性能力的关系就是这两种能力的和谐,和谐的外化即为对象的形式符合着主体的目的。正因为如此,审美判断力在判定对象美或不美时,"我们不是把表象通过知性联系着客体来认识,而是通过想象力(也许是与知性结合者的)而与

---

① 康德:《判断力批判》,邓晓芒译,杨祖陶校,人民出版社2002年版,第64页。

主体及其愉快或不愉快的情感相联系"。① 不仅如此,审美判断力中的想象力还具有一种有效的综合功能。它将对象的形式与主体的情感创造性地组合着,既"从各种不同的乃至于同一种的数不清的对象中把对象的肖像和形象在生产出来",②又将对象的形式"不是作为思想,而是作为一个合目的性的内心状态的内在情感而传达出来"。③

审美判断力的合目的性、想象力,由特殊找寻普遍及其只与对象形式联系的特征使其在展开的判断中生成了审美过程。而美的本质就居于审美过程之中。康德正是在作为美的本源——审美判断力生成的审美过程中从质、量、关系、模态四个方面厘定了美的本质。

(1)判断的质方面。美是一个主体的情感过程。但这个过程中的情感性质既不同于具体欲望满足所产生的纯感性愉快,也不同于道德行为引起的纯理性愉快。纯感性愉快和纯理性愉快都与对象的实存有关,关涉对象的具体内容。这两种愉快都在各自同化对象、使对象失去独立存在意义中实现。换个角度看,情感关涉的内容必受到内容的限制,因而纯感性和纯理性的愉快都具有功利成分,也都是有限的、不自由的。而在美中,判断只涉及判断对象的形式,这形式又契合着判断的目的,所引起的情感愉悦始终观照着形式自身,对象形式在鉴赏过程中处于自足的位置上,拥有独立的价值。由于只涉及对象形式而远离内容,美产生的情感自然不会受到实存的影响、内容的限定,所以这种情感是自由的。

(2)判断的量方面。美作为判断功能的实现,其判断是单称的。判断客体与判断主体的关联不以概念为中介却蕴含着普遍性。这是因为一般单称判断的对象先于判断主体而存在,只有主体在同化它时引起主体反应后才能对它的性质下判断。显然在一般单称判断过程中,主体反应在前,判断在后,判断结果仅对判断个体有效。美则是先有了判断,然后才在判断过程中生成了被判断的对象——形式和主体反应——情感。美的判断在先,快感在后,对象与情感的单称性蕴寓着判断的先验性,表达着判断力在想象力作用下产生的形式符合由想象力与知性能力之间的和谐所建构的普遍性。

(3)判断的关系方面。在一般的判断过程中,判断对主体的满足总具有直接而明确的目的。但美既与实用、欲望、伦理、实践无关,又无明晰的概念逻辑,从而也就与任何特定目的无涉,仅仅是想象力与知性能力趋于一定

① 康德:《判断力批判》,邓晓芒译,杨祖陶校,人民出版社 2002 年版,第 37 页。
② 康德:《判断力批判》,邓晓芒译,杨祖陶校,人民出版社 2002 年版,第 70 页。
③ 康德:《判断力批判》,邓晓芒译,杨祖陶校,人民出版社 2002 年版,第 138 页。

的和谐自由才使美具有了某种合目的性质。这种合目的性"可以是无目的
的,只要我们不把这个形式的诸原因放在一个意志中,而我们却毕竟能使对
这形式的可能性的解释仅凭我们把它从一个意志中推出来而被我们所理
解,既然我们对我们所观察的东西并不总是必须通过理性(按其可能性)去
洞察,所以,我们即使没有把一个目的当作合目的当作合目的性的基础,我
们至少可以从形式上考察合目的性,并在对象身上哪怕只是通过反思而看
出合目的性"。①

(4)判断的模态方面。美体现着合目的性,具有普遍的有效性。所以
美不仅是感性现实的,也是本体必然的。

通过以上四个主体契机方面的考察,康德确信:其一,美不涉及对象的
内容,并与功利性质无关。美不是实践;其二,美是单称判断,不涉及概念。
美不是认识;其三,美不涉及明确概念和目的,却使对象的形式暗合着主体
的心意活动。美无目的而又合目的;其四,美是一种具有合目的普遍性和传
达有效性的观照过程。

康德对美的本质的厘定有三点值得高度关注。一是西方传统美学总是
认为因为有了美的本质才生成并展开了美,而康德则告诉人们美的本质不
是美的本源,美的本质与美无论在逻辑上还是在现实中都是共同体。当人
们与美相遇时就意味着与美的本质相遇。同样,当人们思考美的本质时就
是在思考美。美的本质是美的基本属性,美是美的基本属性的感性化、现实
化。二是美的本质不是自在的、静止的。美的本质存在于审美活动之中,就
像美存在于审美活动中一样。审美活动结束了,美的本质也就消失了。三
是由于美的本质存在于审美活动之中,这就决定了美的本质既离不开审美
活动的客观方面,也与审美活动的主观方面密不可分。从主客体关系而言,
美的本质也可说是对审美活动中主客体关系的描述与界定。西方传统美学
对美的本质误解的重要原因在于没有意识到美的本质与审美活动的根本性
联系,不懂得只有在过程活动中主客观才存在、主客观才具有相互依存、相
互对应的关系,造成了将美的本质或囿于客观或归于主观的局面。四是美
的本质是过程,美的本质就生成并展开在审美过程之中,这就为在审美的意
义上确立艺术的本质打开了通道,使艺术从传统文艺学对艺术的真实性或
道德性的本质界定中解放出来,并为艺术获得全新的本质定位具有了现
实性。

第三,当康德昭示了美的本质既非主观又非客观而是主客体的关系,美

---

① 康德:《判断力批判》,邓晓芒译,杨祖陶校,人民出版社 2002 年版,第 56 页。

的本质居于人的审美活动中,是审美活动的根本规定性对美的本质的研究
超离了形而上的哲学预设和逻辑推演而进入艺术领域。艺术是现实中最普
遍、最经常也是典型的审美活动。审美活动的全部多样性集于艺术之中。
艺术使美的本质真正回归。康德发现了美的本质与艺术本质的一体化
关系。

以审美为存在方式的艺术不同于认识,其真理的生成与呈现便不可能
通过模仿来实现。古希腊人的艺术即模仿的传统建立在知性认知的基础
上,是认识逻辑的产物,无法展示由情感所承载的具有超验性质的艺术真
理。就连坚信艺术即为模仿的柏拉图面对这一问题时也只能将之归于某种
神秘的"迷狂"。同时,艺术真理的生成又非纯粹超验世界的展开,不是道
德、宗教、实践领域的操作,而是在此岸的现象世界显示彼岸理性的自由活
动。艺术的这种特殊性质决定了必有这样的一种在者居于某种特定的活动
中来实现艺术真理。康德将此在者称为天才。《判断力批判》说:"天才就
是天生的内心素质,通过它自然给艺术提供规则。"①

天才在康德那里并不神秘,他将天才理解为人的能力的一种。他说:
"美的艺术只有作为天才的作品才是可能的。"②艺术不是认识,主体无法运
用认识能力把握艺术。艺术不是实践,主体亦无力用实践能力创造艺术。
艺术只能用属于艺术的能力去创作,这种创作艺术的能力就是天才。作为
主体心智能力的一种,天才能将自然与自由有机结合起来,使自然体现着自
由,使自由暗合着自然。人的目的与物的规律,美的情感与真的逻辑妙合天
垠、无迹可求。正因为如此,艺术家的创作状态常常是最自由又最自然的
事,既如神思飞扬,自由驰骋,又如自然而发,不吐不快。真正的艺术创作过
程也才能无法用科学的知性方式解释却又能生成并显现科学无法昭示的本
体真理。

经过苦苦思索、孜孜探求,康德最终将创作的主体——天才界定为以下
四个方面:其一,天才不是通过模仿或套用规则从事创作,天才的基本特征
是创造性;其二,天才所创作的作品具有典范性,富有创造性的东西可能毫
无意义,但天才的作品一定具有评判价值;其三,天才不能科学地指出它如
何创作作品,天才的创作是所谓自然流露;其四,天才只限于美的艺术领域。
康德的天才理论最终使艺术创作主体返回到审美本位中来,艺术真理的创
建与发现不在认识或实践中而居于自然与人在观照中的协应,康德的这一

---

① 康德:《判断力批判》,邓晓芒译,杨祖陶校,人民出版社 2002 年版,第 151 页。

② 康德:《判断力批判》,邓晓芒译,杨祖陶校,人民出版社 2002 年版,第 151 页。

基本理念为近现代文艺美学理解艺术创作主体建立了基本调式。

　　康德对美的本源、美的本质、美与艺术的关系、创作与制作的关系、艺术创作的审美特性等重大理论问题的解决不仅在美学领域消解了长期悬而未决的困惑,而且促成了美学与文艺学的相互靠拢和美学与文艺学的相互转向,从而为近现代文艺美学的建构、发展作出了重大的理论贡献。

　　康德以后,费希特、谢林、德国浪漫派、席勒、歌德、黑格尔在美学的理论探索方面也十分积极,不仅确立了一系列美学的现代性命题,而且系统确立了美学的现代性原则和方法。例如黑格尔不欣赏自然美,而对心灵的产品——文艺作品给予了更高的评价。他把美定义成了理念的感性显现,从而对文艺作品中存在着的心灵性内容更加关注。再比如费希特的自由美学命题和它对浪漫派文艺美学的影响,谢林的艺术哲学中的存在命题以及发生学和解释学方法的运用等,都是德国古典文艺美学现代性的重要表现。

　　事实上,从康德到黑格尔的美学之所以具有现代性的特征,一个重要的前提就是美学方法的现代化。美学作为一种理论,不同的考察方法将产生不同的美学。传统美学,包括鲍姆嘉通的美学理论在内,使用的方法不外乎两种:第一种是形式逻辑的方法,例如柏拉图对“美在于美这个理念”的推论。这意味着,美学从根本上脱离了具体的对象而进入抽象的逻辑世界中,同时也是对审美主体的贬损;第二种是经验分析的方法,例如鲍姆嘉通把美学的对象直接规定为感性,而感性的来源则是经验。由康德开创的德国古典美学扬弃了上述方法,并用主体性方法、历史方法和自然科学方法来重新理解文艺美学问题。

　　德国古典美学的主体性方法的生成依靠的是从康德到黑格尔的唯心主义哲学方法。它在康德那里体现为“先验综合方法”,即理性主义与经验主义的结合;而在费希特与谢林那里则表现为一种“思辨逻辑方法”,即不同于形式逻辑的理性方法——其特点是突出天才、独创性和灵感等主体性概念;到了黑格尔那里,则表现为一种理性与感性之间的辩证法,即在绝对精神的上升过程中,主体的感性审美具有起源的意义。正是基于这种主体性方法,德国古典美学才对艺术与天才、艺术的主观性、艺术创作的自由以及艺术创作的神秘性报之以持久的热情,乃至影响到了几乎整个西方世界的文艺观念。

　　历史方法也是康德美学所热衷的。康德的历史目标就是人类的完美与自由,而他恰恰认为,人通过两种途径能够达到完美:第一是外部生机盎然的大自然;第二是内在的主观精神。艺术和审美能力也就是人的主观精神体现。因此,康德的文艺美学思想不只是“天才论”,而且有着内在的历史判断。费希特的"自我创造非我"的哲学思想在很大程度上也是一种历史主义的态度,即人类创造了非我的世界又生存于其中,因此过去未来都是自我创造的自由世界,而这种自由,包括审美自由,正是艺术生产的动力。谢林尽管认为艺术创作具有宗教的神秘性质,但是他正是通过对古代神话和传说的考察,提出了文艺审美发展史的应然状态。黑格尔更是把感性审美作为理性上升过程中的源起阶段,历史方法的使用比较明晰。

德国古典美学对于科学方法的应用并不明显,但是从康德、黑格尔等人把理性数学化的哲学态度上看,他们对于科学方法的热衷也是不言自明的。例如康德的"公式"、费希特的"自我创造非我"、谢林的"艺术乃是上帝意志的表现"、黑格尔的"绝对精神运动规律"等都带有数学化的特征,也正是这种科学方法的使用,使德国古典文艺美学的诸种概念统一起来,从而形成系统的文艺美学思想。

总之,在由康德开创的德国古典美学思想中,主体性方法、历史方法和科学方法有理由进入美学,并帮助文艺美学接近文艺实践,使文艺美学不仅仅作为一种玄思。

从康德到黑格尔的德国古典美学,其现代性维度之一就是对现代性主体原则的发微。它是在三个层面上完成的:理性。传统文艺美学的善和真一般与主体的人无深刻联系,德国古典美学则把人理解为理性的主体,通过对理性概念的不同阐释,确立了审美的核心——自由。感性。与传统文艺学不同,德国古典美学将感性阐释为主体的基本维度之一。情感。审美能够与实践、认识并列为人的三大活动,其功绩来自德国古典美学对"情感"的挖掘。德国古典文艺美学把情感(有的称为想象)作为人的主体性的重要维度进行阐释,从而确立了人的主体性的立体维度——理性、感性和情感。通过以上三个方面,德国古典美学围绕着人的主体能力阐释了启蒙的核心与启蒙的辩证法,从而使文艺美学现代性既具有启蒙的批判性,又具有启蒙的反思性。

公共性无疑是一个现代性命题。这里的公共性是指文艺美学既超越个人趣味同时又扬弃国家规范的性质。换句话说,文艺美学的公共性乃是一种审美权力归属的问题。在传统文艺美学中,审美权利是没有公共性和私人性区分的。这意味着审美主体的地位要么被抬到很高,要么被贬至很低。从16世纪开始,法国开始流行一种"趣味无争辩"的观点,即审美是一种个人趣味的表达。审美权利在私人领域开始出现,它开始脱离官方意识形态,走进市民社会,但是结果却产生了审美权力的虚无主义和相对主义倾向。德国古典美学深化了"趣味无争辩"的观点,把它的私人性改造为一种公共性。康德的审美判断就是趣味判断,它既是个人的又是普遍的。费希特、谢林美学概念中的"自我"、黑格尔"美是理性的感性显现"等都蕴含着普遍性原则和审美的公共标准。

德国古典美学的公共性维度无疑是一种现代性的审美方法,它在三个方面建构了现代性意义上的审美方式。第一,这种方法的提出避免了传统文艺审美过程中的纯粹个人趣味,从而把审美纳入到公共性的交往领域;第二,它避免了抽象意义上的"美"或"善"的理论,使审美真正成为独立的要素,参与到人的公共性生活中;第三,它避免了古典主义的教条式审美方式,使文艺本身成为审美话语前提。

文艺无论来源于生活还是来源于自然,抑或是人类的心灵,它都要求文艺美学具有生活世界的维度。在传统文艺美学中,美学的标准似乎也与生活世界相关,但是它却以官方意识形态的方式来指导和控制现实的艺术活动。德国古典美学确立了审美趣味和权利的公共性,把审美活动与生活世界的最普遍要素联系起来,从而揭示了日常生活与非日常生活的内在联系,带来了审美的历史化和审美的乌托邦化两个现代性结果。

审美的历史化意味着文艺美学要关注人类生活世界中最为本质的东西,如文化、性格、阶级、生存样态,等等;而审美的乌托邦化则要求文艺美学具有"无限"的否定和超越力量,不断地对文艺本身提出问题,这在近代以前的美学视野中是看不到的。康德、费希特、谢林、席勒、歌德、浪漫派以及黑格尔等德国古典美学家都没有忘记从生活世界中探寻文艺美学的历史化和乌托邦化理论。例如康德给艺术定义为自然与心智的高度和谐统一,而这种乌托邦化的审美标准注定要求文艺要不断地关注生活世界,而且要超越生活世界。

现代性的美学所追求的基本目标之一就是解放人的主体性,释放人的自为潜力和能力。为了达到这一目标,以康德为开风气之先的德国古典美学走了一条集体奋斗的路线:构建了系统的美学知识体系,催生了文艺美学的合法性;构建了公共性的审美意识形态原则,突破了官方意识形态的控制;树立了反对技术化、功利化和异化的美学理想,提升了美学的批判功能,使德国古典美学与人的解放联系起来。这为马克思主义提供了思想启示。

在人本主义层面,费尔巴哈美学、俄国平民美学、马克思主义美学和西方现代美学都沿着德国古典文艺美学开辟的道路发展起来;在美学方法上,19世纪末期以德国美学家费希纳为代表的实验美学、以立普斯为代表的"移情说"美学、以法国丹纳为代表的艺术社会学等,都提出一种"由下而上"科学的、实证的美学方法,以反对传统的"由上而下"的思辨方法。事实上,这正是德国古典文艺美学所潜在运用的方法。

　　当然,德国古典美学的内在危机主要体现在三个方面:其一,思辨的方法论还在很大程度上发挥着影响;其二,艺术自律性与其他文化活动规则之间缺乏开放性联系,造成内在的矛盾;其三,将一切文艺问题归结为美学问题——审美成为文艺的本质特征,文艺也以实现美为唯一的目的(例如席勒)。但是文艺并不仅仅是审美,文艺也有非审美的特征,如文艺所表现的情欲、教育、政治、生活、伦理、宗教、历史等方面的内容就很难与美联系起来。

　　马克思主义文艺美学对德国古典文艺美学危机的克服表现在四个方面:其一,马克思主义实践观对传统主客二分思维模式的突破,标志着由古代传统的客观性、主观性范畴到现代的关系性与实践性范畴的过渡,是对德国古典文艺美学的根本性弥补和纠正。其二,马克思主义文艺美学产生于社会实践基础之上,强调人同世界的一种特有的人际—审美关系,这种审美的关系是人的一种极其重要的生存方式,即"诗意的生存"。在这方面,马克思对现代性基础——资本主义私有制的批判,既继承了德国古典文艺美学现代性的合理性,同时也批判了它的合法性。其三,西方马克思主义文艺美学把批判的矛头直接指向了当代资本主义社会和现代性本身,从而把德国古典文艺美学涉及的一些问题转为当代性话题,并以艺术自律理论克服了德国古典文艺美学方法论的缺陷。其四,我国的马克思主义的生态美学注意探讨人与自然的关系,马克思主义的文艺美学进一步要求美学回归生活世界,这些都为我们解决德国古典文艺美学的现代性困惑,提供了一些重要的启迪。

第二章　康德与德意志身份重构问题

第一节　启蒙时代的德意志身份重构与"希腊想象"

"从神圣罗马帝国成立到启蒙以前的七百年中,在德意志版图内,从君主到普通百姓至少名义上都是领洗的基督徒,无一例外生活在基督教文化(宗教改革前相当于天主教)的语境中……对于生活在中世纪的每一个个人,基督徒的身份都是其最基本的社会认同。直到启蒙以前,无论在天主教还是路德教中,无论对于君王还是百姓,被开除教籍的'惩罚'都是比死刑更为严酷的惩罚。"①作为宗教改革之后最重大的德意志文化事件,启蒙运动划时代地终结了基督教文化在德意志的绝对统治地位,但是,当基督徒的身份丧失其最基本的社会认同这一文化命运发生之后,新的身份认同的重构工作已然刻不容缓。

18世纪初叶开启的德意志启蒙推进并完成了德意志社会形态的"世俗化"(Säkularisierung)转型,所谓"世俗化","狭义上特指启蒙以后出现的神学让位于人学,宗教体系让位于人文体系的转型过程"②。整个西方社会形态的现代性"世俗化"转型肇始于14—15世纪的意大利文艺复兴,然后由南向北地渗透和蔓延,很快与当时仍处中世纪基督教形态的北欧德意志民族区域产生了文化碰撞,作为意大利文艺复兴主导思潮的人文主义在这里扎根生长,逐渐形成了独特的北欧人文主义传统和具有一定规模的北欧文艺复兴。马丁·路德发起的德意志宗教改革运动一方面仍将德意志社会维系在中世纪基督教形态之内,在许多根本性问题上同人文主义尖锐对立,极大地延缓了神学让位于人学、宗教体系让位于人文体系的现代转型;另一方面又借鉴和吸收了人文主义的大量精神要旨,对抗中寓调和。正如阿伦·布洛克所言:"北欧人文主义传统是宗教改革运动最重要的源泉之一……路德反对牧师的中间角色以及他坚持个人与上帝的直接沟通,很可以被看

---

① 谷裕:《隐匿的神学——启蒙前后的德语文学》,华东师范大学出版社2008年版,第22—23页。

② 谷裕:《隐匿的神学——启蒙前后的德语文学》,华东师范大学出版社2008年版,第1页。

作是人文主义的自然发展。"①这样,宗教改革事实上又吊诡地成为由意大利文艺复兴通向德意志启蒙的中介与桥梁。那么,宗教改革与人文主义究竟形成了怎样复杂的纠葛情态呢?

关于文艺复兴以来人文主义的性质,阿伦·布洛克作出了简洁明确的概括:"人文主义基本上是个非宗教的运动……人文主义者认为教育是把人从自然的状态中脱离出来发现他自己的 humanitas(人性)的过程。"②需要说明的是,在当时欧洲思想的话语系统中,基督教大体就是宗教的代名词,主要指称古希腊、罗马文化的"异教",即便关涉到古希腊、罗马宗教的维度,也仍然从根本上被认为是非宗教的。在这样的一种认识的前提之下,以下的问题自然成为了焦点:"文艺复兴时期的人文主义者对基督教持何种态度,他们在何种意义上和何种程度上倾向于异教?"③在这个问题上,人文主义阵营内部衍生出两种不同的倾向性:一派倾向于彻底地复归于古典和异教的光明家园,尽力摆脱掉基督教罗马和基督教中世纪的阴影;另一派倾向于在基督教文化与异教古典文化之间取得平衡和协调,形成"基督教人文主义",例如被称作第一位人文主义者的彼得拉克就"表明他自己对于古典文化和基督教文化的兴趣各居其半"④。基督教人文主义者相对占据着主流,尤其是在北欧,北欧文艺复兴的领袖人物伊拉斯谟就属于这一思潮派别的伟大代表。伊拉斯谟与马丁·路德的思想论争可以浓缩这一时期人文主义与宗教改革的微妙离合关系。

马丁·路德作为神职人员选择了结婚生子的生活,认为建立家庭的神职人员会发出神圣的光辉。1524 年,路德呼吁全德意志的市政官员们为所有孩子建立公校,把教育目标设定为男人能够统治国家与人民、女人能够管理家政,在类似的宗教改革措施中,我们可以非常明显地感受到人文主义精神的渗透与折射。"宗教改革运动与文艺复兴运动的共同点在于,它也认可当世生活,并赋予尘世生活以新的价值。"⑤不过,当马丁·路德与伊拉斯谟就"自由意志"问题展开论争的时候,激烈宣称信仰不需要理性的帮助、理性无助于理解上帝的恩典,拒绝接受人文主义倡导的理性的、世俗的

① 阿伦·布洛克:《西方人文主义传统》,董乐山译,三联书店 1997 年版,第 40—41 页。
② 阿伦·布洛克:《西方人文主义传统》,董乐山译,三联书店 1997 年版,第 44—45 页。
③ 保罗·奥斯卡·克里斯特勒:《文艺复兴时期的思想和艺术》,邵宏译,东方出版社 2008 年版,第 39 页。
④ 雅各布·布克哈特:《意大利文艺复兴时期的文化》,何新译,商务印书馆 1996 年版,第 172 页。
⑤ 卡西尔:《启蒙哲学》,顾伟铭等译,山东人民出版社 1996 年版,第 134 页。

教化。

马丁·路德与伊拉斯谟的另一重要思想冲突聚焦于同大众的关系方面。伊拉斯谟承袭了意大利文艺复兴以来人文主义者疏离大众的传统。布克哈特站在现代民主观的角度批判"这个运动的最大的坏处可以说是排斥人民大众的，通过它，欧洲第一次被鲜明地分成有教养阶层和无教养阶层"①。阿伦·布洛克也指出："文艺复兴人文主义按其性质来说是属于个人主义的……它只以受过教育的阶级为对象，这是人数有限的城市或贵族精英。"②与伊拉斯谟的情况相反，"马丁·路德与德意志大众的关系很像圣方济与意大利民众的关系或是贞德与法国大众的关系，马丁·路德也是为了大众，从大众之中去寻求得救的途径"③。F.C.斯普纳准确地捕捉到了这一根本性分歧："在文艺复兴这场理性运动的核心，反民众的传统显示了自己的威力……人文主义与宗教改革的分裂在许多方面显示了宗教改革的大众化特征。"④马丁·路德对抗伊拉斯谟，这场"巨人之战"的余响必将久久回荡在两百年后德意志启蒙的上空。

经过17世纪笛卡尔式的现代哲学革命和现代科学革命的强力弘扬，文艺复兴人文主义中的理性之维在18世纪已经取得了压倒性的统摄地位。德意志启蒙正是在"理性"作为第一关键词这一点上背离了宗教改革传统，接续并进一步巩固了文艺复兴人文主义传统。被称作德意志启蒙之父的托马西乌斯(1655—1728年)坚定地强调知识就是力量，而这一力量的价值应该主要体现在启迪民众、重塑社会现实、为生命的实践目的服务诸方面。托马西乌斯勇敢地打破了当时德意志大学以拉丁语为唯一学术语言、不准使用德语的禁忌，用德语撰写学术著述和作学术报告，经过他的不懈努力，德意志启蒙终于使民族语言德语承担起思想传达的文化功能并迅速取代了拉丁语曾经的思想统治地位。托马西乌斯开创的思想事业，到了沃尔夫(1679—1754年)那里更为成熟完善。沃尔夫创立了德语的哲学语汇体系，把理性至上的哲学思想真正普及芸芸众生当中，他明确表示使用德语来写作哲学作品就是为了使那些没有上过大学、不懂得拉丁文的普通人也有机

---

① 雅各布·布克哈特：《意大利文艺复兴时期的文化》，何新译，商务印书馆1996年版，第167页。

② 阿伦·布洛克：《西方人文主义传统》，董乐山译，三联书店1997年版，第67页。

③ 弗里德里希·希尔：《欧洲思想史》，赵复三译，广西师范大学出版社2007年版，第229页。F.C.斯普纳：《宗教改革陷入困境》(三)，赵亚麟译，见G.R.埃尔顿主编：《新编剑桥世界近代史》，中国社会科学出版社2003年版，第283页。

④ 卡西尔：《启蒙哲学》，顾伟铭等译，山东人民出版社1996年版，第3—4页。

会阅读学习。

　　吊诡的是，德语取代拉丁语成为德意志启蒙语言改革重大胜利这一事实，一方面极大地强化了人文主义传统中的理性之维；另一方面却是马丁·路德宗教改革中语言改革这一重大环节的延续，托马西乌斯与沃尔夫在德语的大众性启蒙这一点上继承的无疑是马丁·路德以德语翻译《圣经》的伟大事业。如果单纯就语言问题而言，德意志启蒙恰恰接续并进一步巩固了宗教改革传统，而背离了文艺复兴人文主义传统。

　　让我们先来回顾一下文艺复兴人文主义传统中的正统语言观。布克哈特一言中的："在整整两个世纪里，人文主义者所做的就像是说，拉丁文是、而且必须一直是唯一值得用来写作的语言。"[1]根据阿伦·布洛克的说法，"早期人文主义者最大的愿望莫过于恢复拉丁文古典用法的纯洁性"[2]。克里斯特勒亦实事求是地指出："研习希腊语和拉丁语文学构成了人文主义教学的核心，同时十分强调这种教育对于未来市民和政治家的价值。"[3]我们可以清楚地看到文艺复兴人文主义正统语言观中的反大众色彩。马丁·路德用德语翻译《圣经》是建立在他信仰至上的思想之上的，他认为只有《圣经》才能够真正成为信仰的依据，否认任何人、甚至教皇有代表上帝传递话语的权利，把《圣经》翻译成德语，每一个信徒大众不需要拥有古典语言教养，都能通过明晓的阅读直接与上帝沟通，不再需要教会的中介。马丁·路德宗教改革的语言观的首要原则便是面向大众，德意志启蒙所要做的只是把宗教改革信仰至上前提下的大众启蒙转向为理性至上前提下的大众启蒙，但无论如何，马丁·路德史前史意义上的启蒙精神还是为两百多年后的德意志启蒙夯实了地基，或许我们可以将他尊奉为"启蒙之祖"。

　　耐人寻味的是，德意志启蒙所面向的大众，事实上并不是马丁·路德意义上的以社会中下层农民和手工业者为主体的全体大众，而是收束到一定的界域范围之内，它所致力于弘扬的理性的、世俗的教化（Bildung）主要指向一个德意志特色鲜明的社会阶层——有教养市民阶层（Bildungsbuerger）。在德意志，有教养市民阶层是大体上于三十年战争后崛起的新兴城市市民阶层，其身份和社会属性介于贵族阶层与中下层手工业者之间，较多供职于宫廷官僚机构或构成文化教育部门，不同于传统市民阶层多属于特定行业或同

---

① 雅各布·布克哈特：《意大利文艺复兴时期的文化》，何新译，商务印书馆1996年版，第248页。

② 阿伦·布洛克：《西方人文主义传统》，董乐山译，三联书店1997年版，第46—47页。

③ 保罗·奥斯卡·克里斯特勒：《文艺复兴时期的思想和艺术》，邵宏译，东方出版社2008年版，第44页。

业公会的情况,这一新兴市民阶层一般脱离于社会团体,个人教养和个体成长发展成为其人生的主题。正如谷裕所言:"不属于有教养市民阶层的城乡小市民、手工业者因受到等级和教育局限,并没有获得启蒙运动的话语权,他们比较完好地保持了传统教会信仰。"①这样看来,德意志启蒙其实是在文艺复兴人文主义的贵族式理想与马丁·路德宗教改革的大众化理想之间取得了一种协调和平衡,一方面尽力推广扩大"理性"在大众中的影响和传播,另一方面又对启蒙受众的资格有着隐微的限定。

德意志启蒙同文艺复兴人文主义传统之间还存在着另一重重要关联,主要发于17—18世纪之交法、英两国的"古今之争"是贯通这一重要关联的枢纽性大型文化事件。

"古今之争"首先爆发于17世纪末的法国文艺理论界。1687年1月27日,法国文艺理论家佩罗在法兰西学院宣读了《路易大帝的世纪》一诗,公开反对厚古薄今,与崇尚古典的布瓦洛发生了直接的思想冲突,佩罗与他的同道圣厄弗若蒙等人认为,根据人类进步的法则,今人理应而且已经在文学艺术方面多有超迈古人之处,反对以布瓦洛为代表的尊崇古希腊、罗马文艺为理想极则的古典主义思想。"古今之争"的战火很快由文艺学领域蔓延开去,英国作家斯威夫特的名作《书籍战争》就以诙谐的笔法形象地勾勒出了关于现代与古代在诗、哲学、科学、政治等诸多领域孰优孰劣的巨大争执概貌。"该论争更像一场伴随有许许多多小冲突的持久战,而非只是大战一场,它铺天盖地地展开战斗,涉及了无数问题,但论战双方最终都没有分出胜负,而是陷入了某种僵局。"②

克里斯特勒敏锐地发现,看似发端于文艺领域的"古今之争"其实"主要是由于自然科学的诸多发现而引起的"③,17世纪科学革命的巨大成就标志着现代人在科学领域已经远远将古人甩在后面,再明显不过地体现着人类的进步,由这一今胜于古的个案自然会推演出下面的问题:科学领域的人类进步是否可以贯通文学艺术、人文学科以及人类道德的领域?事实上,正是这些领域才成为这场论争真正的战场。文学艺术、人文学科以及人类道德的领域存在着人类进步的法则吗?这些领域中理想过去的"黄金时代"是否是不可超越的?佩罗派的答案为是,布瓦洛派的答案为否,而布瓦

① 谷裕:《隐匿的神学——启蒙前后的德语文学》,华东师范大学出版社2008年版,第83页。
② 列维尼:《维柯与古今之争》,载刘小枫、陈少明主编:《维柯与古今之争》,林志猛译,华夏出版社2008年版,第107页。
③ 保罗·奥斯卡·克里斯特勒:《文艺复兴时期的思想和艺术》,邵宏译,东方出版社2008年版,第194页。

洛派的观念正是与文艺复兴人文主义者那里一脉相承的。

对于古代在文艺复兴时期相对于现代的绝对优势,布克哈特的概括清晰有力:"1400 年以后人文主义的迅速发展破坏了人们的天赋本能,从那时起,人们只是靠古代文化来解决每一个问题。"①当时的人文主义者强调把古代经典作为一切教育的始基,他们确信,古典作家至少在语法、修辞、历史、诗歌、道德哲学等领域是完美无缺、不可逾越的,现代人所能取得的最大的成功亦只是无限地接近他们的巅峰。文艺复兴时期的绝大多数人文主义者都贬低数学,对科学的发展不甚关注,17 世纪科学革命发生后人类进步现实的巨大冲击在这时尚不存在,因此,这一时期至多只是出现了"古今之争"的些许萌芽,而且这些许萌芽中,"厚古薄今"的基调也是不可动摇的。

与意大利文艺复兴时期的情况有所不同,17—18 世纪之交的法、英"古今之争"的总体格局体现为现代明显占据了对于古代的上风。这主要是由于 17 世纪科学革命中科学理性的成功太过震撼,自然科学事实上已经顶替了文学艺术和人文学科,成为法、英启蒙运动的第一推动力。在启蒙时代的英、法思想界,伟大的自然科学家牛顿无可争议地被推崇上了至尊英雄的宝座。

德意志启蒙尽管也把弘扬科学理性、发展自然科学作为一大重要工程去着力实现,但是,科学理性在根本上未能取代人文主义传统中人文理性在德意志文化精神建构中的主导地位,这种情况应该与宗教改革这一德意志特殊的最重大前启蒙文化事件有着本质关联。宗教改革作为德意志启蒙的"潜意识"或冰山底基奠定了它无可动摇的人文关怀本位的特质。在这重意义上,德意志启蒙在气质方面遥接意大利文艺复兴,较之英、法启蒙远为切合于早期人文主义崇尚古风的血脉,在"古今之争"中明显地偏向于古代之维,"对古代的眷恋以及对现代发展的焦虑深深地植根于当时的德意志文化当中"②。诸多德意志启蒙思想家用"第二次人文主义"的说法来命名他们的思想宗旨,从这一命名中我们可以清晰地直观到德意志启蒙与意大利文艺复兴人文主义传统之间的精神亲和力。

德意志启蒙终结了德意志民族基督教身份作为第一性自我认同的漫长历史,同时,也使德意志身份重构这一决定民族命运和未来的重大问题凸显出来。德意志身份重构的参照范式就是文艺复兴时期的意大利身份重构。

---

① 雅各布·布克哈特:《意大利文艺复兴时期的文化》,何新译,商务印书馆 1996 年版,第 200 页。

② Domenico Losurdo, *Hegel and Freedom of Moderns*, Cambridge University Press, 2004, p.246.

德意志启蒙的"第二次人文主义"很自然地沿袭和复制了意大利文艺复兴的古典寻根模式,但是,在这一文化模仿中存在着一个看似不可调和的矛盾,意大利民族的文化故乡和源头本来就在于南方的古典世界,而德意志民族真正的文化故乡和源头却是来自于北方的古典视角下的"野蛮"(barbarous)世界。在启蒙语境下,古典世界是人文主义和理性主义的本根所在,而古代日耳曼"野蛮"世界显然属于边缘化界域。如果把德意志身份重构扎根于自身的北方传统,那么,正统的启蒙立场显然是行不通的,从民族原性的角度来讲,与意大利文艺复兴古典文化寻根对位的德意志文化寻根理应以日耳曼本位为前提。返回前基督教时代的日耳曼文化之根无疑成为此际德意志身份重构可供选择的路径之一,选择了这条路途,就意味着其立场中必然包含"反启蒙性"。

　　德意志启蒙时代"反启蒙性"的宗师首推哈曼(1730—1788 年)。哈曼的启蒙批判首先指向了理性至上的核心原则,强调原始的、自然的、前理性的诗性在文化建设中的实际地位。以赛亚·柏林把哈曼描述为"一切领域中的反理性主义先锋"①,却未免过分夸大了他的"反启蒙性"的独创性和影响力。我们必须清楚,"反启蒙性"其实是启蒙工程本身的一部分,启蒙理性与宗教信仰的一大根本区别就在于具有自我批判甚至自我颠覆的意识和能力。理性主义批判或反理性主义在法兰西启蒙中由卢梭开启,卢梭关于原始自然力与文明理性张力的思考表面看来站在了理性至上者的启蒙的反面,究其根本,却与之相反相承,卢梭法兰西启蒙第一人的历史地位已足以说明一切。哈曼的启蒙批判从卢梭那里传承而来,形成了德意志启蒙的内部张力,引导出了其后的狂飙突进运动和德意志浪漫主义运动,而这两大运动的主旨都是要同意大利文艺复兴人文主义拉开一定的距离。

　　"哈曼是以杂乱无章和不时闪烁出独到见解的方式讨论问题,他的门徒赫尔德(1744—1823 年)则要建立一种严密的学说体系,来解释人性及人在历史中的经验。"②赫尔德主张从本质上属于前基督教文化的民间传说和歌谣中去追寻德意志的语言和文化之根,他把德意志民族的灵魂牢牢地锁定在本土自身的北方欧洲大地之上。赫尔德是"文化民族主义的最伟大倡导者"③,"在赫尔德那里,纳粹看到了德意志民族主义、关于文学的民族性

---

①　Isaiah Berlin.*Three Critics of Enlightenment*:*Vico*,*Hamann*,*Herder*,Princeton University Press,2000,p.257.

②　以赛亚·柏林:《反潮流:观念史论文集》,冯克利译,译林出版社 2002 年版,第 12 页。

③　以赛亚·柏林:《反潮流:观念史论文集》,冯克利译,译林出版社 2002 年版,第 13 页。

概念以及'血与土'意识形态的源头"①。赫尔德的德意志身份重构强调了德意志性或日耳曼性的第一性前提,因此,这一思路显然与认同意大利文艺复兴而向前基督教古典时代寻根的思路大相径庭,然而,耐人寻味的是,赫尔德并未对何为"德意志性"或"日耳曼性"作出明确的界定和说明,他选取的民间传说和歌谣恰恰是民族风格和特性最为模糊的文明体式。德意志民间传说和歌谣同斯拉夫或法兰西的民间传说和歌谣存在着怎样的民族性差异? 这是赫尔德理论中的一大盲点,他没能成功地推出一幅前基督教时代德意志民族精神现象学的清晰图景。

赫尔德是德意志启蒙"文化与政治"问题的一个典型个案,他把德意志身份重构问题归结为文化问题,又把文化问题的重心落到了语言之维,为了与路德式基督教中心的语言之维区分开来,他试图在前基督教民间传说与诗歌中找到德语与德意志根性的本真存在,而政治与意识形态之维的悬置使得他的这一尝试显示出空中楼阁式的内在脆弱性和虚空性。

事实上,早在古罗马时代,恺撒和塔西佗就曾经对德意志民族的特性作出过较为客观而明晰的概括,尤其是塔西佗的《日耳曼尼亚志》,更堪称是"日耳曼性"现象揭示的经典中的经典,"塔西佗不仅观察到了日耳曼部落在种族方面的纯洁性,也赞扬了他们的一夫一妻制、婚姻上配偶平等、牢固的家庭纽带和对妇女的基本尊重……塔西佗也强调了他们性格上的缺陷:喜爱冒险甚于喜爱和平。他发现,部落民众无论在出席会议还是处理贸易和其他商业事务时,都全副武装,同样,他们在教育孩子时,教育他们使用武器是唯一的内容"②。在中世纪基督教思想已经有所渗透的日耳曼民族史诗《尼伯龙根之歌》中,这样一个"尚武"精神本位的德意志形象仍然清晰真切,其文化之维和政治之维的本质同一性也是显而易见的。赫尔德一方面要把德意志身份重构建立在德意志原性的基础之上;另一方面却又有意回避真实的古日耳曼历史实存,因为如果把现代德意志身份与这一传统通连,就势必意味着德意志启蒙本质非政治性的、以语言为中心的文化启蒙理想的崩塌。赫尔德采集民间传说和歌谣建立起一个抽象的、人类共通感本位的、诗意的德意志之根,他的努力以失败而告终,德意志身份重构只能通过与南部欧洲古典传统的通连才有望取得成功。

古典的欧洲文明由古希腊文明和古罗马文明共同汇成,意大利文艺复

① René Wellek.*A History of Modern Criticism* 1750—1950,*Volume* 1,Yale University Press,1955, p.183.

② 史蒂文·奥茨门特:《德国史》,邢来顺等译,中国大百科全书出版社 2009 年版,第 7 页。

兴的回返故乡其实主要回返的是罗马的故乡,正如 C.S.路易斯所说的那样,希腊被给予了许多"口头上的荣耀",而当时的"人文主义文化却是压倒性的拉丁中心的"①。被称为第一位人文主义者的彼特拉克则干脆连口头上荣耀的希腊也加以"脱冕化":"我们不是希腊人,不是野蛮人,而是意大利人,是拉丁人。"②"彼得拉克认为,历史,所有的历史,都是对罗马的赞颂……他不仅盼望罗马权力和荣耀的恢复,而且盼望维吉尔、贺拉斯、西塞罗的优美语言的恢复。"③很明显,文艺复兴人文主义者意欲回返的"黄金时代"首先是属于恺撒、屋大维、维吉尔、西塞罗的前基督教的神圣罗马,意大利人是罗马人的后裔,是拉丁文化圈的中心。17 世纪之后,法国逐渐取代了文艺复兴时期意大利在拉丁文化圈中心的地位,但拉丁文化在所谓古典复兴中占据绝对主导、罗马形象完全压倒希腊形象等基准方面大体上仍然没有发生变化。尽管在理论上希腊文明是罗马文明的源头,更具有始基性和创造性,但是实际上,希腊世界之与现代西方世界的亲缘关系构建在意大利文艺复兴传统的语境中总是间接性和从属性的,较之于全方位和深度展开的罗马复兴,希腊复兴的确是更多地停留在"口头上的荣耀"的状况下。

德意志启蒙的"第二次人文主义"从根本上扭转了意大利文艺复兴人文主义以来的罗马中心传统,德意志身份重构的总体工程中,德意志—希腊的亲和性叙事成为了基本主题和绝对主导性维度,实现了全方位和深度展开的希腊复兴。"生活在第二次文艺复兴的德意志人发现不朽的希腊天才,感觉与希腊人非常亲近,渴望从那里汲取精华——让自由的福音、优美的福音得到升华。"④德意志民族在现代世界的民族文化竞争中试图与作为先导的拉丁民族文化圈建立起一种对抗性的关系,这在罗马中心的前提下显然无法实现,只有借助于宣称与罗马文明的源头希腊文明存在着本质上的亲缘关系,德意志身份的重构才最有可能取得一种指向民族未来文化趋势的结果。德意志世界脱离拉丁文化圈的意识在马丁·路德时代已经极为强烈,"宗教改革往往伴随着对罗马的敌意与狂热的民族主义"⑤,德意志启

---

① C.S. Lewis, *English Literature in the Sixteenth Century*, *Excluding Drama*, Oxford Uniwersity Press,1954,p.23.

② 转引自丹尼斯·哈伊:《意大利文艺复兴的历史背景》,李玉成译,三联书店 1988 年版,第 101 页。

③ E.H.贡布里希:《文艺复兴:西方艺术的伟大时代》,范景中译,中国美术学院出版社 2000 年版,第 2 页。

④ 维拉莫威兹:《古典学的历史》,陈恒译,三联书店 2008 年版,第 119 页。

⑤ G.R.埃尔顿:《宗教改革时代》,魏书名译,见 G.R.埃尔顿主编:《新编剑桥世界近代史》,中国社会科学出版社 2003 年版,第 4 页。

蒙延续了这一传统并找到了对抗罗马世界以及现代拉丁世界的方向——返回希腊。德意志"希腊想象"就是这样的德意志身份重构和德意志民族主义新兴起的背景下方得以展开的。

巴姆巴赫指出:"在18世纪中后期和19世纪早期,这种希腊—德意志原生性神话由温克尔曼、洪堡、席勒、费希特、荷尔德林等人设置起来,其目的是为了建立一种新的德意志文化身份。"①施莱希塔同样清晰地意识到了这一重大文化现象的思想核心所在:"从一开始,德意志古典主义就一直是在一种德意志民族重生的希望下产生的。返回古希腊,轻视法国传统,这总是被解释为一种民族身份的发现……人们相信,只能在遥远的过去,才能发现一个民族被选定的身份……路德在他那个时代倾听着古老圣经的纯粹之言,而现在,人们则诉诸纯粹的人的形式,这种人的形式就是温克尔曼在其希腊人意象中创造的形式。"

与马丁·路德时代北欧文艺复兴中基督教人文主义占据人文主义主导地位的情况相比,温克尔曼已经代表了德意志第二次人文主义彻底的异教性与反基督教的总体走向。歌德关于温克尔曼"与整个基督教世界远离"②的论断看起来理应不存在疑义。然而,在弗里德里希·梅尼克看来,问题并不那么简单:"温克尔曼获得的对希腊艺术富于同情性的洞察是德意志精神的产物……歌德具有一种与温克尔曼情趣相投的精神,为我们提供了一种对于温克尔曼身上的古代和异教因素无与伦比的描述。在温克尔曼对希腊美的标准的经典化中,我们同样见证了古代思想方式的一场胜利。然而,甚至在温克尔曼看来完全是古典世界的异教徒的地方,他还是一个德意志人……保存了一些德意志新教的遗产。即使在罗马,在他为自己的感悟而欢呼歌唱时,也是在唱一首来自新教的赞美诗集的晨赞歌。那么是否可以说,他在思想史中获得的伟大成就、对希腊艺术的同情或理解,也具有一种德意志新教的内在性气息了呢?"③

弗里德里希·梅尼克的确点中了问题的要害,温克尔曼、包括像歌德这样为数众多的追随者,在意识的层面无疑明确地指向彻底的异教性和反基督教性,他们自觉地脱离着马丁·路德的世界,不过,在潜意识的层面,新教的德意志精神的"内在性因子"却并未被真正地消灭掉,仍然不时地涌出。

马丁·路德在宗教意义上确立了"内在性"原则,"圣灵的临在,就其一

---

① C.巴姆巴赫:《海德格尔的根》,张志和译,上海书店出版社2007年版,第308页。
② 歌德:《评述温克尔曼》,见温克尔曼:《论古代艺术》,邵大箴译,中国人民大学出版社1989年版,第263页。
③ 弗里德里希·梅尼克:《历史主义的兴起》,陆月宏译,译林出版社2009年版,第269页。

切自由的、直接的圣灵感动的而非制度化的自由而言,就是每一个基督徒反对罗马教会的掣肘。信徒个人内心对基督恩宠的回应,而不是梵蒂冈教会机器,构成了真正基督教的经验"①。温克尔曼要做的是把这一"内在性"原则从宗教之维置换到审美之维,强调审美体验的柔和性气质,扬弃宗教体验的炽烈性气质:"内在的感觉必须启导心灵的活动……这种感觉与其说是炽烈的,不如说是柔和的,因为优美在这个部分的和谐中形成,而各部分的完美在逐渐的高涨中显示出来,自然也平稳地渗透和作用于我们的感觉,柔和地把我们的感觉吸引在身旁,而没有突然的情感爆发。所以激奋的感觉急速地趋向于直接的爆发,撇开一切过渡的阶段,但是感情的孕育犹如晴朗的白天,由光明的朝霞所预示。炽烈的感觉之所以对观照优美和愉悦感有所损害,还在于它的发生过于短促,它立刻引向本来需要逐渐体验的目标。"②在温克尔曼那里,启蒙语境下"内在性"原则一方面并未脱离新教的底蕴;另一方面则已然实现了世俗化转型,很明显地反映了德意志有教养市民阶层教化与生活合二为一的愉悦感追求。相比于薄伽丘《十日谈》时代的意大利,温克尔曼式的德意志启蒙享乐主义极大地弱化了肉体和感官快感刺激愉悦的因素,在"灵与肉"的冲突对立中仍然倾向于"灵"的方向。

　　温克尔曼的希腊想象在这样特定的德意志"内在性"原则下展开,把德意志有教养市民阶层的现实状态进一步理想化并加以提纯,便形成了一幅自由、宁静、愉悦、安闲的希腊人肖像。温克尔曼建构的希腊世界本质上是希腊的心灵世界,希腊人心灵的自由孕育出一个审美的王国。温克尔曼表面上把政治自由摆在了第一性的位置,"艺术'仿佛'从政治自由中获得了生命"③,事实上,这仅仅是个假象而已。德意志启蒙企图复制法兰西启蒙在"政治自由"领域所取得的辉煌成就,往往在言论上公开标榜政治自由第一性的原则,但是,特殊的宗教改革的潜意识背景制约却总使其实质落到个体内在性第一性的原则上去。史蒂文·奥茨门特指出:"德意志启蒙教育不是法国人所倡导的'自由、平等、博爱'式的革命启蒙教育……德意志的启蒙运动是自我意识的觉醒和自立、是德意志人在审美或精神上的酝酿,而并不是有针对性关涉现代政治生活实际的。"④温克尔曼的"希腊想象"正

① 理查德·塔纳斯:《西方思想史》,吴相婴等译,上海社会科学院出版社 2007 年版,第 267—268 页。

② 参见温克尔曼:《论古代艺术》,邵大箴译,中国人民大学出版社 1989 年版,第 113—115 页。

③ 弗里德里希·梅尼克:《历史主义的兴起》,陆月宏译,译林出版社 2009 年版,第 262 页。

④ Steven Ozment,*A New History of The German People*,Harvard University Press,2004,p.154.

是这一德意志启蒙气质投射的产物。

第二节　康德的反德意志身份重构立场

康德的民族和国家归属感相当淡薄,"基本上不把自己看作普鲁士人,而是个世界公民"①。对康德而言,"德意志身份"这个概念本身就是对于狭隘的民族主义的体现,与他的"世界主义"的理念背道而驰。康德探讨"人的问题",却从来不涉及德国人的问题或德意志民族的问题,在这一点上,他与马丁·路德的立场形成了最鲜明的对照。

康德坚信,"正是由于人类不满足于原始状态,所以他们就不会使自己停留在这种状态,更不会倾向于再回到这种状态"②,人类一定会改变这种状态。即以人自身为基点,在个体通过道德实现自我完善的同时,建设一个合理、健全的人类社会。对于合理、健全的社会而言,每一个社会成员都在一个代表着所有人的意志规范下生活。在这个社会中,无论是谁都没有超越或无视这个共同意志规范的特权。所以,合理、健全的社会只能是法治社会。在康德看来,文化的社会对策最主要、最基本的就是建立这种法治社会。他说:"迫使人类去加以解决的最大问题,就是建立起一个普遍立法的公民社会。"③法治国家可以避免以下三种不合理社会状态:其一,在全社会强行实施某种带有个人或集团特质的道德偏见、精神迷信,迫使全体社会成员接受否则视之为异端,从而使整个社会笼罩在恐怖主义的氛围中,引起社会大倒退。中世纪的西班牙和法国大革命雅各宾专政时代就是如此。其二,运用个人天才智慧和独裁权力,将整个社会置于愚民政策的统治之中,社会成员麻木不仁,如同行尸走肉,造成社会发展的停滞。封建时代的东方社会可称为典型。其三,倡导恶性的幸福主义,使社会各方面疯狂地追逐感性快乐,全体社会成员成为欲望与本能动物,而失去人生使命和社会责任最终引发社会大崩溃,古罗马帝国时代即是如此。法治社会将人视为自由,其社会成员共同意志凝聚而成的普遍立法——宪法,应具有这样一种基本精神:"没有人能强制我按照他的方式而可以幸福,而是每一个人都可以按照自己所认为是美好的途径去追求自己的幸福。"④在这法治社会中,社会的成员都是社会主体,受着同一法律的保护。生活在这个社会中的每个成员

---

① 曼弗雷德·库恩:《康德传》,黄添盛译,上海人民出版社 2008 年版,第 434 页。
② 康德:《历史理性批判文集》,何兆武译,商务印书馆 1990 年版,第 77 页。
③ 康德:《历史理性批判文集》,何兆武译,商务印书馆 1990 年版,第 8 页。
④ 参见康德:《历史理性批判文集》,何兆武译,商务印书馆 1990 年版,第 182 页。

生来就具有受到这个社会的法律保护和其他成员尊重其自由的权利。他们是社会的,拥有权利与义务的公民,而不是某些人或集团的臣民。因而,这个社会中的一切成员都是"彻底平等"①的,因而绝无特殊人物和特权阶层。与此相一致的是,这个社会的任何一位社会成员都应该有益于这个社会的生存、发展,将这个社会的稳定、繁荣、进步视为同样是生而即有的责任与义务,而且应自觉地杜绝为实现自己的幸福而破坏他人自由的行为。在"批判哲学"中,康德对这理想社会充满着喜悦,也对它的到来充满自信。他曾说:发展群体的文化对策如果能被人类自觉运用,并最终建立了这样的法治社会,那么,人的自然进化过程就为文化的发展所取代,就可以想象人们将在道德与理性的方面朝着不断完善前进,并永不停顿。如果说,人类本应是自然的一部分,是由本能与天性所统治的一种自然物种,人类的历史起点是恶的话,那么,通过合理、健全的法治社会,每一个具有理性与道德普遍形式的社会成员在责任与义务的召唤下尽自己最大的努力作出自己的一份贡献,人类则成为超越自然的文化存在,人类的历史终点将是善,人类的整个生命历程将"不是人类的自然史,而是道德史了"②。

　　基于这一人类社会历史之理想,康德期望世界所有民族、国家都能以文化的这一对策来建立自己的社会,将实现人类善之终极视为世界的共同命运和责任,从而达成人类从自然出发,通过文化,走向自由的"世界历史过程"。不过,要实现这一点,应在世界范围内消灭民族和国家之间的战争。康德认为,战争是人类史上最劣鄙、丑陋的犯罪行为。无论在任何方面、由任何理由引起的战争都必须受到批判。在康德看来,世界和平的保持须做到以下三点:首先,应该承认一个独立国家的主权不受侵犯,保证一个独立国家领土、领空、领海的完整。"没有一个自身独立的国家可以由于继承、交换、购买或赠送而被另一个国家所取得。"③其次,任何国家都不应用武力干涉别国内政和解决国际争端。最后,任何国家都应裁减军备,"常备军应该逐渐地全部加以废除"④。总之,当下生存着的世界人类应以自由为目的,以和平为原则,这样"后世也就能够总是朝着道德意义上的改善前进"⑤。更重要的是,所有这些不仅是为了后世,也是为了我们自己,正如康

---

① 康德:《历史理性批判文集》,何兆武译,商务印书馆1990年版,第185页。
② 康德:《历史理性批判文集》,何兆武译,商务印书馆1990年版,第145页。
③ 康德:《历史理性批判文集》,何兆武译,商务印书馆1990年版,第99页。
④ 康德:《历史理性批判文集》,何兆武译,商务印书馆1990年版,第99页。
⑤ 康德:《历史理性批判文集》,何兆武译,商务印书馆1990年版,第207页。

德所说："那原则倒不是对后代的爱而是每一个时代的自爱。"①"康德对德国文化中朝向古典世界的眷恋展开了批评,认为对所有与古代的东西比起来是新的东西的鄙视是愚蠢的。"②在"古今之争"中,他的立场显然是站在现代一边的。人类必须启蒙是康德的坚定信念。在他看来,人类的生存、发展绝不是一个宿命的自然过程,人类的生存、发展被康德理解为通过道德自律、意志自由的主体选择并完成以人为最终目的的自主活动。在康德"批判哲学"中,历史一词本身就意味着它是人类自己努力、自我奋斗、自主建构的合目的过程,人类的历史本质上来说是一个进步史,具有深刻的伦理维度。对人而言,践行道德自律、选择理性的思想和理性的生活是人类进步的最基本方式和保障。因而人类有义务、有责任践行道德自律,选择理性的思想与理性的生活去实现以人为最终目的的进步。

康德的启蒙绝不是针对某类人或某种人的。启蒙是对全人类所有人的启蒙,也可以说,启蒙就是全体人类在理性的指引下,面对世界去思考、去行动。在康德的理论体系中,人类拥有着同样的客观世界和主观世界,人类自诞生以来就有着共同的存在形式、共同的意义本质、共同的生活愿望和共同的历史命运。而理性的普遍性、必然性也就在于它是全人类中的每一个人都先天具有的、完全同一的本质,理性生而有之,是人皆有。正因为如此,启蒙才是人类的共同事业,启蒙才必然能够实现。所以,康德坚信,启蒙既是现实的,又是终极的。启蒙是人类对自身的要求,同时启蒙也是人类的宿命。康德从整体人类启蒙的世界主义立场出发,消解了民族主义本位德意志身份重构的文化意义。

第三节　后康德时代德意志身份重构 问题展开的"反康德"主流

从 1794 年一直到 1805 年席勒逝世,歌德(1749—1832)与席勒(1759—1805)这两位德意志文学巨擘结成创作同盟,共同缔造了"魏玛古典文学"的巅峰时代。"魏玛古典文学"的基本理念在歌德的意大利旅行(1786—1788)之后即已成型——"完全转向古希腊文化……把基督教看作是一种被克服的前现代事件而与之疏远,"③"古希腊的社会和古希腊人的特点,就

---

① 康德:《历史理性批判文集》,何兆武译,商务印书馆 1990 年版,第 207 页。

② Dominico Losurdo, *Hegel and the Freedom of Moderns*, Combridge University Press, 2004, p.246.

③ 汉斯·昆:《浪漫主义诗歌中的宗教》,见汉斯·昆瓦尔特·延斯:《诗歌与宗教》,李永平译,三联书店 2005 年版,第 167 页。

是存在与应该、自然与人为、感性与理性的和谐统一,这种和谐统一在现代
人身上已经丧失……艺术的任务就是让人知道古希腊人所具有的那种平衡
性、整体性、人道性和完美性是当代人的理想,就是揭示和谐地生长起来的
个体的各种可能,从而对抗人的异化和肢解"①。

　　在晚年与爱克曼的谈话中歌德反复强调,"如果需要模范,我们就要经
常到古希腊人那里去找,他们的作品所描绘的总是美好的人","首先要学
习古希腊人,永远学习希腊人"②。根据萨弗兰斯基的考察,"在基督教的一
神论与现象抽象的理性统治之间,可能存在一种关联,这是席勒独创的想
法","对他来说,希腊古典文化具有一种审美的世界关系的烙印……它可
以色彩鲜明的反衬现代"③。歌德与席勒共同构建了现代性批判理论前提
下的"古典希腊"思想景观,希腊崇拜成为他们作为思想盟友的最牢固的联
结纽带,他们是德意志身份重构问题上"反康德"的希腊复古派的代表。

　　费希特是德意志启蒙中极少数长期追随康德"世界主义"启蒙政治理
想的思想家,可是,在他已届晚年的 1807 年,在拿破仑入侵德国的背景下,
他推出了民族主义色彩强烈的《对德意志民族的演讲》,改弦更张,回到了
正统的德意志—希腊亲和性叙事话语体系之中,宣称德语是与希腊语同样
源初的语言,这篇演讲对德意志身份重构中希腊路线的统治力的确立起到
了强化的作用。

　　黑格尔在对"希腊人"和谐存在的描述中流露出对席勒自由希腊观照
的强烈认同:"按照希腊生活的原则,伦理的普遍原则和个人在内外双方的
抽象的自由是处于不受干扰的和谐中的;在这个现实生活中还在流行而且
保持住它的纯洁性的时期,政治要求和它有别的主体道德理想之间还没有
显出彼此独立和对立;政治生活的实体就沉浸到个人生活中去,而个人也只
有在全体公民的共同旨趣里才能找到自己的自由。美的感觉,这种幸运的
和谐所含的意义和精神,贯穿在一切作品中,在这些作品里希腊人的自由变
成了自觉的,它认识到自己的本质。艺术在希腊就变成了绝对精神的最高
表现方式,希腊宗教实际上就是艺术本身的宗教。④ 黑格尔宣称,"在希腊
诗里,纯粹的有关人性的东西无论在内容上还是在艺术形式上,都达到最完
美的展现"⑤。温克尔曼心目中的希腊尽善尽美,黑格尔心目中的希腊尽美

---

①　范大灿:《德国文学史》第 2 卷,译林出版社 2006 年版,第 347 页。
②　爱克曼辑录:《歌德谈话录》,朱光潜译,人民文学出版社 1991 年版,第 114、129 页。
③　吕迪格尔·萨弗兰斯基:《席勒传》,卫茂平译,人民文学出版社 2010 年版,第 260、256 页。
④　黑格尔:《美学》第三卷上册,朱光潜译,商务印书馆 1980 年版,第 169 页。
⑤　黑格尔:《美学》第三卷上册,朱光潜译,商务印书馆 1980 年版,第 27 页。

却不尽善,温克尔曼奉为极则的希腊人超脱、愉悦的生活观在黑格尔那里被认定为一种席勒意义上朴素天真但却未臻深刻庄严境界的存在状态。艺术史家温克尔曼试图用美和艺术来统治一切,美和艺术的王国希腊乃一切领域的永恒典范,哲学家黑格尔要做的却是证明美和艺术的局限性,美和艺术的王国希腊的永恒典范意义仅仅在美和艺术的界域之内方才有效。

不同于德意志启蒙"古今之争"流行的厚古薄今立场和温克尔曼、歌德那样的对希腊无条件的顶礼膜拜,"黑格尔坚定地捍卫现代世界的合法性以及现代相对于古代的优越性"①。在这一点上,他与康德取得了默契,不过他仍然试图为德意志身份重构找到存在于过去的参照系,这样便几乎别无选择地返回到了基督教身份的老路子上去了。在《历史哲学》中,黑格尔提出:"日耳曼各民族的使命不是别的,乃是要做基督教原则的使者。"②基督教原则重新成为希腊原则强有力的对立面,德意志身份重建的希腊指向发生了动摇,尽管黑格尔充满温情地表示"到了希腊人那里,我们马上便感觉到仿佛置身在自己的家里一样"③,但是这种对精神生命活力、青春岁月的追忆恰恰出于为一种确定的理智的目的而努力的心灵成熟状态的反思,于是,如此视域下的"艺术希腊"便凝固成为一张值得永远珍藏的老照片。

黑格尔在德意志身份重构问题上对于返回希腊和返回基督教的态度存在着摇摆,德国浪漫派中的许多思想家也同样如此。诺瓦利斯与瓦肯罗德的"艺术宗教"论显示出一种德意志浪漫派中常见的倾向,即"重新认识到古希腊和基督教之间的对立,并试图通过基督最终战胜希腊的诸神世界"④。早期荷尔德林思想中与歌德、席勒趋同的完全转向希腊而疏离基督教的立场在其中后期思想的发展中有了相当的转变,致力于寻求对于希腊和基督教的调解和综合,在其后期诗歌中,试图将希腊酒神狄俄尼索斯与基督以兄弟关系统一起来。不过,正如汉斯·昆指出的那样,荷尔德林的根本立场同诺瓦利斯与瓦肯罗德是殊途异趣的,在他那里,"不再是古希腊文化被容纳进基督教,而是基督教从属于古希腊文化"⑤。

荷尔德林综合希腊与基督教的努力最终失败,按照海德格尔对其思想

① Domenico Losurdo.*Hegel and Freedom of Moderns*,Cambridge University Press,2004,p.181.
② 黑格尔:《历史哲学》,王造时译,上海书店出版社1999年版,第352页。
③ 黑格尔:《历史哲学》,王造时译,上海书店出版社1999年版,第231页。
④ 汉斯·昆:《浪漫主义诗歌中的宗教》,见汉斯·昆瓦尔特·延斯:《诗与宗教》,李永平译,三联书店2005年版,第167页。
⑤ 汉斯·昆:《作为古希腊文化与基督教和解的宗教》,见汉斯·昆瓦尔特·延斯:《诗与宗教》,李永平译,三联书店2005年版,第134页。

与诗歌创作的解读,他的旨归所在仍然仅仅在于希腊。荷尔德林视域下的
"艺术希腊"与黑格尔在《历史哲学》中所描述的希腊一样,都象征着青春的
激情和活力,只不过,在黑格尔那里,艺术的青春终究还是在层次上低于哲
学的成熟,而在荷尔德林那里,艺术的青春就意味着一切与美好人性和生命
存在相关联的实事,它是永恒完美,不可能被扬弃或超越的。汉斯·昆对荷
尔德林"艺术希腊"建构的心理动因作出了极其深刻的论析:"荷尔德林试
图重建与童年经验的关联,因为他知道自己'在诸神的怀抱里'。童年的景
象与现时代形成鲜明的对照,在现时代,神灵似乎已从人类忙碌的生活,尤
其是从大自然中逃逸了。然而,为了反抗无神的时代、为了宗教和诗的大胆
综合、为了一个更美好的人性,诗人除了支配词语之处,还能使用和支配什
么呢? 荷尔德林试图以赠予他的全部语言力量……重新唤醒'希腊天才',
并由此而以与大自然神秘交融的方式唤醒生命的力量:大地与光,天空与海
洋、河流和山谷、友谊与爱,所有这一切——现在远离于基督教——都被称
之为'诸神'。他不仅称它们为诸神,而且追摹荷马前的希腊远古神话、品
达的颂歌和悲剧诗人的合唱,来命名它们、召唤它们、膜拜它们。"[1]荷尔德
林在德意志身份重构的态度最终还是投向了希腊,在这一问题上,他与发表
了《对德意志民族的演讲》后的费希特一道形成了强大的"反康德"力量,使
得19世纪中叶到20世纪中叶百余年间的身份重构中的"德意志—希腊亲
和性叙事取得了压倒性的优势。

　　尼采的《悲剧的诞生》诞生于普法战争胜利和德意志实现为统一的德
国这样特殊的历史时刻,德意志民族主义潮流空前高潮,青年尼采也不例外
地预流其中,后期的尼采承认:"本书是属于德意志的,是忠于国家的。"[2]不
过,区别于俾斯麦式军国主义宣扬的以称霸世界为目标的德意志使命,尼采
仍然秉承着德意志启蒙思想家的一贯传统,在文化本位的立场上发展德意
志民族主义,他眼中的德意志使命是对人类未来文明理想的必然担荷。
"尼采以最大的热情构想着德意志的未来,期盼着它能迅速摆脱拉丁文明
的束缚,并且已经从德意志的音乐中听到了最令人鼓舞的征兆……尼采坚
持认为,所谓文化首先表现为一种艺术风格的整体,而这一风格又贯穿于某
一民族生活的全部表现方式之中。"[3]如果说有某一种艺术贯穿于德意志民
族生活全部表现方式之中的话,那么,它无疑就是音乐,"正是在音乐中德

---

① 参见汉斯·昆:《作为古希腊文化与基督教和解的宗教》,见汉斯·昆瓦尔特·延斯:《诗
　　与宗教》,李永平译,三联书店2005年版,第126—127页。
② 尼采:《权力意志》(下),孙周兴译,商务印书馆2007年版,第945页。
③ 乔治·勃兰兑斯:《尼采》,安延明译,工人出版社1985年版,第30页。

意志人找到了自己……从路德开始,德意志音乐在世界上占据了前所未有的伟大和崇高的地位"①。

瓦格纳提出了"绝对音乐"(Die Absolute Musik)的概念,赋予音乐以最重大的净化、重生以及救赎的意义,甚至要把国家建立在音乐之上,"人类的再生在瓦格纳的著作当中并不主要是政治性或者伦理性的,而是美学的"②。撰写《悲剧的诞生》时,尼采视瓦格纳为精神偶像,把瓦格纳的音乐形容为最圣洁的音乐,他把自己建构的日神力量与酒神力量竞争原理的首创权归功于瓦格纳。在《悲剧的诞生》中,音乐被赋予了一切文化之始基的最高等级和地位:"音乐能够诞生神话……尤其是能诞生悲剧神话。"③希腊音乐的失传和德意志音乐的鼎盛这两个现象的联类给尼采带来了机会,以音乐本位的立场重构希腊—德意志亲和性叙事,通过古代酒神狄俄尼索斯和现代酒神瓦格纳的精神通连,达成德意志精神与希腊精神本质同构的坚固亲缘同盟。根据尼采的理论模式,原本年轻的德意志浪漫主义音乐由于同希腊精神的音乐发端同声相应,天然地获得了文化始基和起点的位置,而且,更为关键的是,一旦德意志民族的自我认同奠基于音乐这一德意志最伟大的文化现象,对希腊—德意志亲和性的追寻才真正获得了"扎根状态",希腊才真正成为德意志的希腊。在德意志"希腊想象"的历史中,尼采首先建立起了希腊事物与德意志事物的具体而明晰的对位关系,希腊成为德意志的另一个古老的"自我"。

20世纪上半叶作为这一时期德国最重要思想家的海德格尔与作为这一时期德国最重要政治人物的希特勒,这两个同样深受尼采英雄主义熏陶的德国人在德国与希腊的精神亲和性认知以及德国人的世界使命这些重大观念上走到了一处。海德格尔曾加入纳粹,介入了臭名昭著的"国家社会主义"运动,而且在战后一直对此保持沉默,这就是海德格尔研究史上聚讼纷纭的"海德格尔事件"。

海德格尔从未真正认同纳粹意识形态中粗暴的种族主义立场,但是对其德意志民族为天命神圣民族的宣讲却颇为相契,海德格尔与希特勒同样极力鼓吹德意志民族对于世界历史与命运肩负神圣而唯一的使命,表现出共同的强烈民族主义倾向,二者又同样把这种民族主义倾向下的所谓"德意志精神"或"德意志灵魂"与古希腊进行谱系意义上的贯通。"海德格尔

---

① 艾米尔·路德维希:《德国人》,杨成绪、潘琪译,三联书店1991年版,第99—100页。
② 恩里科·福比尼:《西方音乐美学史》,修子建译,湖南文艺出版社2005年版,第257页。
③ 尼采:《悲剧的诞生》,赵登荣译,漓江出版社2007年版,第74页。

要在国家社会主义革命中,实现他的古希腊之梦……要在社会躯体方面回到古希腊去,把纳粹革命作为古希腊哲学爆发的原始'力量'的重建。"①

巴姆巴赫指出:"在海德格尔的术语中,追随费希特和荷尔德林,这种对扎根状态的民族性担当被转化成了一种关于原生性的神话,该神话宣称在古希腊人与德意志 Volk(民族)之间有一种特权性的、源初的关联。"②海德格尔个人化的德意志—希腊亲和性叙事建构在德语同希腊语的语言亲和性基础之上:"西方语法之形成是从希腊人对希腊语言的思考中得出来的,这件事将其整个含义传给了整个过程,因为此一语言是(从思之可能性上看来)与德语并立为最强力同时又最富精神的语言。"③海德格尔通过思想词语诠释解读西方思想大问题时,在多数情况下从希腊语、德语中取证,绝不仅仅是由于他对这两门语言较之其他语言更为精通和熟悉,更主要的是出于他想象中对诸种语言精神与力量价值等级的构拟。

在海德格尔的思想设定中,希腊语和德语在精神史意义上的西方语言区域中占据着最高地位,相比之下,拉丁语及由其衍生的拉丁系语言明显缺乏活力。海德格尔讨论西方思想大问题时偶尔引证拉丁语,也多是将其作为希腊语的畸变和僵化的反面典型来加以贬抑。依照海德格尔这样的思维逻辑,西方思想第一次开端处希腊思想词语的巨大鸣响只有在德意志思想词语中才会觅得到同样巨大的回声,救赎后希腊语时代词语——精神畸变与沉沦的纯净有力的思想语言是且只能是德语。在海德格尔这里,德意志身份重构中"反康德"的希腊本位立场达到了它的极点。

---

① 吕迪格尔·萨弗兰斯基:《海德格尔传》,靳希平译,商务印书馆 1999 年版,第 373—374 页。

② C.巴姆巴赫:《海德格尔的根》,张志和译,上海书店出版社 2007 年版,第 7 页。

③ 海德格尔:《形而上学导论》,熊伟、王庆节译,商务印书馆 1996 年版,第 56 页。

第三章 康德的理性精神与启蒙问题

第一节 理性精神与认识自我

理性精神是康德思想体系的底蕴,也是康德文艺美学思想的基本理念。可以说,理性是康德文艺美学思想的哲学阐释学,而康德文艺美学则又是理性在主体情感领域中的思想文本。释读与还原康德对"理性"的理解是打开康德文艺美学思想之门的一把钥匙。

《纯粹理性批判》一书全面展示了康德的认识论。他认为:认识指在经验范围内主体对存在的把握。认识的区间就是经验本身,经验之外的"物自体"不是认识功能所能把握的。认识对象是经验到的"实存"。认识主体运用主体的"感性直观"把握"实存",形成了具有时空形式的"现象","现象"是"感性认识"的结果。面对"现象"的进一步抽象把握是认识的深化,表现为运用一系列主体概念、范畴系统地对"现象"进行分解、组合、建构。这一认识过程康德称为"知性认识",其所运用的以概念、范畴为核心的逻辑功能被康德称之为"知性"。在他看来,对事物的这种纯抽象、逻辑的把握并不具有真理性、科学性,其结果也不是知识。因而这种认识不是"理性"的。

《纯粹理性批判》认为:为确保认识的真理性、普遍有效性,认识主体还需有另一种功能,这就是"理性"。"理性"既不是感觉,也不是逻辑,而是主体价值观念,是对把握"现象"的"知性"认识的价值规定和判断。"理性"对"知性"的价值规定和判断,首先体现为设立认识区间,使认识不仅限制于经验范围内,而且具有一定的格局,使认识具有统一性、不矛盾性。这一点是"感性直观"和"知性"都不能做到的。其次,"理性"在认识中体现为设置认识的具体对象。认识的具体对象不是逻辑所能推演或分析出来的,它具有非常直接的客观性和实效性。"理性"作为价值观念,蕴含了丰富的社会、文化需求,从而能为认识提供具体对象并检验对象是否具有经验性和主体是否具有认识此对象的能力。最后,在认识中,"理性"还集中表现为给认识设定现实而具体的目的。目的在认识过程中的设定,只能由"理性"的价值判断这种文化机制提供。"理性"对认识目的的设立使认识具有了选择性。根据目的,"知性"才具有区分认识对象中的本质与非本质功能。

"理性"的三大功能确保了认识的真理性、普遍有效性,使认识的成果变为科学知识,使"感性"和"知性"有了客观性质。

《纯粹理性批判》解决了认识问题,使人与自然的关系得到了合理的描述,却未能解决诸如宗教、道德、伦理、幸福等关乎人更本质的、被康德称为彼岸本体界的问题。康德不得不写了第二个批判《实践理性批判》。在这一书中,康德反复强调:行动着的人是"文化的","文化"才是人的真正本质。所谓相对于"现象"而言的"本体"不是传统哲学讲的"宇宙规律",而是"文化"(包含道德、信仰在内的社会性质)。科学、认识能够解释现象界,解释自然,却对文化无能为力。对"文化"的把握需要的是意志、信念。因而,作为在认识中以一种价值判断功能出现的"理性"在对"本体"把握时,必须回复到它的"原发状态"。这个"原发状态"是:"在思辨理性方面,我们在这里只有一个主观的信念原则,不过,这个原则对于一个同样纯粹而又有实践力的理性来说却是客观上有效的,而且这个原则借着自由概念还给神和不朽两个观念确保了客观实在性和权限。不但如此,而且这个原则又带来非假设这些概念不可的一种主观上的必然性。"①这就是说,在认识领域中作为价值判断的"理性"在实践领域还原为信念的普遍意志力。这种意志力不仅保证了认识、科学的存在,还保证了人类信仰、社会方式的存在。这种普遍意志力在实践领域的现实化就是人的"自由"。不同于黑格尔把"自由"看成认识与对象的"同一","自由"是对必然的把握,康德的"自由"是还原了的"理性",是人的真正本体,并且"我们既不能直接意识到自由,也不能从经验中推出自由"。同时,"自由"又能通过对目的、方式的选择和自主的行动诉诸人的经验之中,却又超越经验本身。康德说:"在一个有理性的存在者里面,产生一种达到任何自行抉择目的的能力,从而也就是产生一种使一个存在者自由地抉择其目的之能力的就是文化。因之,我们关于人类有理由来以之归于自然的最终的目的只能是文化。"②

把"理性"设定为"文化",并将此看成是人的本质,而且把这一本质的核心肯定为"自由",这是康德对伦理学、文化学和哲学的重大贡献,凝集着近代社会极大的理性主义和人道主义意识,对19世纪德国古典哲学的伦理观、文化观、人本观乃至马克思历史唯物主义的形成起着积极的影响作用。

当康德把认识界定为"现象"而把文化界定为"本体"之时,是以把认识

---

① 康德:《实践理性批判》,关文运译,商务印书馆1964年版,第2页。
② 康德:《判断力批判》(下卷),韦卓民译,商务印书馆1964年版,第59页。

的主体能力设定为知解力、把文化的主体能力设定为意志力为前提的。此
又源于当时学术界把人的主体能力分为知、意、情三方面的传统。《纯粹理
性批判》、《实践理性批判》分别解决了知与"现象"、意与"本体"的关系问
题,然而,作为主体能力的"情感"与其相对的领域的关系则一直未能解决,
《判断力批判》正是为解决这一问题而写的。

　　《判断力批判》认为,人的"情感"在本质上是"想象力"、"知性"和"表
现力"和谐的产物。"情感"的对象既不是"现象",也不是"本体",而是
"美"。"美"的形态是"现象的",却不是认识。"美"的本质是"本体的",但
不是道德、信仰。"情感"与"美"完全独立。有的人认为,"美"在康德哲学
中是"现象"与"本体"的中介,失当。把"美"看作是"现象"向"本体"过渡
的中介,实际上否定了"美"的独立性,否定了"情感"的价值,而这正是康德
所反对的。

　　作为主体功能的"理性",在现象界中呈现为认识过程中的价值判断,
在本体界中还原为人的实践行为的文化自由本质,而在审美界中,"理性"
则表现为以"自由"为本质、以"现象"为形态并基于"想象力"的"理念"。
康德说:"想象力的这一类表象叫理念,部分是由于它们至少追求超越经验
界限的某些事物去寻求接近理性概念的表象,给予这些理性概念以客观现
实性的外貌,另外,并且主要的是因为对于它们作为内在的诸直观没有概念
能完全切合着它们。"这就是说,在"审美"中,"理念"以"自由"为本质,使
"审美"成为一种主体的文化活动。在"理念"的作用下,"审美"成为对人
的本质的把握,对人的最高要求的满足。在这个意义上"所谓理念乃指理
性之必然的概念。对于此概念,无相应之对象能在感官之经验中授予者"。
因而,以"理念"为本质的"审美"活动没有满足人具体功利、私欲的功能。
"审美"是无功利、无目的的活动。同时,"理念"又不同于认识活动中的"理
性",不是纯粹的、思辨的价值判断,这使得"审美"不是认识,"审美"是无概
念的。"审美"从感性对象开始,向理性内容深化却又始终不离开感性对
象。可以说,"审美"是以"情感"为基础,以"理念"为核心和中介的多种文
化、心理因素和谐运动的"感性直观"。

　　《判断力批判》认为,"审美"是具体的,一般可分为"优美感"和"崇高
感"两类,并且"审美意识"还以艺术作品的方式获得"物化"。这样"理念"
在不同的"审美"形式中有着相对独特的具体功能。康德把主体"情感"对
客体纯形式的观照称为"优美感"。康德 把"崇高"作为美学范畴,把"崇高
感"看成审美的一种主要形态并给予哲学的论述,这是康德对现代美学的
重大贡献。在康德看来,"崇高"根本不具有"优美"的客体形式,"崇高"作

为审美对象不过是审美主体的"理性观念"的客观对象化。康德对他以后的德国古典美学以及现代美学的影响之一,就是他的审美理论与艺术理论紧紧相连。在《判断力批判》中,康德把艺术的本质界定为审美情感,把艺术归入审美领域使之具有审美特性。这完全不同于将艺术看成一种认识、政治、道德或宗教的工具的古老观念。康德特别强调"审美理想"只是一个观念,"审美理想"最集中地表现了"理念"的"自由"、普遍、必然的内在本质与感性、个体、随机的外在形式相统一的特点。不过,在这时,康德特别重视"审美理想"与"自由"的区别,强调作为"理念"的"审美理想"与"自由本质"的不同。一个是情感的,一个是意志的。所以,"审美理想"尽管具有认识功能却没有概念,却是一种观照;它具有一定的目的,但目的是暗含的。

综上所述,可以清楚地看到,理性精神实际是贯穿康德哲学、美学全身的神气,是康德文艺美学思想的灵魂,也是康德美学具有深刻哲学意蕴之根源所在。

第二节　理性精神与主体价值

在西方不同历史境遇与文化语境中的宗教特征、形态虽然不同,但宗教作为人的生活文化方式却普遍存在着。在西方现代性生成、建构与发展中始终存在对宗教的认同与对宗教的批判,而康德将理性精性渗透于他关于宗教的批判中,又将主体价值的提升融入对上帝的认同中,在现代性思想史之中,康德的做法成为西方思想史重要的文化传统和德国美学的显著文化特征。

古希腊文明早期,宗教是统一、规范人们生活的基本文化方式。神谕表达了古希腊早期的人们共同的信念和精神认同。神谕的传达,首先是神话、传说,后来是史诗。当古希腊人采用悲剧来传达神谕的历史时刻到来时,出现了另一种借用逻各斯、奴斯、本体、善恶等概念传达神谕的方式,这就是哲学。哲学对神谕的传达具有强烈的理性倾向,因而哲学对神谕的传达常常是对神谕的改写、重释,在本质上,哲学对宗教就具有了某种批判性。譬如,苏格拉底运用其哲学,理性地探究人神关系而被当时雅典政府以"亵神"和"崇拜新神"之罪判处死刑。可以说,苏格拉底哲学的不朽之一,就在于对传统宗教的理性怀疑与文化追问。另外,西方思想在其发展历程中,无神论虽有时势头强劲,但始终未能成为主流。相反,不同时代的西方哲学思想常常在不同层面,以不同方式认同、建构着宗教。甚至在中世纪,宗教精神吞并了哲学思想,神学取代了哲学。

自文艺复兴以来,现代化进程中的启蒙以反对封建专制制度为已任,倡导全新的社会文化。启蒙主体的第三阶层将颠覆传统宗教为自我觉醒的标志之一。以培根、洛克为代表的英国启蒙思想家用人性抵制宗教,以伏尔泰、卢梭为领袖的法国启蒙运动以人权消灭宗教,而莱布尼兹、伍尔夫等人的德国哲学则用理性取代宗教,欧洲响彻了宗教批判的声音,最终第三等级在法国进行了大革命。法国大革命对西方现代化进程的深刻影响不言而喻,但大革命过程中的无神论、无政府和绝对自由所引发的社会后果给启蒙带来了巨大的伤害。作为德国古典哲学始祖、伟大的启蒙思想家的康德必须使走向现代化的启蒙摆脱困境。康德在其批判哲学中深入分析、研究了人的生活与神的存在的内在关系,找到了生活世界中上帝为何不在、生活世界中道德为何必在和生活世界中上帝为何应在的本因,完成了其既符合西方思想传统又极富思想创造性的宗教批判与宗教认同的工作,实现了启蒙思想发展历程中的一次思想超越。

在康德的批判哲学中,人类与动物的不同在于人类具有主体性。主体性由人类独一无二的认知、意志、情感三大能力构成。对人而言,认知能力、意志能力、情感能力的展开,营造了人类的生活世界。由于人类认知能力、意志能力、情感能力各自的规定性和功能不同,使得人类的生活世界分为各自不同的领域。认知能力统摄的生活世界可被人类经验、认识,意志能力统摄的生活世界却不能被经验、认识,而情感能力统摄的生活世界则介乎其间。

考察康德,他一生笃信上帝却从未去教堂参加宗教活动。究其原因,在于康德坚信上帝不可能存在于生活世界的经验领域中。世俗的、可经验的生活不可能与上帝同在。康德指出,自古以来,亚伯拉罕、以撒、雅各、摩西的上帝、教会所声称的救主都是可经验、可认知的。人们将上帝言说为居于人类全部生活世界之中并掌控、决定着人类生活命运的观点是错误的。同时,康德发现,传统世俗宗教采用本体论、宇宙论、自然神论三种方式证明上帝之在的方法是传统世俗宗教将上帝置于人类生活世界所有领域的错误根源。

所谓上帝之在的本体论证明就是将上帝视为全能者。世界的一切皆由上帝创造,上帝是世界的最后因。对此,康德质疑道,人类生活世界不仅具有真善美,而且也有假丑恶,难道假丑恶也是上帝所造?所以,本体论方式证明上帝之在的本身就取消了上帝存在的价值,成为上帝之在的最大悖论。上帝之在的宇宙论证明则将上帝推论为一个绝对自足的概念,认为在一切可能的存在中有一个绝对的、无定性的纯然存在,那么人类就可以感受、认识它。但是,人类生活世界经验领域的一切存在皆是有具体规定性的定在,根本不会存在着绝对的、无条件的、无定性的纯然之在。世俗传统宗教对上帝之在的第三种证明是自然神论的证明。自然神论将自然现象作为上帝之在的逻辑起点,然后依据因果律,推论出一个在世界之外却又统治着世界的上帝。康德承认自然界的完美容易使人产生存在着某种至高无上者的冲动,但是以此确认上帝之在仍然是错误的。因为将自然现象视为上帝之在的逻辑起点,就使上帝之在成为一种偶然事件,人类生活与上帝的关系就是某种偶发关系。

康德站在理性启蒙的立场上对世俗传统宗教批判道:世俗传统宗教用所谓的本体论、宇宙论、自然神论的证明所推导出上帝一定高高在上。他赋予了人类一切,因而人类永远对他有所赊欠,上帝有权严厉冷森地威逼人类赎还,而教会则是现世的催账人。在这种情境下,对上帝的信仰就是对人类的奴役。康德确信,上帝绝不是感性的、可知的。上帝应是可信的理性观念,它指向人类自我而与人类生活世界的经验领域无关,人类生活世界的经验领域根本无法建立关于上帝之在的信仰。正是因为上帝不在人类生活世界的经验领域,所以世俗传统宗教才只能拘泥教条、容忍教徒,上帝之在在人类的生活世界中变成了教义教规之在,上帝与人类在人类生活世界的相遇变成了可悲、可怕的迷信。

康德启蒙的宗教批判剥夺了上帝在生活世界经验领域中的存在,然而人类并不只在经验的生活世界中生存。在康德看来,人类同时生活在经验的生活世界与本体的生活世界之中,人类在感受、认识外部世界时还需要理解自我。生活世界的本体领域表征着人类关于自我的本质意义和普遍价值,也是上帝与生活世界相遇的唯一路径。在生活世界的经验领域中,感性生活更多的具有个人性质,个人对生活世界的感知常常不具普遍性。生活世界中的认识活动为人类提供了知识,但知识是全人类的却不为个人。生活世界本体领域则不同。个人的准则即为所有人的法则,全体人类的价值也一定是个人的生活规范,符合这一本体规定性的只能是人类的道德。道德是人类存在的真正本体,而且,也只有确立人类的道德本体,上帝才有可能出现在人类的生活世界之中。

康德相信,道德不由生活世界中的感性欲望生成,不以满足生活世界中人们的利益、快乐为目的。道德也与揭示、发现客观世界无关,不在认识活动中完成。道德高于欲望本能,超越科学知识。道德作为社会存在与个体生活的共同本体应是人类普遍的价值需求与个体的生存意义在生活世界最深处的相遇与重合,是最符合人类特性的实践行为。在实践行为中,道德对每个人有效,也对全部人类有效,所以康德又称道德为"绝对律令"。"绝对律令"为每一个人立下共同的法度,要求每一个人对人类必尽义务,对包括自己在内所有人负有责任。

在人类的生活世界中道德必在。只有以自由为基础的道德,人类才能在生活世界中确立优先权,才能在现实生活中予人以中心位置,才能在生活中反对一切奴役的思想与行为,才能将平等、公正、宽容视为生活世界的高端价值尺度,显然,欲望和认识不能提供这种自由的道德。这种以自由为基础的道德只能来自于人类的心灵深处,来自于人类对良知的信诚。良知既为人类心底深层对假丑恶的恐惧,也是对至善的渴望。至善则是相信人格无止境的进步并追求对一切感性欲望和知性认识的超越。康德认为,当这样一种道德被实现时,人类的心灵在生活世界中就获得了无限的敞开与延伸,人类必然相信在这所有的一切中应存在着一个伟大的神圣:上帝。道德中的上帝深藏于人类的自由尽头,是人类良知的福音,是责任、义务、灵魂的终极价值的体现。可见,在康德的心底,上帝不是道德的前提,却是道德实践的必然结果。人类生活世界经验领域中的上帝不在,而人类生活世界本体领域中道德必在。道德必在使人类应该在生活世界中信仰上帝。康德正是在生活世界中通过自由道德的确定,实现了对宗教批判后的认同。

按照康德生活世界经验领域上帝不在、生活世界本体领域道德必在的启蒙思想,人类理性已经为自己颁布了无条件的道德律令,责任义务已成为人类实践的目的,对道德而言这已经足够,为何在生活世界中人类还要相信上帝应该存在呢?康德是在人类需要不断进步的层面上完成其具有超越性的宗教认同的。康德告诉人们,人的主体性的一个特性就在于不断地向自己询问并要求自己作出实际的回答。人类最终会向自己提出生存的终极意义究竟是什么的问题。道德无法回答这个问题,但道德为回答这个问题提供了条件。

康德认为,至善是道德的最高追求,自由意志的良知鼓励着人类追求至善,它达成了心灵投向未来,使心灵与理想并轨。至善的动机不是神,宗教也无法使人成为道德的人,但至善使人类有必要相信道德追求的结果必是对上帝应存在于生活世界的确认。因此,康德心中信仰的上帝绝不是可经验的、可认识的实体,而是理性的原则,是人类唯一的终极关怀。上帝应在使人类懂得必须做什么,也确证了理性的终极意义,为理性的道德在生活世界中的完成提供了先验的保证。康德从道德出发,设定了上帝,这个上帝是道德上帝,它在生活世界中将人类引向一个从未有过的生存境界。它以其巨大的崇高和深刻的神圣感召着人类,给人类生活世界以照亮,使生活世界充沛人性。康德坚信,对这一道德上帝的信仰绝不是笃守教条教规。相反,对道德上帝的信仰就表现在人类在生活世界中的道德行为之中,服从道德、实现责任、完成义务就是在真正地信仰上帝。在道德实践过程,信仰使人类行动,行动达成了人与人之间的互信互爱,建立了人的尊重,从而完成了人性的确定。

康德生活世界中上帝不在、生活世界中道德必在和生活世界中上帝应在的宗教批判与宗教认同深化了近代反对世俗传统宗教的启蒙思想,为现代化进程增添了道德自由的思想深度,在消除了世俗传统宗教对人类合理的认识世界、把握世界的障碍同时,也为人类良知、信仰建造了坚固的道德寓所。而且康德启蒙的宗教批判与认同也成为极具现代性的思想话题,直接引发了对人们日常生活的思考与启蒙内容的深入探究。康德对启蒙的理解基于他对人类生存状态的定位和改变人类生存状态的强烈冲动。在《答复这个问题:"什么是启蒙运动?"》一文中,康德判定人类尚处于未成年状态。人类为何长时期经历文明却仍未成年? 人类如何才能成年? 人类成年的标志是什么? 康德作出了以下的应答:

作为思想观念,启蒙被康德定义为对人类当下未能自觉、自为的生存状态的超越。康德说:"启蒙运动就是人类脱离自己所加之于自己的不成熟状态。"①康德启蒙的定义中有两点设定:其一是尽管人类已经历古希腊的智慧时代,中世纪的愚昧时代以及对中世纪愚昧颠覆的近代文艺复兴时代,直到康德生活的工业化时代,人类还显得如此的幼稚和无知,处于未成年的生存状态中;其二是人类迄今未成年的生存状态既不是人的本性使然,也不是大自然的天性所致,未成年的生存状态是人类自己诉诸自身的。因而,超越不成熟状态,使人类从未成年走向成年,只能依靠人对自己的反省与行动,除此之外,别无他法。

在对人类未成年的生存状态进行反省、检讨时,康德发现,直接造成人类的幼稚、无知的原因并非自古以来哲人们所说人类缺乏理智。相反,人类从不缺乏理智,人类缺乏的是运用理智去自觉、自为的勇气,正像康德所说,人类的未成年的原因不在于缺乏理智,而在于如果不经过他人的引导,人类就缺乏勇气与决心为自己设计、为自己而行动。所以,康德所定义的未成年状态就是"不经别人的引导,就对运用自己的理智无能为力"②的一种人类生存状态。据此,康德鲜明地道出他所倡导的启蒙,其实质就是"要有勇气

---

① 康德:《历史理性批判文集》,何兆武译,商务印书馆1990年版,第22页。
② 康德:《历史理性批判文集》,何兆武译,商务印书馆1990年版,第22页。

运用你自己的理智。"①

　　人类为何没有勇气运用自己的理智去赢得自己的自觉与自为呢？人的懒惰和怯懦是根本原因："懒惰和怯懦乃是何以有如此大量的人，当大自然早已把他们从外界的引导之下释放出来以后，却仍然愿意终身处于不成熟状态之中，以及别人何以那么轻而易举地就俨然以他们的保护人自居的原因所在。"②不过，消除人类的懒惰和怯懦也很容易，就是"允许他们自由"③。康德这里说的自由"是在一切事情上都有公开运用自己理性的自由"④，表现在公共生活中应该允许人们有思想、言论的自由，在个人生活中，应该尊重每一个人享有尊奉自由的权利。

　　上述可见，康德对启蒙的基本理解有三点：第一，启蒙就是运用自己的理性。康德乃至迄今的启蒙内核心就是用理性构成人与世界的关系，使人在理性中面对世界、面对自我，用理性指引人类的生活。可以说，康德的启蒙是理性的启蒙。第二，理性的本质是自由。智慧、知识、真理、勇气等都可能是理性构成内容，但是理性的本质则是人的自觉、自为、自主的自由能力。康德"批判哲学"的全部主题都实现于对"人能认识什么"、"人应该做什么"、"人可以希望什么"的主体能力的思考与探讨之中。第三，在康德的启蒙理论中显现着这样一种思想：理性是人生存状态的终极标志，人既不同于动物，又不同于神的属性是理性，人是否生活于完美的成年生存状态中并成为真正的人的尺度就在于他在何种程度上拥有理性并运用理性。显然，康德的启蒙理论具有深厚的伦理意蕴。

　　康德的启蒙就是运用人类的理性重构人与世界的关系，使人类在理性中面对世界、面对自我，用理性指引人类生活并走向成年。康德所说的理性不是别的，正是人类拥有的自觉、自为、自主的自由能力。康德批判哲学充分展示出理性通过实现认识自觉、道德自律、审美自由从而达成启蒙的图景。

　　第一，认识自觉。德国启蒙思想之先声是英国启蒙思想。经验主义哲学作为英国启蒙思想的重要方面，推翻了欧洲宗教神学和传统逻辑学对认识活动的歧视与偏见，将人类的认识活动理解为人对世界的反映，认为人类的认识机体如同"白板"，可反映所面对的一切存在，反映的结果就是知识，就是对世界的真理性认识。康德的理性启蒙要求人们用理性去思考，表达

　　①　康德：《历史理性批判文集》，何兆武译，商务印书馆 1990 年版，第 22 页。
　　②　康德：《历史理性批判文集》，何兆武译，商务印书馆 1990 年版，第 22 页。
　　③　康德：《历史理性批判文集》，何兆武译，商务印书馆 1990 年版，第 23 页。
　　④　康德：《历史理性批判文集》，何兆武译，商务印书馆 1990 年版，第 24 页。

着一种强劲的怀疑精神。康德对认识的无限性始终有着审慎的态度。康德心目中的世界存在具有主客体建构的性质，与主体无关的存在被康德称之为"物自体"。"物自体"是抽象的、不可知的。当主体与"物自体"发生认识关系时，在主体感性能力的建构下，"物自体"在主体感性能力展开的认识过程中表现为具有时空的可感存在。时空既具有客观性又是人类主体的建构结果，时空中的存在就是现实。而人类由一系列概念、判断构成的主体知性能力与在时空中的现实、具体的感性存在发生认识关系时，主体知性能力在质、量、关系、模态四个方面对感性存在进行多样的判断就产生了知识。知识是普遍的、必然的、有因果关联的、系统的认识。知识具有客观性同时也具有主体性，既是关于客观世界的真理，又是人类对客观世界的系统解释。康德发现，无论是感性的客观世界，还是知性的主观世界，其存在的合理性限度都在于可感知、可认识的经验世界。一旦人类的认识进入诸如信仰、道德、幸福、责任等超感知领域时，认识就可能出现完全相反的两个结果。如认识可以证明上帝不存在，同样也可以得出上帝存在的结论，此时，关于上帝的知识就失去了真理的统一性，康德称之为"认识的二律背反"。据此，康德断言，人类的认识能力是有限的，认识不能解决存在的所有问题。认识只能在经验世界为人类找寻真理，为人类带来关于客观世界的知识。康德启蒙思想的重大成果就在于对人类认识能力和认识范围的理性态度和规范。认识可以解决一切经验域度中的科学问题，却不能解决人类本体领域中的人文问题。康德启蒙思想让人理性地懂得，当人类充分运用人类认识能力去享受科技成果时，人类还有责任使自己生存与发展在人文精神的本体世界中，免遭科技异化所带来的危机、困境。这就是康德理性启蒙中的认识自觉。

第二，道德自律。在康德看来，有勇气运用自己的理智去理性的思考，不仅表现为对经验世界的认识、把握，也在于对人的自身价值世界的领悟、建造。人类在懂得能够认识什么的同时，人类还要明白自己应该做什么。认识不能告诉人类应该做什么，只有实践才能回答这个问题。康德心目中的实践即是道德实践。康德认为，个人的日常生活无法为人类提供道德，只有普遍的信仰才能为人类产生道德。道德是人所以为人的基本依据，是人不同于物的本质所在。人因为有了道德才不受自然天性和本能的驱使、奴役，所以道德是自由的，道德是真正的理性，道德是人之存在的本体。正因此，康德在高度重视人类的认识活动时，更关注人类的道德实践。康德相信，道德实现需要绝对的自律，康德将之称为"意志自律"。人类要做到道德自律就必须有坚定的信仰，"我把道德上的信仰理解为对神助的无条件信仰。任何一个人,只要他有一天向道德上的信仰敞开自身,就会不需要历史上的辅助手段,自动地相信道德上的信仰的正确性和必然性"①。在这里,康德从道德自律出发设定了上帝的存在。这个上帝是道德的上帝,它为人类提供了理性生存的终极价值。通过道德上帝的设立,理性自由将人类引向一个从未有过的生存维度,巨大而崇高的神圣从此将召唤着人类,使人类在道德实践中,以道德自律的方式明白了人类应该做什么。在康德那里,人类似乎总处于某种等待而又焦虑的状态中,常常深感危机逼近。摆脱这种处境需要政治法律、科学认识等各方面努力,更需要遵从人性、道德向善。康德坚决否定传统基督教对上帝的诠释,传统基督教中的上帝是一个高高在上、压迫人的神,它无法使人获得良知、道德、自由,只能给人以恐惧和畏怕。只有坚信道德上帝之在,才能真正用神性反观人之现实,给人类的灵魂以照亮,使人类重返人性。上述可见,康德启蒙思想建立了具有现代性的道德观念。人类只有在道德实践中信仰道德上帝之在,人类才能真正懂得生命的价值,懂得应做什么,人类才能获得精神之在、理性之在,自由之在,道德也就实现了自身的自律。

第三,审美自由。康德之前,西方思想不是将审美视为认识的某种方式或结果,就是将审美解释为快感、本能的特定形式。审美在传统思想中始终处于边缘化、附属性的境况中。康德理性启蒙的贡献之一就在于确立了审美的自由性质。在康德的启蒙思想中,主体理性以一种理念的方式规范着审美的本质,使审美对形式的直观不超脱情感的界域。审美中有认识的成分,但理念使认识的概念、范畴渗透在理念的个体内容之中,在理念的协调下,想象与知性和谐一致并推动着认识超越逻辑抽象性而以感性、直观的方式转入理念的内容,从而把握对象的自由形式。同时,理念又使审美回避了自然本性的欲望,使审美主体的愉快不同于生理的快感。道德信仰的理性因其从实践领域的意志转变为审美过程中的情感,理念的自由本质也就溶化于情感的观照中,所以审美没有明确的目的性。由此,康德认为,审美活动不是认识活动、不是实践活动,而是包含着认识、道德等因素的情感活动,由此,可以清楚地看到,审美以人的主体情感为核心,构成人与世界的情感观照关系,以个体的方式表达人类普遍的自由本质。审美自由与认识自觉、道德自律一道,构成了人的基本生存、发展方式。

上述可见,康德的认识自觉、道德自律、审美自由确立了欧洲近代理性启蒙的基本内核,为西方近代思想在认识、实践、审美三个维度上构建人的

---

① 康德:《康德书信百封》,李秋零编译,上海文艺出版社1994年版,第44页。

主体性奠定了基本维度和意蕴。

人类必须启蒙是康德的坚定信念。在他看来,人类的生存、发展绝不是一个宿命的自然过程,人类的生存、发展被康德理解为通过道德自律、意志自由的主体选择并完成以人为最终目的的自主活动。在康德"批判哲学"中,历史一词本身就意味着它是人类自己努力、自我奋斗、自主建构的合目的过程,人类的历史本质上来说是一个进步史,具有深刻的伦理维度。对人而言,践行道德自律、选择理性的思想和理性的生活是人类进步的最基本方式和保障,因而人类有义务、有责任践行道德自律,选择理性的思想与理性的生活去实现以人为最终目的的进步,否则,人类必定倒退,甚至形同野兽。康德一生,始终在呼吁这种充满人道精神和人性尊严的义务与责任,这正是康德启蒙观文化底蕴的最深处,也表达了近代人类思想对终极关怀的渴望与敬畏。

启蒙在康德那里,既是近代的产物,又是西方思想发展的逻辑必然。西方的思想向来重视对人的理解,其思想发展的根基就在于对人与世界的关系建构,重心则倾向于人。人的价值、人的生存状态是古希腊至 18 世纪西方思想构成的基本维度。但是,康德之前,西方思想史中的人都是单维性的。如苏格拉底的道德尺度中的人,柏拉图认识尺度中的人,亚里士多德求知尺度中的人,普诺丁、奥古斯丁、阿奎那的神学尺度中的人,但丁、达·芬奇、维柯人性尺度中的人,等等。可以说,在康德之前的西方思想史图景中的人不是"自然的人"就是"神化的人"。康德提出启蒙的深层动机在于依据某一既非自然给出又非上帝创造的普遍原理,重建具有总体性的关于人的理念。在康德的思想中,人是多维度的,人是认识的人、伦理的人、审美的人,多维度的总体性的人所根植的原理就是被康德反复论述的自由。在康德那里,自由意味着既不受制于自然属性,又不囿于上帝的规范,自由是人自我创造、自我选择、自我实现的主体能力,体现为源自于意志力的理性。康德提出启蒙的深层真实动机就在于使人们自觉地运用这种理性自由,引导人们的生活走出蒙蔽、无知状态而成为属于不同于自然的人或神化的人的真正人。所以,在康德的理论中,启蒙是人类的义务,人类的希望,是人合目的重建关于人的理念的必由之路。当然,康德并未完成重建关于人的总体性理念的工作,经过费希特、谢林、黑格尔、费尔巴哈、马克思,近代西方思想史才完成了关于人的理念重建工作。正是在重建关于人的理念的动机之下,启蒙取得了重大的历史成果。

启蒙引发了社会观念的革新与重建。社会生活的变化必然导致社会观念的变化,而新的社会观念出现又引起社会的新变化。启蒙在引起欧洲社会生活变化的同时，也带来了社会观念的革新与重建。建立在基督教基础上的传统社会观念和普遍价值被启蒙所创立的一系列全新的社会意识所取代，从而引起社会意识形态的转型。在启蒙思想所创立的一系列观念中，理性、自然、自由、平等、财产、进步等观念不仅在启蒙思想中有特殊地位，而且也是现代社会价值观念中的核心理念。启蒙思想中的理性观念有着丰富的内涵，既有思维理性之意，又有意志理性的内涵，还有知识方法论和工具理性的意蕴，理性后来成为当代人类理解世界、创造自我的基本方式。而启蒙思想中的自然观念成为当今人类理性观念与方法的基本参照，被看成是现代文化对社会、文化的一种根本要求。自由作为启蒙思想的核心之一，在当代成为对人类自主状态的一种基本态度和追求。平等在启蒙思想中是为打破欧洲封建政治等级制度设立的观念，这个观念现在成为整个社会生活各个领域、各个方面的基本价值尺度，而进步则是当代对人类行为和决断的最终标准。正邪、善恶、是非的历史性判断准则就是看其是否具有进步性。可以说，现代社会价值体系的基本骨骼源于启蒙所带来的这些新观念。

启蒙产生了全新的知识体系。启蒙的最终目的在于重释人的内涵。而对人的重释和对世界的理解根本上依靠科学知识。启蒙的重大历史成果之一就在于产生了全新的知识体系。就自然科学而言，伴随着工业化过程，启蒙引发了近代天文学、近代力学的建立，产生了科学意义上的数学、医学、化学、生物学等学科，有些学科已经十分精细，如化学医学、物理医学，等等。而在人文科学方面，启蒙思想创立了关于人的知识或智慧的人学、研究道德知识和道德行为基础的伦理学、研究美以及美的创造和美的认识的美学、关于政治及人类社会权力之基础的政治学、以人类身体特征和文化特征为对象的人类学、解释人类心理活动以及心理对个体行为的影响方式的心理学。同时，启蒙运动还改造了哲学、宗教学、逻辑学、法学等许多传统学科，使之成为科学。所有这些，都为现代社会的庞大的知识体系的建立、发展、演变做了充足的准备。

从上可见，正如康德所坚信，人类必须启蒙，启蒙是人类现代化历程中的历史责任和历史任务。正是启蒙在努力地完成着这种历史责任和历史任务，所以，启蒙的历史成果成为人类建构现代社会的必然的历史过程和环节，这也就是后来黑格尔在其《精神现象学》中所表达的那样：人类必然启蒙，无法避免。

福柯身处于一个秩序化、知识化、权力化的技术时代，西方思想史重建人的理念工作不仅已经完成，而且被重建的关于人的理念已经渗透并被物化在当代政治、经济、制度、文化各种秩序之中。人的理念以知识的形式、权力的方式在人类社会生活中起着重要的作用。福柯发现,近代关于人的理念在当代并未实现社会秩序的合理化。相反,在人的理念的知识化背后,人的理念成为权力的服务者,而且自身也成为某种秩序的权力。因而,福柯对康德以来的启蒙思想深深失望。福柯相信,导致今天现代性对启蒙、对人的理念的拆解,绝不是关于人的理念和启蒙的异化,而是启蒙以及通过启蒙重构关于人的理念本身存在着严重的错误。所以,福柯一再强调人们应该从现实在场的经验与理解出发,真实地面对近代以来人们所希望、所努力建造的包括关于人的理念在内的思想成果,对启蒙进行认真地反思和严肃地批判。

首先,无论是作为人类面对世界而进行的有序思维活动的思维理性,还是为人类提供观念、信仰的意志理性都具有普遍化、秩序化的性质,理性的普遍推行导致现代社会的整体理性化。理性之外的鲜活内容被理性的普遍要求、秩序规则、统一目标所扼杀,最终理性成为维系社会存在、发展的制度,成为现代社会的唯一标志。理性从人的主体中分离出去,成为最为强大的社会客观力量。理性主宰着社会、主宰着每一个生活着的人,政治理性化、经济理性化、技术理性化,一句话,生活完全被理性所控制,人类丧失了生活最重要的丰富性维度,这是启蒙在现代社会中造成的最具异化特征的消极后果。没有理性的人类生活是蒙昧的,而只有理性的人类生活则是可悲的,这正是福柯等当代思想家对启蒙批评的根本所在。

其次,由于理性是现代社会最为基本的规则,理性成为统治者,它从反对宗教迷信、破除专制独裁变成了最大的权力。依附这个权力、运用这个权力就成为社会的中心,反之便被边缘化。理性强迫人们迷恋它,盲目崇拜它,正像霍克海默指出的那样,理性成为当今世界最大的宗教。

最后,理性的制度化、权力化、宗教化导致自然与人的关系在当代相当紧张。本来,对自然的界定、阐释体现着人们对世界感知与思考的深度与广度,是人类理解自我的基本写照和重要维度,但是,启蒙过度强调理性对世界的支配作用,从而导致自然的认识功能和价值功能逐渐丧失,福柯、阿多诺等人指责启蒙背叛了自然,当代思想家一致对理性摧残自然以及带来的生态危机深恶痛绝,不断追问理性对自然的支配权力的合法性,而海德格尔则提出诗意栖居于自然之中,以纠正启蒙的过错。

从更本质的方面来看,启蒙与现代性之争关涉到什么是进步、人类是否能够进步、人类怎样才能进步、人类是否已经进步并将继续进步的人之生存的根本性问题。启蒙与现代性之争目前没有答案,也许这将是一个永远敞开的哲学问题。

第三节　争论中的理性与理性精神

尽管康德充分论说了理性的内涵,但争论并未停歇。在康德的观念中,理性实现了人类的启蒙。而黑格尔则相反,认为启蒙达成了某种理性。有着紧密承继关系的两位德国现代性理论大师对启蒙的理解有着巨大的分歧,根源在于对理性的不同理解。康德的理性是人类的主体能力,具有先验性、普遍性、终极性。而黑格尔的"理性就是意识确知它自己即是一切实在这个确实性"①,理性是人类自我意识的一种特殊形式,也是自我意识自身发展演进的一个阶段。在黑格尔看来,"理性的任务,在于知道真理"②。发现真理、把握真理是在不断探求真理、实现真理的历史过程中完成的,真理本身就以过程的方式存在着,正像黑格尔所说的那样:"意识的真理性即是在具有绝对分立的两极端的推论过程里表现为中项的那个东西。"③正是在这种逻辑与历史统一、意识与实存统一的阐释话语中,黑格尔断言,启蒙不是人类的最终目标,人类的终极在于理性自由地把握、拥有理性自身。启蒙既不是理性的结果,也不是理性的目的,相反,启蒙只不过是理性自身展开过程中的人类特定意识和现实历史的有限阶段。在《精神现象学》一书中,黑格尔从信仰否定、功利人生、绝对自由三个方面表述了他对康德理性精神的反思。

第一,信仰否定。黑格尔对启蒙有积极评价,认为启蒙的贡献之一就是对传统宗教信仰的颠覆。在黑格尔看来,"宗教固然已经不复是意识的无实体的运动,可是仍然有着对立规定性,它既一般地与作为这个现实的现实相对立,又特殊地与自我意识的现实相对立;它因而本质上说来只是一种信仰"④。启蒙深刻地发现了传统宗教信仰的内在谬误。其一,传统宗教信仰具有独断的绝对化特点,自诩为真理,"它直接确信自己即是真理,确信纯粹思维即是处于自己的否定性努力中的绝对概念,而这否定性势力是排除一切可以与意识对立的对象性本质并把这本质转化为一种意识存在的"⑤。所以,传统宗教信仰是孤立的、静止的,缺乏现实性和发展性。它与人类的真实生活失去了内在联系,不能为人类现实生活提供符合人性的精神价值,

---

① 黑格尔:《精神现象学》(下卷),贺麟译,商务印书馆 1979 年版,第 155 页。
② 黑格尔:《精神现象学》(下卷),贺麟译,商务印书馆 1979 年版,第 161 页。
③ 黑格尔:《精神现象学》(下卷),贺麟译,商务印书馆 1979 年版,第 154 页。
④ 黑格尔:《精神现象学》(下卷),贺麟译,商务印书馆 1979 年版,第 72 页。
⑤ 黑格尔:《精神现象学》(下卷),贺麟译,商务印书馆 1979 年版,第 74 页。

从而使自己成为某种超感性世界的彼岸存在,"信仰事实上即是对本质的一种纯粹意识,亦即对简单内在的纯粹意识,并且因此即是思维,——思维乃是信仰的本性中通常总被忽视了的主要环节。本质是直接存在于信仰中的,其所以是直接的,是因为信仰的对象即是本质,也就是说,即是纯粹的思想。但是,一旦思维进入了意识,或纯粹意识进入了自我意识,这种直接性就获得了一种对象性存在的含义,意味着是一个处于对自我的意识彼岸的对象性存在。纯粹思维本来具有的直接性和简单性,既然在意识中取得了这种新的含义,于是,信仰的本质就从思维下降为表象,就变成了真正说来乃是自我意识的对方这样一种超感性世界"①。因此,传统宗教信仰本质上与人类现实生活是对立的,对人类现实生活是一种恶的否定;其二,在思想上,传统宗教信仰"一般地说是一团迷信、偏见和谬误的大杂烩,同样,对它说来,把握着这种内容的意识又更进一步地把自己组织成一个谬误王国"②;其三,在生活中,传统宗教信仰造就了专制政体与教士阶层,"一般群众于是成了这样一种教士阶层欺骗的牺牲品,这种教士阶层,其所做所为,无非是要满足其妄想永远独霸见识的嫉妒心以及其他自私心,并且,它同时还与专制政体一起阴谋活动,狼狈为奸。而专制政体作为实在天国与这个理想王国的无概念的综合统一体———一个矛盾百出的稀奇古怪的东西——高高君临于群众的坏识见与教士的坏意图之上,并且还进一步鄙视它们,将两者联合于其本身之中,利用民众的愚蠢混乱,凭借教士们的欺骗手段,坐收渔人之利,实现他太平无事的统治,满足它的私欲和专断"③。

　　但是,黑格尔在赞扬启蒙的贡献同时,指出启蒙对传统宗教信仰的否定并不是真正意义上的理性批判,启蒙自身存在着弊端。首先,启蒙对传统宗教信仰的批驳对启蒙自身也同样有效。在黑格尔看来"启蒙尽管自以为是在向信仰讲述些新的智慧,但在它这样做时它所说的完全不是什么新东西"④,因为启蒙实质上是用另外一种被称为"理性"的信仰来反对传统宗教信仰,所以"启蒙是这样一种言论,它完全不知道它所说的是什么"⑤,理性启蒙自以为对传统宗教信仰进行了理性的批判却根本不懂得理性为何。对此,黑格尔不无讥讽,"启蒙在这里完全是一个傻子"⑥;其次,由于启蒙对

①　黑格尔:《精神现象学》(下卷),贺麟译,商务印书馆 1979 年版,第 74 页。
②　黑格尔:《精神现象学》(下卷),贺麟译,商务印书馆 1979 年版,第 82 页。
③　黑格尔:《精神现象学》(下卷),贺麟译,商务印书馆 1979 年版,第 87 页。
④　黑格尔:《精神现象学》(下卷),贺麟译,商务印书馆 1979 年版,第 87 页。
⑤　黑格尔:《精神现象学》(下卷),贺麟译,商务印书馆 1979 年版,第 89 页。
⑥　黑格尔:《精神现象学》(下卷),贺麟译,商务印书馆 1979 年版,第 89 页。

理性的误判,启蒙对传统宗教信仰的批评就显得肤浅。在启蒙思想中,传统宗教被简单地理解为拜物教,所以启蒙对传统宗教信仰也就十分轻视、傲慢,"信仰的绝对本质是什么一块石头、一块木头,虽有眼睛而看不见东西,或者说是什么馒头,一块面团,本来生长在田里,经人加工改变了形象之后又被扔回田里去"①。启蒙没有看到传统宗教信仰是人类认识世界、把握真理的必经过程,是人类理解自我的必然阶段。传统宗教信仰有其存在的历史因果根据,而在启蒙那里,"这种根据就成了一种关于偶然事件的偶然知识"②。

第二,功利人生。黑格尔在冷静审视启蒙时还发现了启蒙的一个不为人注意的隐秘,就是启蒙对传统宗教信仰的批判具有极大的物质功利性。启蒙的人生是一种功利人生,在黑格尔心目中,启蒙视"舍弃享受和牺牲财产是既不公正而又不合目的"③。启蒙在物质占有、物质享受方面与传统宗教信仰并无二异,所不同的是在这方面启蒙比传统宗教信仰更隐蔽、更虚伪罢了。所以,黑格尔说道:"启蒙认为,抛弃一笔财产以便让自己感觉到并向别人显示出自己一概摆脱了财产,戒绝一种享受以便让自己感觉到并向别人表现出自己一概超脱了享受,这乃是笨拙的、不合目的的做法。"④

启蒙的功利人生观,使得启蒙所倡导的理性价值令人生疑。其一,对功利的追求,使得启蒙将世界最大限度地确定为可被感觉、利用的物质存在。在这个世界中,一切都可以被物质所解释,一切都可以用来满足人的利益。从这个角度来看,传统宗教信仰必定要被颠覆、消灭。因为它根本无法实现启蒙的功利人生目的;其二,功利人生观使启蒙高度评价"有用性","有用性"被作为价值判断的尺度。所以,启蒙的道德是一种功利主义的道德。善不依据良知和人的进步来判定,善与恶的唯一标准就是依照其后果是否满足人的功利目的而定。黑格尔认为,启蒙的这种功利人生观所导致的价值观就将善、道德、良知等内在主体规范变成了一种有用性的外在行动判断,在这一过程中,理性被启蒙真正而彻底的抛弃了。理性启蒙,在黑格尔看来最缺乏的就是理性自身,所以,黑格尔相信,启蒙不具有精神超越性,启蒙注定要被超越。

第三,绝对自由。理性启蒙追求绝对的自由。康德认为,自由指的是人的无限制性,自由必然通过意志的普遍有效来实现。黑格尔也看到了绝对

---

① 黑格尔:《精神现象学》(下卷),贺麟译,商务印书馆1979年版,第91页。
② 黑格尔:《精神现象学》(下卷),贺麟译,商务印书馆1979年版,第92页。
③ 黑格尔:《精神现象学》(下卷),贺麟译,商务印书馆1979年版,第103页。
④ 黑格尔:《精神现象学》(下卷),贺麟译,商务印书馆1979年版,第103—104页。

自由与意志的关系,他说绝对自由"这种意识,对于它自己的纯粹人格以及其中的一切精神实在,是有所意识的,而一切实在都只是精神性的东西;对它而言,世界纯然是它的意志,而它的意志就是普遍的意志"①。与康德不同的是,黑格尔认为绝对自由必然走向它的反面,导致个人的自由成为其他人的不自由。黑格尔指出:普遍的意志并不是"那种关于意志的空洞思想,而是实在普遍意志,换句话说,是一切个别人的意志本身。因为,意志自在地就是对人格的或者说对每一个个别人的意识,并且,它作为这种真理的实际的意志,应该是一切人格和每个人格的一种有自我意识的本质,以至于每一个人所采取的行动,都永远是没有分解的全体的行动,而那作为整体的行动而出现的行动,又是每一个人的直接的有意识的行动"②。在绝对的自由中,一切个人的意志转变为全社会的意志,这就意味着一切属于个人的都消失了,一切属于不同阶层的也都没有存在的必要,一种意志成为完全普遍而又唯一的自由,用黑格尔的话来说就是"它的目的就是普遍的目的,它的语言就是普遍的法律,它的事业就是普遍的事业"③。当绝对自由想要通过普遍的意志来实现自身时,绝对自由便走向了它的反面,变成绝对专制,这是康德绝没有想到的。更有甚者,当绝对自由的渴望无法得到肯定性的实现时,绝对自由运用普遍意志所采取的行动就是摧毁和消灭,"普遍的自由,既不能产生任何肯定性事业,也不能作出任何肯定性行动;它所能做的只是否定性行动;它只是制造毁灭的狂暴"④。在黑格尔看来,法国启蒙运动导致法国大革命,而法国大革命最终引起社会大恐怖正是绝对自由走向绝对不自由的历史写照。所以,"绝对自由是它自己的对象,死亡的恐怖就是绝对自由这种否定性本质的直观"⑤。

启蒙从自由的运用理性去思考到追求自由的绝对境界,最终使启蒙失败了,因为在黑格尔的理解中"普遍的自由所能做的唯一事业和行动就是死亡,并且是一种没有任何内含、没有任何实质的死亡,因为被否定的东西乃是绝对自由的自我的无内容的点;它因而是最冷酷最平淡的死亡,比劈开一颗菜头和吞下一口凉水并没有任何更多的意义"⑥。

康德、黑格尔对理性精神理解上的差异意示着启蒙内部的危机。近代

① 黑格尔:《精神现象学》(下卷),贺麟译,商务印书馆1979年版,第115页。
② 黑格尔:《精神现象学》(下卷),贺麟译,商务印书馆1979年版,第116页。
③ 黑格尔:《精神现象学》(下卷),贺麟译,商务印书馆1979年版,第116页。
④ 黑格尔:《精神现象学》(下卷),贺麟译,商务印书馆1979年版,第118—119页。
⑤ 黑格尔:《精神现象学》(下卷),贺麟译,商务印书馆1979年版,第120页。
⑥ 黑格尔:《精神现象学》(下卷),贺麟译,商务印书馆1979年版,第119页。

的启蒙是在工业化进程中重建人类自我理解的追求下而逐渐形成的。在这一过程中不仅历史上的各种关于人的观念渗入其中，而且当时各种背景之下的不同的人启蒙立场、观念和追求也大相径庭。在启蒙运动的早期，英国启蒙思想家的自由、平等、人权的观念，法国启蒙哲学家笛卡尔从数学、物理学中提取的理性认识方法以及法国思想家伏尔泰、卢梭等人的社会历史观念对德意志启蒙文化影响极大。托马西乌斯、莱布尼茨、沃尔夫哲学中的理性主义，巩特尔、施纳贝尔、戈特雷特在文学中表现的古典主义，巴赫、亨德尔为代表的巴洛克音乐及盛行当时的巴洛克建筑风格奇怪地合为一体，形成了一种独特的德意志早期启蒙文化情致，这种文化情致又与马丁·路德发起的新教改革运动互动互促，进而引发了18世纪之后德国启蒙思想开启的一场极为复杂的创建主体性的启蒙思想运动。德国启蒙思想运动是人类精神史上超越古希腊以来任何一次关于人类价值、意义定位的思想建设工作。这场思想启蒙运动从康德开始，最终由马克思实践的历史理论完成。而在这期间，康德、黑格尔正处于构建人类主体性的启蒙运动的关键位置和关键时期。由于他们对理性等重大问题的不同看法以其对人类主体性的不同理解，导致了他们的启蒙观在许多方面的不同、碰撞，这种不同和碰撞表明了启蒙内部的矛盾以及潜伏的危机。现代化后期启蒙所产生的许多问题以及当代对启蒙的现代性批判与此有着直接的关联。

康德、黑格尔对理性精神理解的差异主要源于如下：

第一，逻各斯与奴斯的对峙。理性是一个古老的观念。在古希腊，理性观念创生时就内蕴着逻各斯与奴斯两方面的基本维度：逻各斯体现着理性必然、客观、规则的一面；奴斯则传达着理性超越、主观、原动力的另一面。古希腊人常常用命运暗喻逻各斯，用灵魂表述奴斯。康德、黑格尔所理解的理性都蕴含着逻各斯和奴斯两方面的维度。不过，康德的理性观念中的逻各斯一面更明显、更强劲、更为突出。康德谈及他的"批判哲学"时就曾说，他的全部哲学就是运用牛顿力学的原理解决人类精神问题。作为科学原理，牛顿力学将宇宙描述为具有统一性、因果规律性、可被观察、计算的世界，康德则将其理性确认为人类普遍、客观的先验主体能力。理性的这种普遍性、客观性决定了人的主体性的独立性、必然性，并在人类认识活动、实践活动和审美活动中显现为活动的有效性和规则性。在认识活动中，理性严格掌控着认识不超出经验世界，避免对诸如意志、情感、宗教等无法用科学认识加以说明的人文精神领域的问题进行解释，防止出现认识结果的"二律背反"，从而保证认识的客观有效性。在实践活动中，理性规范着人的本质，人的本质始终定位在对自然本能和肉体欲望的超越性上，理性体现为自由。这自由是对人类自然天性的超越并以道德律令方式出现,要求所有人类共守相同的伦理内涵。在实践活动中,理性的必然性、规范性、统一性集中体现在自由的普遍性和道德的本体性上。个体的伦理规范可视为全体的道德要求,全体人类进步的愿景也应该理解为个体发展的希望。而在最具个体性的审美活动中,理性的作用就在于使个体性极强的审美活动具有普遍有效性、普遍可传达性。个体的审美判断既是个人趣味的表达,又是人类自由的表征。理性使审美活动无功利而趋于普遍的利益,无概念却暗含着认识,无目的却契合着人类的内在目的。

黑格尔的理性内涵更富有奴斯的精神。黑格尔相信,理性是世界存在的根据,也是人类认识世界的原动力。理性的必然性、客观性、普遍性、规范性根源于理性自身超越性的辩证运动。在运动的层面上,理性的必然性、普遍性、规范性都是理性自身以自我否定的方式进行,超越活动中所表现出的特定属性和形态表征。在黑格尔思想中,任何存在都是运动、变化的,静止不变意味着对存在的根本否定。普遍性本质上是运动的普遍性,必然性本源上是超越的必然性,规范性实质上是辩证否定的规范性。显然,黑格尔理性的精神内核是奴斯的超越性。

从上可见,造成康德、黑格尔启蒙观差异的原因之一是他们对自古以来理性观念中的逻各斯与奴斯两维度各有坚守。

第二,类人与市民的失调。在西方思想史上,向来就有大写的类人与小写的历史人之分,直到马克思才最终在其劳动实践理论中将大写的类人与小写的历史人统一起来。就康德与黑格尔而言,康德基本上在大写的类人观念中理解人类,而黑格尔则总是在具体的历史中把握人类。

康德的启蒙绝不是针对某类人或某种人的。启蒙是对全人类所有人的启蒙,也可以说,启蒙就是全体人类在理性的指引下,面对世界去思考、去行动。在康德的理论体系中,人类拥有着同样的客观世界和主观世界,人类自诞生以来就有着共同的存在形式,共同的意义本质,共同的生活愿望和共同的历史命运。而理性的普遍性、必然性也就在于它是全人类中的每一个人都先天具有的、完全同一的本质,理性生而有之,是人皆有。正因此,启蒙才是人类的共同事业,启蒙才必然能够实现。所以,康德坚信,启蒙既是现实的,又是终极的。启蒙是人类对自身的要求,同时启蒙也是人类的宿命。而黑格尔则将人的本质理解为有始有终、不断发展的自我否定、扬弃的理性意识。在黑格尔看来,所谓普遍的类人只是思维逻辑中的形式存在。人的本质规定性在于人的存在的内容而不在于其抽象的、普遍的形式。然而,具有内容规定性的人从来就是具体的定在。不同的规定性产生了具体内容和具体形式完全不同的人。不同的规定性是在理性不断自我否定、发展中逐渐产生又不断展开,最后被新的规定性扬弃的历史过程。所以,黑格尔的哲学中没有绝对的、普遍的、不变的人。人从来就是不断自我否定和发展变化的、有着具体内在规定性的历史人。就启蒙而言,黑格尔从未将启蒙视为贯穿人类历史全程的事件或活动。黑格尔否认启蒙具有终极性。在他的历史视野中,启蒙不过是近代市民阶层反对传统宗教信仰、争取现实功利人生和表达绝对自由愿望的历史事件。换言之,启蒙中的人不是抽象的普遍类人而是具体的、有着复杂历史境遇、由近代第三等级发展而来的市民。而这理性所呈现的反对宗教信仰、争取功利人生和表达绝对自由愿望的市民规定性的人终究由于追求绝对自由而导致极度的强权、专制,走向自己的反面。法国大革命的"红色恐怖"使启蒙被扬弃,并使历史中的市民在理性的辩证运动中走向精神的新高度,成为新的历史境遇中、有着新的规定性的具体人。

第三,义务与历史的隔绝。康德、黑格尔启蒙观的差异还有一个深层原因,就是康德、黑格尔对启蒙的不同考量。在康德那里,启蒙是人类自觉自由、实现解放的义务,人类必须启蒙。而在黑格尔心中,启蒙是一个历史过程,是人类走向自觉自由,实现解放的必经之路,人类必然启蒙。

人类必须启蒙是康德的坚定信念。在他看来,人类的生存、发展绝不是一个宿命的自然过程,人类的生存、发展被康德理解为通过道德自律、意志自由的主体选择并完成以人为最终目的的自主活动。在康德"批判哲学"中,历史一词本身就意味着它是人类自己努力、自我奋斗、自主建构的合目的过程,人类的历史本质上来说是一个进步史,具有深刻的伦理维度。对人而言,践行道德自律、选择理性的思想和理性的生活是人类进步的最基本方式和保障。因而人类有义务、有责任践行道德自律、选择理性的思想与理性的生活去实现以人为最终目的的进步。否则,人类必定倒退,甚至形同野兽。康德一生至暮年,始终在呼吁这种充满人道精神和人性尊严的义务与责任,这正是康德启蒙观文化底蕴的最深处,也表达了近代人类思想对终极关怀的渴望与敬畏。

黑格尔相信人类历史的必然性和历史客观力量的决定性,认为启蒙只不过是历史所必经而且也必被超越的历史环节。在黑格尔看来,人类必然启蒙,这是由绝对理念必然发展变动、否定扬弃的历史必然性所注定。无论人是否愿意、无论责任是否承担、无论义务是否实行,启蒙都会到来。启蒙以其客观的力量改变着人类的精神,改造着社会面貌,因为启蒙是客观历史进程。启蒙的进步性本身又包含着否定性,它反对传统宗教信仰的同时追求着庸俗的功利人生,它试图实现绝对自由,但绝对自由本身就是恐怖专制。所以,道德无法全面估量启蒙。无论世人对启蒙双手称赞还是对启蒙切齿痛恨,启蒙都会不以主观意愿为依据而必然出现并在完成了自己历史使命之后,在其内在否定性矛盾的辩证运动中,在新的历史阶段到来之际,不可挽回地扬弃在人类历史进程之中而成为过去。

康德、黑格尔理性精神差异及对其根源的文化探究表明,启蒙的现代性断裂不仅是当下文化语境中的历史事件,也是自启蒙开始后就一直存在着的现代性过程,对包括像现代国家建立等重大现实社会问题解说都如此不同。

康德、黑格尔国家理论的价值追求和时代精神基本一致,共同表达了现代化进程中对传统国家观念合法性的批判。在传统社会中,国家的合法性被诠释为君权神授、家庭继承。国家的合法性实际上依靠某种秘而不宣的迷信或血缘关系来获得。在传统社会中,对统治者而言,国家只关乎个人的血统、家族的利益和私有的权力,所谓"朕即国家、国家即朕",国家几乎不具有公共性。对民众而言,国家不是自己存在的生活方式,不掌握公共权力,无法在国家中获得自我确认和实现,国家是外在的。传统国家观念的合法性不能被理性说明,被康德、黑格尔斥为某种天启、神秘而偶然的东西。康德、黑格尔一致认为国家观念的阐释必须建立在对人性的自信和理解之上,人是法、道德、伦理这些构成国家基本骨骼的出发点,黑格尔就说:"通过思维把自己作为本质来把握,从而使自己摆脱偶然而不真的东西这种自我意识,就构成法、道德和一切伦理的原则。"①康德则将国家理论纳入他的实践人类学,把其国家理论看成为人类找寻在现实经验中获得普遍权利与人身自由的原理,并强调承认人与生俱来的天赋自由,尊重人享有自由的权力是国家存在是否拥有合法性的最终尺度。康德、黑格尔完全否定了传统的国家观念,而依据人建立国家存在的合法性与合理性,实现了国家理论的启蒙,在以下两个方面造就了以人性观念为本的国家理论中的现代性。

一方面,康德、黑格尔坚信国家制度必须建立在人的理性与自由之上。康德毕其一生倡导用人性取代神性,通过确认人性的普遍性和合法性完成对人类社会生活的现实理解。在康德看来,人所以能够凭借自身而不借用神来确立自己,就在于人具有先天而来的理性能力。人的理性能力是认识世界、把握自我、超越自己的普遍能力。理性能力在确认人自身时,使人能

---

① 黑格尔:《法哲学原理》,范扬、张启泰译,商务印书馆 1982 年版,第 31 页。

够自在自为而不须神来做主，人"只有一种天赋的权利，即与生俱来的自由"①。自由是人所以为人，人既非神又非物且独立存在的根本属性。黑格尔承传了康德关于人是自由的信念，认为人是意志的存在，而"自由是意志的根本规定，正如重量是物体的根本规定一样"②。在康德、黑格尔那里，人因理性而自由，又因自由获得了选择，自由的选择产生自由的行为。自由行动并非任意胡为，自由行为是有准则的行为，这准则就是法。所以，自由与法之间存在着一体化的内在关系，黑格尔说："法的基地一般说来是精神的东西。它的确定的地位和出发点是意志。意志是自由的，所以自由就构成法的实体和规定性。至于法的体系是实现了的自由的王国，是从精神自身产生出来的、作为第二天性的那精神的世界。"③法以自由为基础，也以自由为己任，而自由则以法来保证，法是实现自由的根本途径。因而，对人而言，"法与自由有关，是对人最神圣可贵的东西"④。法使得自由得以实现，法也使得人们的生活有了是非善恶、合法非法的标准，如康德所说的那样"现在根据普遍法则，凡是妨碍自由的事情都是错误的。任何方式的强制或强迫都是对自由的妨碍或抗拒"⑤。黑格尔在论及现代国家的基本法理时也一再指出，作为现代国家基本法理构成的抽象法必须坚持三个原则：第一，抽象法要基于人的意志自由，抽象法要使国家中的每一个人成为被尊重的人，并使每位被尊重的人尊重他人；第二，在抽象法中，每一位人都只有普遍性，只有在这种普遍性中，人人才能够平等。特殊性一旦进入抽象法，就意味着个人可以强迫他人，平等将会丧失。平等的丧失导致自由的取消；第三，在抽象法中要强化不得侵害人格的规定。

　　另一方面，哈贝马斯认为国家是在工具理性和交往理性中产生，然而，工具理性和交往理性产生国家的过程始终被某种形而上理念在引导或左右着，这正是以康德、黑格尔为代表的西方思想家在其国家理论中所树立的现代性的特征之一。康德、黑格尔都相信国家必须是正义的，非正义的国家可以被颠覆，因为它没有合法性。康德、黑格尔所理解的正义不同于柏拉图人各按其身份、各就其位为国家工作的"正义"，也不是在俗世中服从天国秩序的基督教国家正义，而是以理性自由为基础的道德正义。道德正义是康德、黑格尔国家理论中的核心概念，它无法从感性经验中来，只能是自由意

①　康德：《法的形而上学原理》，沈叔平译，商务印书馆 2005 年版，第 50 页。
②　黑格尔：《法哲学原理》，范扬、张启泰译，商务印书馆 1982 年版，第 11 页。
③　黑格尔：《法哲学原理》，范扬、张启泰译，商务印书馆 1982 年版，第 10 页。
④　黑格尔：《法哲学原理》，范扬、张启泰译，商务印书馆 1982 年版，第 224 页。
⑤　康德：《法的形而上学原理》，沈叔平译，商务印书馆 2005 年版，第 42 页。

志所设立的具有形而上却又关涉具体现实的价值理念。这种国家的道德正
义,在康德那里就是人人应承担的责任,在黑格尔的思想中就是绝对精神所
表达的普遍之善。康德曾指出,宇宙中只有两种规律:一种是大自然服从的
规律;另一种则是人应服从的规律。大自然服从的规律是自然规律,而人所
服从的规律是"有别于自然法则的自由法则,是道德的法则"①。康德所说
的道德法则并非以个人经验世界中的好坏或善恶来度量,道德法则的根本
在于当你认为应该时,此应该必成为所有人的应该。这种道德法则是超个
人的、超经验的,是对物质需要、经验满足的扬弃、超越。道德法则对生活中
的个人而言是一个无条件的绝对命令,人只有根据道德法则的绝对命令去
行动,其结果才是善的,其建立的国家才是正义的。所以康德说:"绝对命
令因此还表示了主体,作为有道德感的人,必须根据这种规则去行动。"②在
国家中,公民按道德的规则去生活就须承担责任,责任是公民实现自由的基
本内容。在国家的公共生活中,自由与任意之区别就在于个人是否承担对
国家的义务,国家是否承担对个人的责任,所以康德说:"责任是自由行为
的必要性。"③在康德看来只有出于责任的行为才具有道德价值,并且其道
德价值绝不取决于责任行为想要实现的意图,而取决于责任行为被规定的
准则。换句话说,责任行为就是尊重道德法则而产生的行为,康德将此视为
道德国家、道德公民的基本命题。与康德相似,黑格尔也在追问:如何使一
个国家成为正义的国家而不是罪恶的国家呢? 黑格尔认为正义的国家应是
道德的国家,它是绝对理念在伦理的客观显现中善的表达,因而要从人自身
中为国家找寻正义和道德。人在黑格尔的思想中是复杂多维的,"人生来
就有对权利的冲动,也有对财产、对道德的冲动,也有性爱的冲动、社交的冲
动,如此等等"④。正义国家的实现需靠人的道德冲动来完成。道德冲动孕
育了个体的人格,每个人的人格是平等的、公平的、等值的,所以,人格的客
观化便可形成保持国家正义的法律和权利。"人格一般包含着权利能力,
并且构成抽象的从而是形式的法的概念,和这种法的其本身也是抽象的基
础。所以法的命令是'成为一个人,并尊敬他人为人'。"⑤在这里国家理论
的现代性被康德、黑格尔加注了深刻的人道主义精神和道德品质。国家正
义只与人性相关、与道德相连,而与神、血缘、暴力完全无关。国家的正义性

①　康德:《法的形而上学原理》,沈叔平译,商务印书馆 2005 年版,第 18 页。
②　康德:《法的形而上学原理》,沈叔平译,商务印书馆 2005 年版,第 28 页。
③　康德:《法的形而上学原理》,沈叔平译,商务印书馆 2005 年版,第 28 页。
④　黑格尔:《法哲学原理》,范扬、张启泰译,商务印书馆 1982 年版,第 29 页。
⑤　黑格尔:《法哲学原理》,范扬、张启泰译,商务印书馆 1982 年版,第 46 页。

来自公民的道德性,"道德就是一个有理性东西能够作为自在目的而存在的唯一条件,因为只有通过道德,他才能成为目的王国的一个立法成员"①。黑格尔甚至认为,对于国家而言,"善就是被实现了的自由,世界的绝对最终目的"②。

正像前文所述,康德从人性出发,经过建立新型的道德理念而进入国家理论建构的。康德所设计的道德原则被康德视为国家存在的基础,然而康德所反复讲述的普遍道德并不是基督教式的普遍道德,而是西方中世纪以来逐渐形成发展起来的市民阶层的价值表达和行为准则,突出体现了并非统治地位的市民阶层对自身权力和自由的诉求以及消除压迫、奴役的渴望。尊重自己的权力与自由同时也尊重他人的权力与自由,个人的行为的准则必须成为一切人的行为准则的道德原理被市民阶层看成绝对命令。这种源自于市民阶层生活需要和价值追求的绝对命令被康德视为至高无上的法则,康德说:"绝对命令便是道德上的实践法则。"③因而,康德的心目中,国家只有建立在这源于市民社会的道德必然性上,国家才是正义的国家,否则国家将不具有合法性、合理性。黑格尔虽然同意国家的正义必基于道德的信念,但他理解的道德则不同于被康德放大了的市民阶层的普遍道德。黑格尔认为,一切皆根源于人类意识的绝对精神自身发展的结果,道德只是绝对精神在其主观发展阶段的一种存在形式。国家是客观存在,客观必然性是国家存在的根本属性。如果国家由主观道德决定,国家必定失去客观存在的普遍依据而变成了主观随意的产物,这绝不符合现实。黑格尔看来,绝对精神从包括道德在内的主观意识发展到客观阶段时产生了伦理。就伦理与个人的关系来说,伦理决定着每一个生存于现实中的具体人的普遍性,成为具体现实个体的社会性;就伦理与民族的关系而言,伦理本身就是民族精神、民族文化的物化,它对民族产生着普遍而客观的制度、法则的作用,不以个人的主观意愿而转移;对于国家来讲,国家就是伦理的最充分、最全面、最客观的体现。换句话说,国家是伦理的完满形式,而伦理则是国家的全部内容。

由此可见,二位建造当代国家理论现代性的思想大师在国家存在基础的精神实质上,一开始观点就发生了激烈的争论。国家存在基础源于市民社会的普遍道德本身意味着康德在心底把市民社会当成了国家存在的客观

①　康德:《道德形而上学》,邓晓芒译,上海世纪出版集团 2005 年版,第 55 页。
②　黑格尔:《法哲学原理》,范扬、张启泰译,商务印书馆 1982 年版,第 132 页。
③　康德:《法的形而上学原理》,沈叔平译,商务印书馆 2005 年版,第 29 页。

而必然的基础。市民社会是西方历史发展中独有的社会存在现象,出现于中世纪。由于中世纪教会对整个西方俗世国家政治有着绝对统治权,因而,世俗国家政治权力并未像东方社会那些渗透并支配着社会每一个领域,西方社会特别在经济活动、宗教活动和日常文化活动中,公共权利并不掌握在世俗国家政治权力之中。随着工商业和市民阶层的发展,大量与商贸、服务、文化相关的社团、行会的出现,不仅产生了世俗国家政治权力不能直接支配的社会制度体系,还出现了不受世俗国家官方政治意识形态绝对控制的文化价值体系,经过几个世纪的变化与演进,终于出现了与世俗国家政治分离的市民社会。康德之前的早期启蒙思想家格劳秀斯、普劳道夫等人已经洞察到西方社会这一特点。总的来说,市民社会有以下两个基本特点:其一,在客观社会组织存在方面,市民社会所拥有的经济、文化、宗教等机构不是家庭,家族、民族纽结而成,它有别于地域的民族国家;其二,市民社会所形成的一整套行为制度、文化制度与国家的政治制度既有一定的联系却又保持着自身的独立性。正是由于市民社会与国家之间的这种特殊关系,康德将公民义务分为两类:"法律义务是指那些由外在立法机关可能规定的义务;伦理义务是上述立法机关不可能规定的义务,"①并且认为伦理义务即道德所要求的责任最重要,伦理义务高于法律义务,"我们唯有通过道德命令才认识我们自己的自由——由于我们是自由的,才产生一切道德法则和因此而来的一切权利和义务;而权利的概念,作为把责任加于其他人的一种根据,则是后来从这种命令发展而来的"②。这其中透视出康德市民社会的道德高于国家法律,国家法律来源于市民道德的观点。而黑格尔则不承认市民社会是国家的基础。葛兰西指出,黑格尔坚持国家决定着市民社会,国家概念既不是源自于被康德称为普遍道德的市民价值文化,国家本身也不是市民社会发展的必然。相反,国家不仅不是来于市民社会,而且国家本身就意味着对市民社会的否定。在黑格尔看来,国家建立在伦理的概念上。伦理作为绝对精神的客观化体现为现实的家庭、家族和民族之中,从家庭、到家族再到民族是国家形成的内在逻辑。在这个内在逻辑中,血缘、风俗、宗教是其逻辑发展的根本动力。血统、风俗、宗教只和伦理相关,或者说是伦理的不同表达。道德在黑格尔思想体系中只是绝对精神在主观发展阶段的体现,是主观意识,不具有客观实在性。市民社会的道德产生于市民社会的劳动与分工所形成的等级制度和需要体系之中,与市民社会的私有财产、

---

① 康德:《法的形而上学原理》,沈叔平译,商务印书馆 2005 年版,第 10 页。
② 康德:《法的形而上学原理》,沈叔平译,商务印书馆 2005 年版,第 10—11 页。

契约所需的法律保障等方面相联系。因而,市民社会的道德与血缘、风俗、宗教无关,也不是家庭、家族、民族的本质显现,道德不可能产生国家。国家的内容只是伦理,形式则是由家庭到家族,再由家族进一步发展成的民族。由此可见,康德的国家理念基于市民社会的道德,市民社会是国家的基础。黑格尔的国家理念则建立在绝对精神的伦理之上,民族是国家的实质。

对康德来说,国家以非血缘伦理关系的市民社会为基石,国家存在基础的理念源自市民社会的普遍道德。按康德的话来讲,"道德学科的最高原则是:'依照一个能够像一项普遍法则那样有效的法则去行动'"①。作为伟大启蒙者的康德,坚持普遍法则就是人的自由,就是"每个人都享有天赋的平等"②。自由平等而无血缘伦理关系组成的国家只能是有着共同道德标准和共同社会利益并享有同等权利的人建立的联合体,这种联合体的本质关系就是契约。国家契约论最早由洛克提出。洛克认为自然状态中的人为改变自身的不便和不足,通过相互的契约建立了共同生活体,这个共同生活体就是国家。康德同意契约建国的观念,但是赋予了洛克国家契约论以深刻的道德性质。康德认为,契约是自由意志之间的某种转移,"通过两个人联合意志的行为,把属于一个人的东西转移给另一个人,这就构成契约"③。由于契约双方皆为自由意志的主体,契约双方面就应是自由的、平等的、自愿的,"通过契约,我获得了另一人的允诺"。④ 契约不仅达成了利益的一致性,更重要的是,通过契约,自由意志之间获得了共同的自由,实现了某种道德承诺与道德完成。甚至在谈论婚姻问题时,康德也用市民社会道德原则的国家理论来解释婚姻,一再指出婚姻也是一种契约。婚姻的道德不是家庭伦理规范的结果,婚姻的道德在于契约双方的平等。而在解决国际问题时,康德依然坚持充满道德精神的契约论,认为国家与国家之间的关系应是一种道德契约的关系,这样国家之间才能和平。康德对契约的理解不是简单的利益妥协,而是契约中的道德性质,他一再强调契约的自由性、自愿性,"一个契约,如果一方为了另一方的好处,放弃了他的全部自由,因而他不再成为一个人,也就不再有义务去遵守契约,这种契约便是自相矛盾的,所以它本身是无效的、作废的"⑤。契约对黑格尔来讲也是不容回避的。他承认契约存在,但他拒绝契约所具有的道德性,认为契约仅仅起

①　康德:《法的形而上学原理》,沈叔平译,商务印书馆 2005 年版,第 33 页。
②　康德:《法的形而上学原理》,沈叔平译,商务印书馆 2005 年版,第 50 页。
③　康德:《法的形而上学原理》,沈叔平译,商务印书馆 2005 年版,第 88 页。
④　康德:《法的形而上学原理》,沈叔平译,商务印书馆 2005 年版,第 90 页。
⑤　康德:《法的形而上学原理》,沈叔平译,商务印书馆 2005 年版,第 102—103 页。

着中介作用,契约作为中介,"使意志一方面放弃一个而是单一的所有权,他方面接受另一个即属于他人的所有权"①。在黑格尔看来,契约只与私有财产有关,与伦理所达成一切事物无关。黑格尔明确地说:"国家的本性也不在于契约关系中,无论它是一切人与一切人的契约还是一切人与君主或政府的契约。"②不仅国家不是契约建成的,凡是客观伦理建构的社会存在皆不是契约的成果。黑格尔批评康德说:"婚姻不可能归属于契约的概念下,而康德竟把它归属于契约的概念下,可说竭尽情理歪曲之能事。"③在黑格尔的心底,契约只是双方的约定,国家不能建立在约定中,即使这种约定是一切人与一切人之间的约定,国家也不能建立在这种约定之上,因为任何人都是国家之人,不能在国家之上,恶炒契约建国只能破坏国家的权威,产生法国大革命雅各宾专政时候的可怕局面。所以黑格尔说:"把这种契约的关系以及一般私有财产关系掺入到国家关系中,曾在国家法中和现实世界造成极大混乱。过去一度把政治权利和政治义务看作并主张为特殊个人的直接私有权,以对抗君主和国家的权利,现在却把君主和国家的权利看成契约的对象,看成根据契约,并看成意志的单纯共同物,而由结合为国家的那些人的任性所产生的。以上两种观点无论怎样不同,但有一点是相同的,它们都把私有制的各种规定搬到一个在性质上完全不同而更高的领域。"④

当代政治学家墨菲在分析西方国家的民主时曾认为,西方有两种民主:一种民主是程序性民主,把民主理解为程序,并以分权为实现程序的前提;另一种民主是实体性民主,把民主视为国家的共同意志,并以集权的方式实现民主。康德以市民社会为基础的贯注普遍道德精神并以契约方式建成的国家也可说是程序性国家民主制的先声。康德曾将国家政体分为两大类:一类是共和制;另一类是独裁制。康德看来,共和的就是契约的,它必以分权为政治特点。分权才能保证契约双方的权力的平等,分权才能实现契约双方的自由。只有一方有权,而另一方无权,自由就会丧失,社会只能是独裁的、奴役的、不平等的。所以康德认为分权就是公共正义,他说:"法律状态是指人们彼此的关系具有这样的条件:每个人只有在这种状态下方能获及他所应得的权利。按照普遍立法意志的观念来看,能够让人真正分享到这种权利的可能性的有效原则就是公共正义。"⑤黑格尔的伦理国家则更类

①　黑格尔:《法哲学原理》,范扬、张启泰译,商务印书馆 1982 年版,第 81 页。
②　黑格尔:《法哲学原理》,范扬、张启泰译,商务印书馆 1982 年版,第 82 页。
③　黑格尔:《法哲学原理》,范扬、张启泰译,商务印书馆 1982 年版,第 82 页。
④　黑格尔:《法哲学原理》,范扬、张启泰译,商务印书馆 1982 年版,第 82 页。
⑤　康德:《法的形而上学原理》,沈叔平译,商务印书馆 2005 年版,第 131—132 页。

似墨菲所说的实质性民主。伦理代表着国家一切人的意志,也是国家所有人意志的化身,伦理是客观的,"自在自为的国家就是伦理性的整体,是自由的现实化"①。因而,国家必集权,个人、群体必须服从国家的意志,"在国家中,在意志的最具体的客观性中,(人格)成了国家人格,成了国家的自我确信"②。

当代国家理论的现代性特征之一就是高度关注国家权力与国民社会生活之间的关系。不同的国家,国家权力与国民社会生活之间的关系是不同的。东方传统社会中,社会生活都是国家利益内容,国是放大的家,而家则是国在私人家庭生活中的代理。家国不分,一切皆公,没有私人生活领域,正像《礼记·礼运》所言:"大道之行也,天下为公。"西方传统社会则不同,由于梭伦改革,打破了血缘关系在社会中的主导作用,所以西方社会自古希腊以来就有公私之分。哈贝马斯在《公共领域的结构转型》一书中认为,古代西方社会中的公共领域指的是国家允许公众参与,并与公众一起发表意见或进行交往的领域。由私人自理、自治的领域则是私人领域,在古代西方社会就是家庭生活。曹卫东指出,就公共领域的价值理念而言,公共领域强调个人超出自身利益去理解并考虑他人利益的价值取向,体现了人与人在交往中相互照顾的一种关怀,是一个人参与社会公共事务并且成熟的标志。但是正如哈贝马斯看到的那样,中世纪,西方传统社会却由于封建的社会关系而出现了东方式的公私不分,不允许私的存在的情况。现代化进程后,随着市民社会的发展,公共领域再次在私人领域中产生,而且与私人领域迅速分化,形成了具有现代性的近代公共领域文化观念。近代公共领域文化观念集中表现为,在国家理念上倡导自由平等,公正公开;在国家行为上力图中性化,为所有公民服务。作为当代国家理论现代性缔造者的康德、黑格尔目睹了西方社会的这一发展、变化,作出了强烈的理论回应。然而,康德、黑格尔的理论回应却大相径庭。坚持市民社会建国理念的康德支持公共领域与私人领域的自治,认为国家以公共领域的活动为主要存在方式,国家与公民的关系应被限定在公共领域之中。黑格尔由于否定市民社会,强调市民社会的历史性,所以对由市民社会引发的现代公共领域持谨慎态度,虽承认公共领域和私人领域有一定的区别,但强调在国家面前公共领域和私人领域间的区别毫无意义,两个领域都应属国家运行的内容,对国民而言,国家统辖国民的全部生活领域。可以说,在国家生存方式的问题上,康德是以公

---

① 黑格尔:《法哲学原理》,范扬、张启泰译,商务印书馆1982年版,第258页。
② 黑格尔:《法哲学原理》,范扬、张启泰译,商务印书馆1982年版,第296页。

共领域为主的公私二元论,而黑格尔则是突出国家全领域权威,坚持公私合一的一元论。

当代政治哲学家奥菲说过,君权神授、世袭特权对现代国家无效,现代国家建立在参加订立契约的个人自愿同意的基础上。现代国家的公共权威体现着人民的意愿,既在公共领域承担着人民的利益,又保护人民在私人领域中的自由,强调个人在私人领域不受国家、政府、他人的干预,善是个人在不受强迫状态下的自由选择,即"权利优先善"。其实,这种自由主义国家与人民关系的思想源自康德。康德就认为,在现代国家中,应该将人理解为平等自由,有权利获得其私人利益的人,这是因为人首先是自然人,然后才是社会人。人必须满足其自然天性的需要,才有可能实现其社会性,生活在国家中以自然人性为第一性、身兼自然性与社会性双重属性的人就需要在私人领域和公共领域两个方面都拥有权利。康德称私人领域的权利为自然的权利,公共领域的权利为文明的权利。康德说:"应该划分为自然的权利和文明的权利。第一种权利构成私人的权利;第二种为公共权利"。① 康德反对公共权利取代自然权利,声言自然权利是第一权利,是由人的天性派生出的权利,与生俱来。而公共权利则是人类处于文明状态中,为对应文明而产生的权利。在康德看来,"当人们生活在一种普遍的、外在的以及公共立法状态之下,而且还存在权威和武力,这样的状态便称为文明状态"②。文明状态比自然状态复杂、危险,为确保人的自然权利在文明状态中不受侵犯,所以才需要公共权利。可以这样理解康德,公共权利是为保障自然权利这个目的而产生的一整套法律制度;"公共权利包括全部需要普遍公布的、为了形成一个法律的社会状态的全部法律"③。反之,只有产生公共领域,建立公共权利的法律制度才能保证私人领域生活自由与私人权利的实现,正如康德所说的那样"只有那种公共的、集体的和权威的意志才能约束每一个人,因为它能够为所有人提供安全的保证。"④国家正是这种保障私人领域生活自由和私人权利实现的公共领域的公共权利法律制度体系。黑格尔则认为现代国家中相对于私人生活,市民社会具有公共性,但面对国家而言,市民社会的公共性不值论道。在黑格尔看来,市民社会只是作为经济活动的生活领域而相对独立,它先天不足,如果没有国家这更高级的政治组织来保障它,市民社会不可避免地要毁灭,无法存在,所以市民社会不可能脱

① 康德:《法的形而上学原理》,沈叔平译,商务印书馆2005年版,第51页。
② 康德:《法的形而上学原理》,沈叔平译,商务印书馆2005年版,第67页。
③ 康德:《法的形而上学原理》,沈叔平译,商务印书馆2005年版,第135页。
④ 康德:《法的形而上学原理》,沈叔平译,商务印书馆2005年版,第67页。

离国家。黑格尔不同意康德经济自由产生了政治自由，政治自由为经济自由服务的观点。在他看来，经济自由只是自在的活动，与政治自由无关，而政治自由则是自为的自由，市民社会的自在的经济活动所产生的公共性不具有充分而坚实的理性，更多的是某种经济利益的共同性。而私人领域中的个人更是经济利益的奴隶，私人领域中个人只有与国家相联系，成为中介，才具有社会普遍性："个别的人，作为这种国家的市民来说，就是私人，他们都把本身利益作为自己的目的。由于这个目的是以普遍物为中介的，从而在他们看来普遍物是一种手段，所以，如果他们要达到这个目的，就只能按普遍方式来规定他们的知识、意志和活动，并使自己成为社会联系的锁链中的一个环节。"①因而，国家必须是全领域的国家，公共领域与私人领域都需要受到国家的统辖，国家权力大于公共领域权力和私人领域权力，国家利益高于公共利益和私人利益，"生活于国家中，乃为人的理性所规定"，②"人生来就已是国家的公民，任何人不得任意脱离国家。"③黑格尔甚至说，只有国家认可的好公民才能受法律保护，其利益才能得到保障："个人只有成为良好国家的公民，才能获得自己的权利。"④

对国家与公共领域、私人领域关系的不同看法，决定了康德、黑格尔对国家权力的不同认定。康德将国家视为自由个体的联合体，"就一个民族中每个人的彼此关系而言，在这个社会状态中构成公民的联合体，就此联合体的组织成员作为一个整体关系而言，便组成一个国家"⑤。国家形成的条件是在组成国家的每一个契约的基础上将自己的部分权利转让给他人而获得更大的自由，如康德所说："人民中所有人和每个人都放弃他们的外在自由，为的是立刻又获得作为一个共和国成员的自由。"⑥因而康德所理解的国家一定是分权的。在这样的一种分权的国家中，他成为他自己的主人，也成为国家的主人，无人能够取代他们的主人权利："凡是作为整体的人民，不能为他们自己作出决定的事情，也不能由立法者代替人民来作出决定"。⑦ 在这种分权的国家中，由于人民是国家的主人，这就注定这种被康德称为共和国的分权国家一定由人民代表来构成："每一个真正的共和国

---

① 黑格尔:《法哲学原理》，范扬、张启泰译，商务印书馆 1982 年版，第 201 页。
② 黑格尔:《法哲学原理》，范扬、张启泰译，商务印书馆 1982 年版，第 83 页。
③ 黑格尔:《法哲学原理》，范扬、张启泰译，商务印书馆 1982 年版，第 83 页。
④ 黑格尔:《法哲学原理》，范扬、张启泰译，商务印书馆 1982 年版，第 172 页。
⑤ 康德:《法的形而上学原理》，沈叔平译，商务印书馆 2005 年版，第 135 页。
⑥ 康德:《法的形而上学原理》，沈叔平译，商务印书馆 2005 年版，第 142 页。
⑦ 康德:《法的形而上学原理》，沈叔平译，商务印书馆 2005 年版，第 158 页。

是,并只能由人民代表的系统构成,"①这个国家的各级官员由人民来任免,"只有人民才希望任何在职的官吏,完全有胜任该职务的能力"②,甚至这个国家的最高首脑也"只能被理解为全体人民的代表,"③他必须符合大众的意志。总之,在这样的分权的共和国,真正的统治者是人民,"联合起来的人民就不仅仅代表主权,而且他们本身就是统治者。最高权力本来就存在于人民之中。因此,每个公民的一切权利,特别是作为国家官吏的一切权利,都必须从这个最高权力中派生出来"④。康德企盼着这样的国家诞生并高声欢呼:"当人民的主权得以实现之时,也就是共和国成立之日。"⑤马克思对康德的人民主权思想给予了积极的评价,马克思说:"人民主权不是凭借君王产生的,君王倒是凭借人民主权产生的,"⑥并指出"国家是抽象的东西,只有人民才是具体的东西。"⑦黑格尔却坚持国家的绝对权威,认为"国家制度就是合乎理性的。"⑧与康德的分权的共和国不一样,黑格尔所讲的国家是君主立宪制的集权国家。与传统的君主专制国家相比,黑格尔赞扬的君主立宪制是某种进步,但是与康德所倡导的民主共和制相比则十分落后。在黑格尔的国家理论中,君王唯此唯大,"国家人格只有作为一个人,作为君主才是现实的"⑨,而人民则毫无理性,无所作为,"人民就是一群无定形的东西"⑩。黑格尔的这种国家理论遭到马克思的严厉批判,"黑格尔从国家发现,把人变成主体化的国家"⑪,消解了人对国家的客观作用和现实性。马克思明确地告诉世人:"不是国家制度创造人民,而是人民创造国家制度。"⑫

哈贝马斯说现代国家合法性的中心主题是世俗化价值观。在现代性国家理论中,康德、黑格尔的国家精神是不同的。康德倡导的国家精神是道德,黑格尔坚守的国家精神是政治。在康德那里,国家为一切人,国家存在的合法性在于维护个人的天赋权利,国家存在方式的合理性就是保障不可

① 康德:《法的形而上学原理》,沈叔平译,商务印书馆 2005 年版,第 176 页。
② 康德:《法的形而上学原理》,沈叔平译,商务印书馆 2005 年版,第 159 页。
③ 康德:《法的形而上学原理》,沈叔平译,商务印书馆 2005 年版,第 172 页。
④ 康德:《法的形而上学原理》,沈叔平译,商务印书馆 2005 年版,第 176 页。
⑤ 康德:《法的形而上学原理》,沈叔平译,商务印书馆 2005 年版,第 176 页。
⑥ 《马克思恩格斯全集》第 3 卷,人民出版社 2002 年版,第 37 页。
⑦ 《马克思恩格斯全集》第 3 卷,人民出版社 2002 年版,第 38 页。
⑧ 黑格尔:《法哲学原理》,范扬、张启泰译,商务印书馆 1982 年版,第 283 页。
⑨ 黑格尔:《法哲学原理》,范扬、张启泰译,商务印书馆 1982 年版,第 296 页。
⑩ 黑格尔:《法哲学原理》,范扬、张启泰译,商务印书馆 1982 年版,第 298 页。
⑪ 《马克思恩格斯全集》第 3 卷,人民出版社 2002 年版,第 40 页。
⑫ 《马克思恩格斯全集》第 3 卷,人民出版社 2002 年版,第 42 页。

取代的个人自由与利益。因而,国家不是最终目的,而是一个人自我实现的
手段。"一切目的主体是人"①,国家存在为的是实现人的目的。所以在国
家与公民的关系中,公民必须将自己视为目的本身:"你的行动,要把你自
己人身中的人性,和其他人身中的人性,在任何时候都同样看作是目的,永
远不能只看作手段。"②而黑格尔的国家理论精髓则是一切人为了国家。在
《法哲学原理》一书中,黑格尔就声言为了国家的荣誉,个人应付出自己的
利益和权利,有义务为国家承担危险、作出牺牲,"成为国家成员是单个人
的最高义务"③。不仅如此,黑格尔要求国家掌控思想、科学、舆论、出版这
些最自由的社会活动,他说"思想自由和科学自由都源出于国家"④,思想与
科学都不允许与国家对抗。国家对公共舆论更要有一种清醒的看管态度,
"由于在公共舆论中真理和无穷错误直接混杂在一起,所以绝不能把它们
任何一个看做的确认真的东西"⑤,甚至告诫说:"谁在这里和那里听到了公
共舆论而不懂得去藐视它,这种人绝作不出伟大的事业来。"⑥生活自由在
黑格尔看来只不过是"要写就写的自由,这样一个定义相当于把一般自由
看成要做什么就做什么的自由,"⑦是一种恶的自由,是真正的自由的反动,
国家绝不能容忍这种自由的存在。在黑格尔的眼中,国家是不可怀疑、不可
不服从的。黑格尔所说的一切现实自由只能是国家同意下的自由,正像黑
格尔自己所说的那样:"自由的理念只有作为国家才是真实的。"⑧

　　康德、黑格尔倡扬理性自由与道德正义国家理论成为当代西方国家理
论现代性的基本原则,而他们之间的现代性之争也体现在当代西方国家理
论的不同方面,并逐渐形成以自由主义为基本特征的当代自由主义国家理
论和以国家主义为精神实质的当代国家主义国家理论。康德的国家理论可
以说是当代自由主义国家理论的宣言书,而黑格尔的国家理论则是当代国
家主义理论的教科书。当代自由主义国家理论的实践结果是西方主要国家
所建立的福利国家。福利国家集中体现了国家为民、民众为本、政府服务的
治理国家特点,突出了个人自由、个人权利至上和人人平等、保护弱者的价
值追求。当代国家主义国家理论的理论物化便是当代西方资本主义的集权

①　康德:《道德形而上学》,邓晓芒译,上海世纪出版集团2005年版,第50页。
②　康德:《道德形而上学》,邓晓芒译,上海世纪出版集团2005年版,第148页。
③　黑格尔:《法哲学原理》,范扬、张启泰译,商务印书馆1982年版,第253页。
④　黑格尔:《法哲学原理》,范扬、张启泰译,商务印书馆1982年版,第277页。
⑤　黑格尔:《法哲学原理》,范扬、张启泰译,商务印书馆1982年版,第333页。
⑥　黑格尔:《法哲学原理》,范扬、张启泰译,商务印书馆1982年版,第334页。
⑦　黑格尔:《法哲学原理》,范扬、张启泰译,商务印书馆1982年版,第335页。
⑧　黑格尔:《法哲学原理》,范扬、张启泰译,商务印书馆1982年版,第65页。

国家。当代西方资本主义集权国家追求国家至上的理念,强调国强民富的原则,坚持国家主权下的民主与自由。集权国家最大的现代性成果是通过政府的统一管理和运作以最大的效能完成了西方工业化过程,实现了西方社会以工业与科技为核心的现代化建设,建立了强大而有效的国家行政体系。然而,无论是自由主义的福利国家还是国家主义的集权国家都存在着难以克服的现代性病症。福利国家囿于个人的权力而造成的国家权利下降、政府效能衰退、经济发展滞胀是福利国家的当代困境,而集权国家过于追求国家利益和政府权力产生了严重的官僚主义,甚至出现过法西斯主义,导致当代集权国家的合法性危机。20 世纪葛兰西、阿尔都塞、马尔库塞对当代西方资本主义国家的政治制度、文化制度的批判,墨菲、福柯、吉登斯、哈贝马斯等人对当代西方国家理论现代性的拆解都是为解决当代西方国家理论与国家制度的危机而作出的努力,但是困惑依然存在。其实,早在 19 世纪 40 年代,马克思在《黑格尔法哲学批判》及其他一系列著作中就指出了康德、黑格尔国家理论中的严重问题,并提出了科学社会主义的国家学说。20 世纪社会主义国家制度的建立,实践了科学社会主义的国家学说,也为摆脱当代西方国家理论现代性困境探索到一条历史出路。

对理性与理性精神不同的理解还造成康德和黑格尔对美学所涉及的一些基本问题产生一定的分歧,存在着争论,而且他们的美学之争蕴含着深刻的理论价值。正是他们的美学之争才为近现代美学注入了强烈而深厚的生命力并对当代哲学文化产生积极意义。康德立足审美判断力,将审美判断力能够实施判断的对象和实施审美判断主体都视为美学研究的对象。换句话说,美学研究的对象极其广泛,关涉自然、社会、心灵。黑格尔则相信世界的客观存在不是先验公理,需要一代又一代人在其认识活动中给予证实、确认。证实、确认世界的客观存在必有一个前提,即人必须要有认识世界的意识。正是在人的意识中,世界的客观存在才能逐渐被证实、确认。没有人的意识,世界的客观存在就无法证实,世界是否存在就不能为人确认。因此,黑格尔将人类的共同意识称为绝对理念,并视为哲学的研究对象。作为人类共同意识的绝对理念不以个人感知和意志为转移,是客观的、普遍的、必然的。在黑格尔看来,艺术是全人类的,与个人的审美爱好、感知不同,艺术的产生、发展是客观的,它必然地传达着人类普遍精神,所以艺术是绝对理念的一部分,属于人类心灵的展开。黑格尔坚持美学作为哲学的有机方面,只能研究作为绝对理念的艺术。

康德、黑格尔对美学研究对象的不同理解昭示了他们对美学在各自哲学体系中的不同地位,也内蕴着他们给予美学的不同理论分量。

美的本质是最具哲学性质的美学基本问题。对美的本质的不同回答不仅表示出不同的美学观而且显现出不同的美学方法论。康德用审美判断力为美立法。他认为,美不是纯客观物质存在,也不是纯主观意识,美不能简单用主客观统一来描述。美源自人的审美判断力。审美判断力既是人的物质生理能力,又是人的意识功能,它是主体的能力。审美判断力对存在之物实施判断时,对象的形式便成为美,而实施判断的主体所获得的主观感受即为美感。黑格尔则视美为绝对理念的某种存在方式和发展过程,认为绝对理念的存在有感性、理性、感性与理性统一三种基本方式,其发展经历着正、反、合三个阶段。当绝对理念用感性来表现自身并处于发展的第一阶段中,美就出现了。黑格尔明确给美下定义为:"美是理念的感性显现。"

康德与黑格尔对美的本质的不同阐释凸显了他们哲学思想的巨大差异。在康德那里,美源自于主体能力。人的主体能力符合人类生存发展之需要,关涉人的目的性,关涉人的选择性。美源于鉴赏判断力,真源于知性力,善源于理性力,真、美、美三者相关却各自独立。这样,美成为人类主体多元存在的一个重要领域和方式。

黑格尔的绝对理念不受个人的意识支配,是客观的。美源自绝对理念使美具有了客观精神性。绝对理念的发展是必然的,美的产生、发展也就是必然的。可见,黑格尔对美的把握具有巨大的历史主义性质。不过,也正是这种客观性、必然性和发展性使美在绝对理念中处于从属地位。绝对理念的本质是真,美是绝对理念的显现,美从属于真。对美的把握就是对真的认识。所以黑格尔从不谈论美感而只说对美的认识,美在黑格尔那里成为认识真的一个阶段。

对艺术的态度与对美的理解密切相关。康德将艺术诠释为以理性为基础的意志创造活动。这就意味着艺术是不同于认识活动、实践活动和一般审美活动的特殊文化活动,艺术关乎认识、实践、审美,又完全独立。艺术以理性为本、以审美为属性、以想象为形态、以意志自由为目的,成为人类生存不可或缺的主体活动,并伴随着人类发展而发展。

黑格尔则视美与艺术为同一,美的完善形态就是艺术。如此,艺术是绝对理念的感性阶段。这个阶段特点是绝对理念尚不能以概念方式表达自己,而只能借助感性的形式来显现理念。这样,形式在本质方面决定着理念的何种内容、在何种程度、以何种方式被显现。可见,被艺术显现的绝对理念不是完善、全部的绝对理念。艺术只是绝对理念发展的低级阶段。所以,黑格尔断言:艺术最终要消亡,被宗教、哲学取代。

康德、黑格尔艺术生命力之争直接表明了他们对艺术功能和价值的不同文化态度。显然,康德对艺术的态度更为当代人赞赏,亦更符合艺术的历史与现实。

20世纪开始,当代哲学文化或明或暗地显露出康德主义对黑格尔主义的颠覆和黑格尔主义对康德主义的反颠覆。康德、黑格尔对美学问题之争对当代哲学文化产生了深刻影响。其一,康德、黑格尔美学之争推进和加剧了当代哲学文化人本主义和科学主义的分野。人本主义哲学文化在很大程度上汲取了康德关注人的哲学视野、从主体出发的研究方法和试图解释现实人生存方式的哲学精神,并将这种哲学精神贯注于美学研究之中。当代人本主义哲学家们几乎都在自己的理论系统中构造了美学体系,从而在20世纪形成了庞大多样的非理性主义美学文化景观。而当代科学主义哲学文化则更多地受到黑格尔的启发,强调哲学的客观精神,追求普遍性与必然性,并将此种品格渗透于艺术研究之中,使科学主义艺术理论与当代科学技术文化相互辉映,成为20世纪人类精神文化的一大特色;其二,当代美学、特别是文学艺术不断地影响着当代哲学的变化、发展。甚至可以说,当代美学的许多重要学说和文学艺术意蕴已成为当代哲学文化的一部分。对此,康德、黑格尔美学之争意义重大。康德从主体的立场出发,对美学艺术所进行的诠释影响了整个西方现代文学艺术。20世纪各种现代主义文学艺术不论流派、风格如何迥异,究其理论底蕴皆与康德有关。而黑格尔的美学艺术理论通过别林斯基的宣传,早在19世纪末就对俄罗斯、东欧就产生了广泛的影响。20世纪伴随着马克思列宁主义的东播,苏联、东欧和中国的美学、文学艺术理论浸润着黑格尔的客观主义原理、普遍性原则以及对认识性的重视,显示出惊人的理论生命力并以某种意识形态方式进入哲学文化之中,成为其当代哲学文化的重要组成部分。

第四章　康德的理性批判与历史问题

第一节　人与理性的历史

历史所具有的涵义相对于自然。在康德"批判哲学"中，尽管人在生物意义上属于自然的一部分，但历史则是对人而言的。历史是人的存在与本质的获得、发展及显现的时间性展开，是人的全部活动的总称。

从形态上讲，历史是一个不可逆的有序结构，有其时间属性。康德认为，时间存在具有客观普遍性，它与人的联系呈现于"表象"之中。"表象"只与人的经验有关，是属人的、主体的，却不是自由的，因为时间受到因果关系的规律制约。时间作为历史的属性，使历史过程具有了因果性、规律性。在这个层面上，历史是一个必然的过程，体现着规律的不可抗拒性。但在本质上，历史是人的历史，历史的主体是人。严格意义上的历史是人的自我生存和昭示的过程以及对这一过程的描述与判断。康德的"批判哲学"确信，人是自由的载体。在一切存在者中，人是唯一的具有主体性的存在者，它赋予一切存在者以存在，因此自由是对人的本体的终极界定。"所谓自由是指绝对意义下的自由而言，那就是说，当思辨理性企图在因果联结系列中思维无制约者，应用原因性概念时所需要的那种自由，它非应用这样一种自由，就不能逃脱它所必然要陷入的二律背反。思辨理性只能在或然方式下把这个概念(自由)呈现为不是不可能思维的，并不确保它有任何客观实在性，而且它所以这样做，也只是为的怕把它所至少必须承认其为可思维的东西，假想其为不可能，因而危及了那种东西(自由)的存在，并使它陷在怀疑主义的深渊中。"①这样，在"批判哲学"中，历史不是简单的线性过程，历史是二维的，既体现着自然的必然性、规律性，又呈示着超越限制的自由性，历史是一个极其复杂的动态结构。

作为不可逆的时间过程，历史是规律的、经验的、可知的，同时作为主体存在的自由显现，历史又生成着无限多样的复杂的意义结构序列，具有极大的隐义性、不可测性和自律性。这二者构成了历史的两个基本方向，并显现

_____

① 康德：《实践理性批判》，关文运译，商务印书馆1964年版，第1页。

为两种世界图式,即自律的世界与他律的世界。就历史是主体的自由本质的历史而言,它"给予作为感性自然的感性世界以悟性世界形式,"①康德称为"原型世界"。就历史是一个时间流程、一个存在于"表象"之中,并被历史主体经验的"现象"而言,它完全受到必然的规律支配,它的运动、变化不受个人主观决定,面对历史个体,它是他律的、外我的,康德称为"模型世界"。历史所呈现的这两个世界都是属人的、真实的,具有普泛意义。然而这两个世界又是背反的,这种背反则导致历史动因与目的的矛盾。从根本上讲,历史的二维性矛盾即两个世界的背反,成因于历史主体的二维性质。历史由作为历史主体的人所推动,历史目的亦由历史主体——人所设定。然而作为现实存在于时空中的人,服从着外他的规律,他的构成与活动的展开无法摆脱自然的决定,所以,他又必然以感性的存在者方式呈现自己。这使康德不得不承认历史的人是一种"有限的存在者",他受着外在条件和自己合于自然要求的感性欲望官能的驱使,"所谓欲望官能的实质乃是指我们欲求实现的那个对象"②,即历史的生命个体必须通过某种感性的功利活动去占有某一具体对象以获得现实的满足。按照感性欲望官能的施动而行动原本是人作为一种动物性存在的生命力展开,而"生命是一个存在者依照欲望官能的法则来行事的一种能力。欲望官能是一个存在者借其表象而成为这些表象的对象现实存在的原因的那种能力,快乐是对象或行为与生命的主观状况"③。因此就生命的体质存在而言,人的天然本性是实现生命的合规律的感性欲望,而所追求的目的便是对这欲望的满足。满足的结果不仅表现为客观上生命的存在,而且也是主观上的享受。当这种生命存在方式进入历史成为历史的人时,这一切便成为展开历史、推动历史、最终实现历史的动因:追求幸福。康德从来就不否定这一事实,并认为追求幸福是生命存在的一种基本特征和内在规定性:"追求幸福必然是每一个有理性而却有限的存在物的愿望,因而也是必然会决定他的欲望的一个原理。"④

康德关于"生命的感性欲求的满足活动开启历史,历史首先是人的存在的体质活动"的观点曾被马克思批判地扬弃和创造性地发展。

但是,生活一旦成为历史,便不仅具有体质价值,而且具有文化价值。当康德将历史视为时间结构和"表象"序列时,他将人称为"有限的存在

---

① 康德:《实践理性批判》,关文运译,商务印书馆 1964 年版,第 43 页。
② 康德:《实践理性批判》,关文运译,商务印书馆 1964 年版,第 19 页。
③ 康德:《实践理性批判》,关文运译,商务印书馆 1964 年版,第 4 页。
④ 康德:《实践理性批判》,关文运译,商务印书馆 1964 年版,第 23 页。

者"。可历史又是一个本体结构,它就是赋予一切存在者以存在的那种存在者的自我展开与昭示。在这个意义上,康德又称历史中的人为"理性的存在者",认为在历史的自然感性之下,还有一个使历史不同于一般自然过程的终极属性,这便是理性。在康德的历史观中,理性指人的生命存在的非自然性,它的最根本的核蕴是赋予人以存在的自由。一切存在者的存在都是对人而言的,它们的存在获得是由一个无限制性存在给定的,这个无限制性存在便是自由本身。而在一切存在者中,只有作为主体的人才是无限的、自主的,所以自由是人的本体。历史不仅在人的自然欲望的驱使下展开自身,同时也在自由的规定下展开自己;历史不仅符合着自然的必然性,而且也遵循着自由的目的性;历史的动因不仅是追求感性欲望的满足:幸福,而且也是对理性目的的实现:自由。就后者而言,其实质恰在于自主地不受任何感性的欲望和对象的制约,自觉地把握和实现自己。自由是纯主体的、属人的、文化的,是对动物性的扬弃,是人拒绝自然压迫的动力源,也是人的生命过程成为历史过程的最后因,正如康德所说:"一个有理性的存在者必须把他的准则思想为不是依靠实质而只是依靠形式决定其意志的原理,才能思想那些准则是实践的普遍法则。"①

康德通过设定自由为人的本质去界定历史的终极性质的观点和方法对德国古典哲学阐述人类历史本质时所形成的传统影响极大,并为马克思积极地汲取,马克思就曾明确指出:人在何种程度上成为历史的主体,就在于它在何种程度上扬弃动物的欲望去生产。

第二节　道德的历史与审美的历史

尽管康德发现了历史的二维性,但康德毕竟是古典意义的人本主义者。他始终相信理性是人超越自然的唯一根据,并执著地认为:历史最终会扬弃二维背反而实现统一,而实现统一的中介就在于人在历史行程中对自然的超越:实践理性与审美创造。

历史是一个多层丰富意义的结构,作为对自然的挣脱和超越的理性展现,实践理性只是历史主体先验设定的本体结构,在历史的动态过程中,它必须现实化。理性的现实化在康德那里便是道德实现。康德视道德实现为历史中理性统摄感性、本体转向现象、自由扬弃自然的前提。在现实的历史

---

① 康德:《实践理性批判》,关文运译,商务印书馆 1964 年版,第 26 页。

过程中,"只有道德才给我们初次发现出自由概念来"①,并以此获得人的真正属性:自由、理性,使人成为世界的主体。同时道德又是超个体的,它不仅是个人的领悟和行为,而且给社会以"普遍立法"。这个"普遍立法"完全自律,不受感性欲望和对象的制约,是历史构成集体社会过程"所依据的唯一原理,是与这些法则相符合的义务所依据的唯一原理。"②不难看出,在康德心底,这个世界上唯一与自然相对立的过程——历史,其真正的本质与形态应是自由的、理性的。感性欲望恰是历史中的非历史因素,历史就是对此不断扬弃的过程。这样,"道德法则实际上就是从自由出发的原因性法则,因而也就是使一个超感性的世界所以可能的法则,正如支配感性世界中种种事情的那个形而上学法则就是支配感性世界的原因性的法则一样"③。

在"批判哲学"中,康德所讲的道德法则不是由对象来界度的,它实际上被视为纯主体的形式,没有任何具体的名目和条章。如果说它有规定性的话,那唯一的规定性即为它是属人的、自由的、理性的。正因为如此,历史及其历史的展开不应是历史之外的召唤和境地,而是历史自身的自主演进。但是历史终究是一个时间过程,它受制于必然,道德法则想要统摄时间的必然性,使历史的二维世界统一起来,就须寻求对时间本身的理解与阐释。其实在 1781 年,康德就完成了对时间内涵的全新界定,认为时间的本体不是自然的一个属性,尽管它显现在自然之中,以因果方式出现。时间是人对客体把握时的一种主体结构框架,它与空间一样,"乃感性直观之纯粹方式"④。在时空的共同结构下,不可知的自然本体界生成为可感知的现象。这样,在康德看来,时间的必然性指它是一切个体的人在把握对象时所必定出现的主体形式,而时间的客观性则在于时间作为人的主体结构框架的先验性。在每一次把握对象时,它所显现的模态不以个人的意愿为转移。

由此,历史的必然与自由、现象与本质都是属人的。历史的主体——"人就其属于感性世界而言,乃是一个有所需求的存在者,并且在这个范围内,他的理性对于感性就总有一种不能推卸的使命,那就是要顾虑感性方面的利益,并且为谋求今生的幸福和来生的幸福而为自己立下一些实践的准则。但是人类还并不是彻头彻尾的一个动物,以至于对理性向其自身所说的话全然漠不关心,而只是把理性用作满足自己需要的一种工具,因为理性对人类的用途如果也与本能畜类的用途一样,那么,人类虽然赋有理性,那

---

① 康德:《实践理性批判》,关文运译,商务印书馆 1964 年版,第 58 页。
② 康德:《实践理性批判》,关文运译,商务印书馆 1964 年版,第 13 页。
③ 康德:《实践理性批判》,关文运译,商务印书馆 1964 年版,第 29 页。
④ 康德:《纯粹理性批判》,关文运译,商务印书馆 1982 年版,第 55 页。

也并不能把他的价值提高在纯粹畜类之上,在那种情形下,理性只是自然用以装备人类的一种特殊方式,使他达成畜类依其天性要达成的那个目的,而并不会使他能实现一种较高的目的。"①即作为历史主体,人类定有一个超越动物性需求的目的。正是这个目的使人完全设定人是属人的,并自觉到人作为历史存在的超限制性和自主性,从而使历史统一为属人的世界,使感性与理性皆成为历史发展的合理动因和真实展开。

康德批判的历史意识认为,历史目的不是自然的一种存在属性,也不是由上帝、神灵等超验东西所设计的。目的只能属于历史自身,只能产生于历史之中,由历史设计,并由历史来实现,而历史的本意就是人的存在与存在的展开和昭示,所以"人就是目的本身"②,是现实历史"创造的最终目的"③。为什么对历史而言,人是其唯一、终极的目的呢?首先,历史中的所有存在者中只有人这种"理性的存在者"能赋予其他存在者以存在的意义,这一本质导致"没有人(甚至于神)可以把他单单用作手段"④。正由于人这种存在者"赋予存在"和"非手段"的性质,因而他的因果关系是特殊的,这种"特殊的因果关系,即目的关系"。其次,在历史中,人是唯一具有理性的存在者。对于人而言,"理性的原理乃是理性能够只作为主观的原理来使用,也就是作为准则来使用的:作为准则的就是,世界上任何东西都是对某东西有用的,世界没有什么东西是无用的"⑤。也就是说,在历史中,只有对人而言,一切存在者才具有价值,它们所具有的各种物理的、自然的属性才具有意义。也正是因为人,它们才具有历史的性质,社会的性质,它们才成为人的需要并对人有效。最后,必然与自由的统一,即历史同一性的获得,是由人来实现的。人从"感性世界所取来的东西,也就只是纯粹理性自己所能够思想的东西,同时它所带到感性世界的东西也是可以经由行为返回来现实呈现于感性世界之中的"⑥。必然的感性存在者通过经验成为理性把握的对象,获得了超经验的本体,并通过人的实践活动,成为属人的现实存在、历史存在。在这一过程中,感性与理性、必然与自由将最终统一起来,成为各自存在和实现的根据。从上可见,在历史中,唯有人是世界的目的,唯有人才能使历史真正成为一个属人的过程,而不是异己的、他律的、压

---

① 康德:《实践理性批判》,关文运译,商务印书馆 1964 年版,第 33 页。
② 康德:《实践理性批判》,关文运译,商务印书馆 1964 年版,第 48 页。
③ 康德:《判断力批判》(下卷),韦卓民译,商务印书馆 1982 年版,第 89 页。
④ 康德:《判断力批判》(下卷),韦卓民译,商务印书馆 1982 年版,第 62—63 页。
⑤ 康德:《判断力批判》(下卷),韦卓民译,商务印书馆 1985 年版,第 29 页。
⑥ 康德:《实践理性批判》,关文运译,商务印书馆 1964 年版,第 134 页。

迫人自身的物。

在历史中,将人视为唯一的终极目的并不是抽象的,它意味着历史中的一切都以人为中心而被调动起来,然而,这一点也需要历史主体的现实活动来完成。康德把人视为历史目的,把人的活动看成一个自觉自主的实践性过程。由于除人之外,一切都不具备自觉自主的性质,所以自觉自主成为人的有目的活动的属性。这一属性的展开,集中体现为人的现实的历史选择。

"批判哲学"认为,选择是普遍有效的,因为选择的主体无一例外地属于历史的主体。换句话说,他们的本质是自由的、自主的、自觉的,具有选择功能。他们的存在内容和存在结构,它们的活动过程和结果本身就是选择的展开。选择的对象便是对历史目的的塑造,这个目的不是别的,恰是人本身。这样,对历史中存在着的每一个人而言,任何一次选择不仅是对自己计划的实现,也是对他人意图的作用,具有类的意义。每一次具体的选择都影响着历史的进程,都涉及人类属人的历史目的的塑造与实现。所以个人的选择具有普遍的社会性质,当下的选择蕴藉着极大的历史价值,选择是普遍有效的。康德的这一观点对马克思关于人的类关系与类活动理论的形成有积极的影响。

具有普遍性的历史选择的动机绝不能是感性的需求。在康德看来,感性的需求是有限的,受到物质对象的限制,它不可能使历史的选择具有普遍的有效性。历史选择的动机只能是与以人为目的相对应的主体的自由自主的心理功能:意志。正如《实践理性批判》所说:"在纯粹实践理性的全部规矩中,重要之点只在于意志的如何,而不在于实践能力完成它的意图时所有的自然条件。"①意志是人的自由本体在主体心理功能上的一种现实与确证。因而,以意志为历史选择的动机,以人为历史选择的目的,"自由就被认为是经由它而后可能的那些行为的一种原因性"②。可见,在批判的历史意识之中,历史是一个永远在自觉选择和自主行动中不断建构以人为目的的现实过程,历史具有不断生成的性质,历史是永恒的现在和未来。然而在这永恒的过程中,选择、行动和目的三者的联系少不了手段作为中介。在康德看来,手段由目的和选择之间所具有的对象性关系所决定,选择本身包含着对实现目的的手段的选择,而目的本身亦蕴含实现目的的手段。康德坚持反对手段与目的的分离,认为这是否定人的最恶劣的方式。马克思发展了康德这一思想。在马克思看来,手段与目的的分离是造成私有制社会异

---

① 康德:《实践理性批判》,关文运译,商务印书馆 1964 年版,第 72 页。
② 康德:《实践理性批判》,关文运译,商务印书馆 1964 年版,第 67—68 页。

化的原因之一,同时手段超越目的又是客观的,它是推动历史发展的一个因素。

按照康德对世界的二维理解,作为主体道德的自由是本体的,属于意志领域,与现象界无法直接沟通。但是,人的现实存在不仅是本体的,也是现象的。人在具有意志的目的性同时,还具有认识的因果性和其作为生物存在的许多必然性。因而,对于整体的人而言,只在本体的意志界承认自由,至多不过是对现世苦难的安慰,不过是激发个体意志的愿望。重要的不仅是在本体界中设定无限的自由,而且是在我们日常的、现象性生活中感受、体悟和实践着自由,使无限的自由不只作为信仰,而且成为人类拥有的生存方式,历史也才成为真正现实的、真实的具有理性意义的历史。那么,本体世界的理性如何从彼岸世界回归此岸的怀抱,在有限的日常生活中如何确立无限的自由呢?1790年,康德终于向世人宣告,将本体的自由返回日常生活的历史通途就是审美与艺术创造。

在日常生活中,审美是极为平凡的事,它在人的情感过程中完成对对象的把握。康德发现,审美并不囿于现象的有限之中,它还在有限的形态中生成着无限的本质。当人们沉浸在审美之中时,时刻占有并体尝着全部生命力的洋溢与灵魂的升华,具有某种解放的性质。这种解放的自由感绝不是单纯的道德命令的服从,而是内心的自主欢悦。这是因为,情感在本质上是想象力、知性力和表现力和谐的统一体。情感的对象既不是现象,也不是纯粹的本体,而是美。"每个人都必须承认,关于美的判断力只要混杂有丝毫的利害在内,就会是很有偏心的,而不是纯粹的鉴赏判断了"①,摆脱了人类一般现象性活动在把握或占有对象时,对对象、对主体的限定超越了对象的物性而直接以主体的方式显现与确证自己。同时,每个审美个体所获得的美感都具有类的普遍有效性,这种普通有效性。即获得的个人愉快不再像功利性现象活动所实现的满足感那样只对自己有效,而对所有人有效,体现出所有人的本质。审美中出现的这种普遍有效性与认识的普遍有效性也不同,认识所具有的普遍有效性并不来源于个体所具有的类的本质,而是渊源于存在于每个认识个体中人类共有的现象性主体能力:知解力。而审美的普遍有效性寓于审美个体的类本质中,是个体作为人类存在的具体方式的本体表达。所以,审美不服务于任何具体的功利性目的,却内在地指向一个总体性目的。这个总体性目的不是别的,正是类的人。由于有了这一指向,审美对于人的现象性生存而言具有一种必然性,它必然地产生作为主体的

---

① 康德:《判断力批判》,邓晓芒译,杨祖陶校,人民出版社2002年版,第39页。

审美个体的愉快。这愉快是个体在现象界中显现了本体的自由欢悦,是对日常生活中受到各种物的束缚与遮蔽的人的解放的肯定。

在审美中,最能在有限的现象中显现无限的本体,最能在必然的物理过程中表达、确证主体的自由性质的莫过于对崇高的鉴赏。康德认为,美是在一种更具感性特质的轻松愉快中以和谐的方式在有限中确立无限。而崇高则不一样,它的实现借助于感性与理性的对抗。当主体否定了必然、本体扬弃了现象、感性提升为理性时,崇高感才能产生,否则只能导致主体的恐惧、惊吓和痿顿。艺术创造也是在现象界实现本体自由,在有限中确立无限的重要方式。康德认为,艺术不是自然的产品,它是人类有目的性活动的成果,它在现象的、感性的具体经验中显现并确证本体的自由。同时,康德指出,艺术活动与科学也不一样。科学是人类认知能力对经验的建构。科学活动必须以经验为界域,一旦超越了这个界域,科学便失去真理性而成为谬误。所以科学根本上是现象的、有限的,不可能表达本体的自由而只能揭示自然的必然。艺术与科学的区别还在于艺术不仅需要艺术经验,而且需要艺术技能。这种技能在很大程度上来自于生命力的自由表现——天才。在这个意义上,艺术对本体自由的传达不是教育和训练能够做到的,它依靠的是人的类属性的展开。同时艺术也不同于一般的手工活动。在康德看来,手工活动是为挣得报酬,而艺术仿佛是一种游戏,不像手工活动那样被迫、痛苦。艺术的活动是真正非异化的活动,它的全部意义寓于整个过程之中,而这个过程正是通过现象的创作冲动和审美意象,表达着主体的自由本质。在这个意义上,艺术的审美意象只可体悟、领会而不能分析、言达。正是在领会、体悟的创造性活动中,有限的现象显现了无限的本体、日常生活中实现了自由的享受、拥有。

综上所述,可以看出康德心中历史是一个完全属人的具有道德与审美两重价值的理性的历史。历史在“批判哲学”中获得了这样一种意义:它不仅是对整个人类曾在、现在和将在的描述,也是对每一个体的生命方式和本质状态的概括与确认。历史实现于每一个理性的、活动的个体生命和社会实践中,而每个个体又存在群体之中,以群体为自己的存在条件。人的普遍性以及这种普遍性的实现——理性的、自由的展开,一种群体性、社会性、符合“道德律令”、拥有审美意义的活动。个人价值的全面实现便在于它所具有的社会的、类的意义的质与量。历史所以现实地存在于每一个历史个体的感性存在之中,正是这些感性的存在是由理性的社会、群体原则构成,而这理性的、具有普泛价值的主体构成才是历史的真正负载。从这里也可看出,在康德的历史意识中,人不是某种抽象的思维人。人一方面与历史是一体的,人的过程即是历史;另一方面,在历史中,人又是具有群体性的特殊个体。

把历史视为人的存在与本质获得和昭示的过程,并把历史的主体界定为具有群体性社会理性结构同时又是感性、自由现实的个体使康德深入到另一个理论层面:文明与文化。康德认为,人类历史作为人不断超越动物界、展开自己作为人的属性的过程,其模态就是文明与文化。文明与文化实际上便是对动物性的扬弃,对人获得人的本质的现实与确证。因而,历史在多大程度上成为历史,人在多大程度上成为人,自由在多大程度上成为人的本质,其主要尺度之一就是人在多大程度上成为文明与文化。

一般讲,康德视文明为历史中个体的属人的类性质获得与显现;康德说:"我们被艺术和科学……所教养,我们在各种社会的风范和优雅中……变得文明。"①从康德的话中可以看出,文明作为一种生存状态,与自然状态完全相对。它不是先天具有的,而是通过艺术、科学、道德等人化产物对个人塑造之后而形成的某种个人的、超自然的精神与社会风范。换句话说,在康德那里,文明具有极大的精神性质。它作为一个过程,是一个获得属人的、被社会肯定的精神升华的历程;而作为某种状态,它又是体现于个人行为中的风范、气质、修养的模式,用康德的话来讲,就是人的"情操"。而"情操只是被理性产生出来,它的作用并不在于评价行为,也不在于作为客观道德法则自身的基础,它只是把这个法则作为自己准则的一个动机"②。可见,文明的根源不是别的,正是理性。而理性的模态正是文化。对于文化,康德曾有明确的阐释:"在一个有理性的存在者里面,产生一种达到任何的目的能力,从而也就是产生一种使一个存在者自由地抉择其目的之能力的就是文化。因之,我们关于人类有理由以来之归于自然的最终目的只能是文化。"③文化是人的自主选择的能力。作为能力,它完全是属人的、内在的,具有类的普遍性质。如果说文明作为个人品质、风范是个人生活中反复发生的行为模式,那文化便是反复出现于历史中并产生文明的社会模式,它包括全部的生活方式和意义模式。由此,康德的"历史的人"是一个趋于自我完成的"文化人",在此之前、在此之后、在此之外,人是无历史的、非人的。

在康德看来,历史存在于历史中的每一个人身上,因而历史为每一个人

①　巴格比:《文化:历史的投影》,夏克等译,上海人民出版社1987年版,第89页。
②　康德:《实践理性批判》,关文运译,商务印书馆1964年版,第77—78页。
③　康德:《判断力批判》(下卷),韦卓民译,商务印书馆1985年版,第95页。

而存在,每一个人的存在与意识都是历史的组成部分。这样,人既是历史的主体,又是历史知识的客体。历史这一概念不仅意味着人的曾在活动,而且包含着人在现在对曾在的记叙和对将在的期盼;历史不仅是已发生了的事实,而且是正在发生的对已发生事实的描述与阐释。如果已发生的事实不作为认识对象的话,按康德的理解,历史将是不可知的。对曾在的描述与解释不仅告诉我们发生了什么,而且告诉我们如何发生和其意义。这就是说,对现在而言,只有描述和阐释才形成完整的、有因果关系的曾在,即历史才是文化过程。由此可见,康德的历史方法是先有现在,后有曾在;先有活着的历史的人,后有死去的历史的人;先有作为历史本体的自由、理性以及主体认识结构,后有作为可理解的历史现象。康德的这一历史方法对当代史学理论有着决定性影响,通过新康德主义学派、克罗齐、科林伍德等的努力,这种历史方法已成为当今历史学方法论的主流。康德的批判的历史意识博大精深,它开启了德国古典历史观,并对马克思唯物史观和当代西方史学理论有着一定积极影响,值得我们深入地研究。

第三节　历史与全球化通史

　　欧洲传统的世界主义文化演进为当代全球化理论的历史过程中,康德有着特别重要的意义。因为在当代全球化理论诞生之前,康德是第一位对如何实现世界一体化问题作出理性回答的人。

　　康德相信:"一个被创造物的全部自然禀赋都注定了终究要充分地并且合目的地发展出来的,"①只能是人。但是,人的充分而合目的地发展却"只能是在全物种的身上而不是在各个人的身上"②。换言之,人的全面、属人而合目的发展只能在人类整体意义上被理解。而作为整体的人类,其发展的经历和过程便是历史。

　　历史所具有的涵义相对于自然。在康德看来,尽管人在生物意义上属于自然的一部分,但历史则是对人而言的。历史是人的存在与本质的获得、发展及显现的时间性展开,是人的全部活动的总称。时间作为历史的属性,使历史过程具有了因果性、规律性。在这个层面上,历史是一个必然的过程,体现着规律的不可抗拒性。历史完全受到必然的规律支配,它的运动、变化不受个人主观决定。对于个体而言,历史是他律的,外我的。但在总体

---

　　① 康德:《历史理性批判文集》,何兆武译,商务印书馆1997年版,第1页。

　　② 康德:《历史理性批判文集》,何兆武译,商务印书馆1997年版,第4页。

上,历史是全人类的历史,历史的主体是大写的人。严格意义的历史是人的自我生存和昭示的过程以及对这一过程的描述与判断。康德确信,人是自由的载体。在一切存在中,人是唯一具有主体性的存在,它赋予一切存在以意义,因此自由是对人的本体的终极界定。在这个意义上,康德又称历史中的人为"理性的存在者",认为在历史的自然感性之下,还有一个使历史不同于一般自然过程的终极属性,这便是理性。在康德的历史观中,理性指人的生命存在的非自然性,它的最根本的底蕴是赋予人以存在的自由。一切存在都是对人而言的,它们的存在获得是由一个无限制性存在给定的,这个无限制性存在便是自由本身。在一切存在中,只有作为主体的人才是无限的、自主的,所以自由是人的本体。历史不仅在人的自然欲望的驱使下展开自身,同时也在自由的规定下展开自己;历史不仅符合着自然的必然性,而且也遵循着自由的目的性;历史的动因不仅是追求感性欲望的满足:幸福,而且也是对理性目的的实现:自由。就后者而言,其实质恰在于自主地不受任何感性的欲望和对象的制约,自觉地把握和实现自己。自由是纯主体的、属人的、文化的,是对动物性的扬弃,是人拒绝自然压迫的动源,也是人的生命过程成为历史过程的最后因,正如康德所说:"一个有理性的存在者必须把他的准则思想为不是依靠实质而只是依靠形式决定其意志的原理,才能思想那些准则是实践的普遍法则。"[1]在历史的动态过程中,自由必须现实化。自由的现实化在康德那里便是道德实现。康德视道德实现为历史中理性统摄感性、本体转向现象、自由扬弃自然的前提。在现实的历史过程中,"只有道德才给我们初次发现出自由概念来"[2],并以此获得人的真正属性:自由,使人成为世界的主体。同时道德又是超个体的,它不仅是个人的领悟和行为,而且给社会以普遍立法。这个普遍立法完全自律,不受感性欲望和对象的制约,是历史构成集体社会过程"所依据的唯一原理,是与这些法则相符合的义务所依据的唯一原理"[3]。不难看出,在康德心底,这个世界上唯一与自然相对立的过程——历史,其真正的本质与形态应是自由的、理性的。感性欲望恰是历史中的非历史因素,历史就是对此不断扬弃的过程。这样,"道德法则实际上就是从自由出发的原因性法则,因而,也就是使一个超感性的世界所以可能的法则"[4]。

康德是一位极富现实历史感的思想家,当他指出人类的本质应是理性

①　康德:《实践理性批判》,关文运译,商务印书馆1964年版,第26页。
②　康德:《实践理性批判》,关文运译,商务印书馆1964年版,第58页。
③　康德:《实践理性批判》,关文运译,商务印书馆1964年版,第13页。
④　康德:《实践理性批判》,关文运译,商务印书馆1964年版,第29页。

的自由之时,也为现实生活中人类缺乏自由而深感苦恼。人是自由的,人却在现实生活中无法拥有自由。是什么造成了这种生存的悖论呢?经过长期的思考,至晚年,康德发现了其中的真正原因在于自由本身。自由是人的本质,自由就意味着人在社会中自主的选择和自觉的行为。社会中自主选择和自觉的行动之间并不完全统一、协调,此的自由可能就是彼的自由的否定,具体自由之间具有对抗性,而且这种对抗性在康德看来是由自然先天给定的:"大自然使人类的全部禀赋将以发展所采用的手段就是人类在社会中的对抗性。"①如何在现实社会中消除由自由导致的对抗性从而实现社会公正、理性的生存发展,就成为康德必须予以解决的重大问题。

　　康德解决自由的对抗性问题的基本方案是确立一个世界公认的宪法社会。他说:"大自然给予人类的最高任务就必须是外界法律之下的自由与不可抗拒的权力这两者能以最大可能的限度结合在一起的一个社会,那也就是一个完全正义的公民宪法。"②康德设想,只有在一个符合全人类人性发展和自由呈现的正义社会中,每一个人的自主选择和自觉行动才可能是所有人的自由体现。而且,建立这种被所有人承认并遵守的以宪法为根本规定性的法治社会是人类在近代工业化生活中的当务之急,正像康德说的那样:"大自然迫使人类去加以解决的最大问题,就是建立一个普通法治的公民社会。"③在这个普遍法治的公民社会中,每一位社会成员都是世界公民,他们遵守同样的法律,遵奉着同样的宪法,实现着同样的自由。在选择这样一种法治社会并以世界公民的身份来保证现实生活中个体的自由与人类进步的同时,康德也敏锐地看到对这种法治社会和世界公民身份的最大破坏和颠覆就是战争。实际上,康德已意识到当个体不以世界公民身份生活在非法治的社会中,自由的对抗性最终结果就是战争。想保证人类永久和平,就只能建立每一个社会成员以世界公民身份生活于其中的法治社会:"由此(战争——笔者注)而产生的灾难却迫使我们这个物种去发掘一条平衡定律来处理各个国家由于它们的自由而产生的彼此之间的对抗,并且迫使我们采用一种联合的力量来加强这条定律,从而导致一种保卫国际公共安全的世界公民状态。"④对此,康德确信不疑,他自信地说:"在经过许多次改造性的革命之后,大自然以之为最高目标的东西——那就是作为一个基地而使人类物种的全部原始禀赋都将在它那里面得到发展的一种普遍公民

---

①　康德:《历史理性批判文集》,何兆武译,商务印书馆 1997 年版,第 6 页。
②　康德:《历史理性批判文集》,何兆武译,商务印书馆 1997 年版,第 9 页。
③　康德:《历史理性批判文集》,何兆武译,商务印书馆 1997 年版,第 8 页。
④　康德:《历史理性批判文集》,何兆武译,商务印书馆 1997 年版,第 14 页。

状态——终将有朝一日成为现实。"①可以说,康德"世界公民理论"为当代全球化提供了一种理性而高端的哲学理念和政治学、法学文化底蕴。

就一般而言,全球化是对我们所面对并居于其中的时代的一种普遍状况的描述和判断。当代对全球化的理解是全方面、深刻化的,关于全球化的定义也五彩缤纷。1995年,为庆祝联合国成立50周年所发表的《我们的全球邻居关系》一文对全球化的诠释最能体现当代人对全球化深切关怀和价值表述:依据和平创建"一个世界"(one-world),在全球问题上采取一致行动,意识到我们是"共同人类"。全球化的这一定位显现了从古希腊世界主义传统经康德世界公民理论到今天,当代人的文化追求和价值努力,也表达了当代全球不同于古代世界主义传统和近代世界公民理论的时代特征,即后现代图景中的世界主义意向化和非领土扩张化。

欧洲世界主义传统定位于区域的扩大化,试图将单一区域文明推广并确认为世界的唯一文明,康德则力求建立统一的法治社会和建构世界公民身份,当代全球化的世界主义在多元、丰富而又趋同的世界主义意向中实现全球一体化。可以说,欧洲世界主义传统更多的基于贸易交换,康德世界公民理论更多地依赖于社会意识形态,而当代全球化的世界主义意向却生成于当代人对意义交换的理解上。这意味着当代人是通过文化的意义和阐释,不断地为人们特殊的状态与行为定位,并从政治、经济、资讯、文化等错综复杂相互缠绕的生活中阐明是怎样的感受使得生活充满意义。与近代以康德为代表将自由设定为生活的意义本源不同,当代全球化则追求在文化意义上思考、说明"地域"行为怎样才能具有全球化结果,而且,这种思考说明又不像古希腊的世界主义总是从"地方居民"的特殊地域视角去理解世界,而是沉浸于其他文化中,使思考者、说明者成为"全球居民"。换句话说,当代全球化中的世界主义意向的核心就是具有一种全球的认同感,从全球去思考、去行动,而世界正是在这种全球的认同感中实现了一体化。汤姆林森将这种由意义达成的全球化称为"复杂的联结",认为全球化就是复杂的联结,当代生活的最大特征就是相互联系、相互依存,并在其中使人体验到一种全球空间的亲近感。当然,所有这一切必须靠网络系统来实现。现代网络系统使当代全球化完全超越了古代、近代欧洲世界主义的内涵。当代的复杂联结使全球化既不像古希腊的贸易模式、宗教模式,也不像近代的政治模式、法治模式,而是以一种文化模式导致单域性,即世界在历史上首次变成一个具有单一化的社会、文化背景。单域性不是简单的一致性而是

①　康德:《历史理性批判文集》,何兆武译,商务印书馆1997年版,第18页。

极其复杂的全球人类状况。当代人类生活在不同的秩序中,他们彼此相互联结在一起,每一个人、每一个民族、每一个国家联结在一起,在这个意义上,全球化就是当代人类社会各种秩序之间日益增加的相互影响。

当代全球化的另一基本特征就是非领土扩张。由于当代全球化的世界主义意向建立在文化意义的说明与认同之上,因而,全球化的展开在一种非领土扩张的方式下进行着。这就导致了当代全球化与传统世界主义的扩张完全不同。传统世界主义的扩张基本上以战争为手段、以掠夺土地为目的,其扩张具有强烈地破坏性和反人道性,这也是康德为何提出法治社会、世界公民的原因。而当代全球化非领土扩张的一个中心对策就是削弱或消灭文化与领土之间的联系,从古代、近代社会的地方性相互敌对、相互抑制中获得自由,使全体人类的关系跨越时间、空间。人们从家园文化的狭隘、偏见中走出,获得解放,从全球多样化的意义中去领悟他人、理解世界,并将这种领悟、理解设定为当代最重要的道德使命。在这一点上,当代全球化与康德世界公民理论一脉相承,只是当代全球化更强调一种更积极、更为宏大的世界归属感,体验共同危机感、前景感和责任感,将世界视为众多的文化他者的自觉意识。由此可以断言,全球化的历史将在当代人类地域性生活与地域性文化体验和对地域性生活与文化体验加以转型使之成为世界的结构与力量两个方面展开,从而达成物质交换地方化、政治交换国际化、文化交换全球化。可以这样说,欧洲传统的世界主义理论、近代以康德为代表的世界公民思想只能在当代全球化背景下才有可能实现。

综上所述,全球化是欧洲世界主义传统、康德世界公民思想在当今世界的转向与实现,可以相信,全球化作为当代人类社会最独特景观,是西现代性文化历史的必然结果。

第五章　康德文艺美学的现代性哲学构架

第一节　哲学与救赎

　　康德文艺美学思想的基本构架建立在其批判哲学体系中,康德的哲学体系建构了康德的文艺美学思想。可以说,康德文艺美学思想的构架是哲学的,将康德的哲学体系逻辑化展开才有可能阐释康德美学的特征、构造、功能,而逻辑化地展开康德哲学体系则又必须依靠欧洲近代哲学发展的历史视域和境遇的把握。在这个意义上,逻辑与历史是统一的。

　　包括文德尔班、罗素在内的许多西方哲学家都将西方古典哲学理解为某种远离日常生活、拒绝世俗功利的智慧活动。但是,当心灵真正浸润于西方古典人本哲学之中时,我们却在令人赞叹的智慧背后领悟到一种对人类精神深沉而执著的救赎意识。从古希腊的知识哲学、中世纪的基督教哲学到近代理性主义哲学、德国古典主义哲学,可以说,精神救赎意识始终贯穿在西方古典人本哲学之中。作为德国古典主义哲学创始的康德哲学,其救赎意识上承古代传统,下开当代哲学精神救赎之先河,意义十分重大。

　　苏格拉底开启了古希腊哲学以探寻自然到思索人本的重大转型。在苏格拉底看来,确立人之为人而不是自然应是哲学的根本性问题。人所以不同于自然是因为人有灵魂,而灵魂的基本规定性是理性。这就决定了追求真理应成为人生的终极意义。一个人只有用理性对待自己、对待世界,才能够正确的行动并在正确的行动中不断发现真理、不断生成理性、不断确立灵魂,从而卓立于自然之外。古希腊思想大师柏拉图认为灵魂作为人的本质是客观的,但又是潜在的。人不同于动物就在于人能发现客观存在着的灵魂并将灵魂从潜在状态变成明确而现实的理念。因此,柏拉图反复强调人类最大的善行就是认识理念、塑造灵魂,否则人将沉沦于动物之中。亚里士多德继承并光大了前辈们的思想,更明确地指出没有灵魂的人就不是真正的人,灵魂是人的本质界定。而人要想获得灵魂就必须依靠知识,知识是人获得灵魂的唯一途径。正是基于此,亚里士多德高度关注知识问题,最终完成了古希腊知识哲学的建造。由上可见,古希腊知识哲学重视理性、关注认识的动因之一就在于试图通过设立灵魂,拯救人类于自然之中。

中世纪基督教哲学在当时特殊的宗教文化背景中更关心人类灵魂问题,虔信人类的苦难源于灵魂的失落,唯有拯救灵魂才能在苦难中救赎人类。但是中世纪基督教哲学不相信理性、认识、知识可以找回灵魂。在基督教哲学看来,灵魂的失落正是人类滥用理性而导致"原罪"的结果。灵魂的复归、人类的救赎只能依靠对上帝坚定信仰和对教规的严格遵守。正是在这其中,精神救赎变成了灵魂再生,哲学成为神学。

自意大利文艺复兴,西方社会逐渐进入近代工业化时代。在康德之前,一方面科学技术迅猛发展;另一方面在科学技术推动下的工业化背景中西方近代人本哲学集中体现为理性主义哲学。近代理性主义哲学恢复了古希腊哲学传统,重理性、重逻辑、重知识。但是,康德发现,科学技术只是人类自然力量的增长、延伸,并未在本体意义上完善人性。相反,近代工业化进程中人性正日益沦丧。同时,康德意识到传统宗教信仰由于不能给人类以实际的知识,无异于同义反复、自言自语,所以,他断定传统宗教信仰也无法真正解决人性问题。而古希腊知识哲学和近代理性主义哲学所倚重的理性、认识、知识只能在人的现象界中发挥作用而在人的本体界中无效,同样不能解决人性的问题。在康德看来,人性的修复只能通过道德救赎才能实现。

康德要求人们将在现实世界所遵奉的道德视为一种"普遍立法",对人的行为起指令和监督作用。它与日常伦理根本不同的地方在于,道德的"普遍立法"出自人性的内在力量,是对人的自我价值的显现,是真正的心声。而日常伦理则是外在的,是父母、教会、国家和公众舆论等权威意志投诸内心中的反应。真正的道德是自主的,依据自己对生命、社会、历史的理解、体验而绝不是履行某一权威的命令、承诺。这样,道德成为个人自我创造和自我完善的表现,成为对属人的自由的召唤和实现,而不是自我本质的疏远与异化。在道德的普遍立法下,人避免了把自己的存在与本质依附到外在于自己的他物上去,成为他物的奴隶而失去自由。每个人通过道德把握到自己,从而也就意识到自己不再属于现象界无休止的因果联系的一部分,意识到自己属于理性世界或理想世界,洞达到自己正从感觉的现象中发现了本体的自我。世界不再是外我的、冷漠的、不可把握的物自体,而成为我的亲和的无机身体,成为确证我成为自由人的对象。

道德必定化为行为。只有行动才能最后实现人应做什么的真理,行动的依据绝不是幸福而是义务。康德将这义务视为意志自律。意志自律是一切价值的宝库,它为人的行动规定了范围,并使人们的行动符合道德。义务的意志自律不存在假设,也不会造成按意志自律行动的人的压抑。相反,意志自律是实现自由的关键。每个人只有履行自己的义务,才能真正地成为自由人。而人们的自由所以能导致普遍的立法,正在于人们永远不奴役他人、无视他人的自律。在这里,对他人的义务指明了人性存在的可能性,对自己与他人的自由权利的尊敬与忠诚成为道德。尊重的对象不再是物化的功利和幻想的上帝,而是铭刻于心的责任品格。康德批判哲学中涌动着的这种道德救赎意识在扬弃了古希腊、中世纪人本哲学灵魂救赎意识中朴素、迷信因素的同时,保留了他们的人道主义传统,并对克尔凯郭尔、海德格尔、萨特等当代哲学家的生存救赎意识产生了强烈影响,甚至深深地感动了20世纪最伟大的科学家爱因斯坦。

　　无论古希腊还是近代,西方古典人本哲学都十分重视艺术活动,把艺术活动看成人类精神活动的重要组成部分。然而,将艺术理解为对人类实行审美救赎的第一人却是康德。

　　康德认为,艺术的本质是审美。审美在有限的形态中生成着无限的本体。当人们处于审美中时,时刻体偿并拥有着全部生命力的洋溢和灵魂的升华,具有解放的性质。审美不服务于任何具体功利却内在地指向某种总体性目的。这个总体性目的就是人的自由。正因为此,审美对人的生存而言具有必然性,它必然地使人产生审美愉快。这种审美愉快是人在现象界中显现本体自由的欢悦,是对日常生活中受到各种物的束缚与遮蔽的人的解放的肯定。因而,艺术不是自然的产品,它是人类有目的性活动的成果,它在现象的、感性的具体经验中显现并确证了本体的自由。

　　在康德审美救赎意识的直接启发下,席勒创立了著名的审美教育学说,而且康德的审美救赎意识也深刻地触动了马尔库塞等西方马克思主义理论家,引发他们在审美的维度上对当代西方资本主义社会的批判。无疑,康德开启的审美救赎意识已成为西方近现代人本哲学文化精神最重要的标志之一。

第二节　经验主义与唯理主义

　　欧洲从16世纪之后形成了两种哲学、美学传统,其中之一便是经验主义。经验主义主要产生于英国。英国自16世纪战胜西班牙,夺取了海上霸权,对美洲进行贸易和殖民扩张以来,便一跃成为西方最先进、强大的国家。17世纪光荣革命推翻了君主专制封建社会,建立了内阁向议会负责的代议制。经济方面,18世纪完成了工业革命,机器代替了手工生产。随着政治经济的发展,自然科学在牛顿物理学的影响之下也有了迅速的进展。在这种情况下,哲学和美学建立了一整套经验主义的思想体系。哲学方面,认为一切知识来源于经验,凡经验不能证明的都不是知识和真理,而人亦不具有先天的理性观念。美学方面,认为抽象的美的本质是不存在的,审美对象源于美感,是对美感的物化,而审美感则与人的生理快感相关连。经验主义的代表人物是培根、洛克、霍布士。

培根的主要著作有《学术促进》、《新大西洋》、《新工具论》。他强调知识的伟大作用,提出"知识就是力量,要借服从自然去征服自然",并认为知识来源于感性的经验,是对感性经验的归纳。他把人类学术分为历史、诗和哲学三个门类,把人类心理知解力分为记忆、想象和理智三个方面。历史涉及记忆,诗涉及想象,哲学涉及理智。培根视诗为想象的产品,是一种"虚构的历史","能使事物的景象服从人的愿望,从而提高人心,振奋人心"。培根曾被马克思高度赞扬,称为"英国唯物主义和现代实验科学的始祖"。他对德国古典哲学最大的影响是强调经验对知识的意义,对美学的影响是突出美、美感的感性性质。

霍布士早年曾给培根当过秘书,英国革命前夕屡次去法国,结识了当时欧洲哲学和科学领袖笛卡尔等人。他的主要旨趣是政治,有《利维坦》一书,持性本恶和功利主义立场。美学方面他的贡献在于他的《论人性》。在书中,他系统地讨论了人类心理活动,以此成为经验主义心理学之始祖,奠定了经验主义的方法论。他认为人类一切思想源于感觉,他建立了经验主义美学用来解释想象和虚构乃至一般审美活动的观念联想律,同时认为美恶善有三种不同的形式:想象中的善即美;效果上的善即欲望,向往的目的是愉快;手段的美即有用、利益。这些观点直接影响了德国古典美学和哲学。德国古典哲学和美学无不认为感性经验是人类精神和知识的起端,而且对真善美都作了极清晰的区别,并在探讨人的审美意识时,效仿霍布士从心理方面去把握。

但是,康德哲学和美学绝不是经验主义的,本质上讲,康德哲学和美学恰恰是反经验主义的。康德认为,经验是个人的,每个个人的经验都不一样。因而,经验不具有普遍性和客观性。不具有普遍性和客观性的东西是没有价值的。康德要建立的就是具有普遍性的原则体系,从而界定世界的模式。就美学而言,康德坚信美、美感的本质都在其自由性上,对经验主义把美、美感的根本视为感官快乐极为不满,伯克就认为美感是性欲之感:娇小、柔弱。崇高是生命之感:壮大、粗糙。康德认为美与审美在本质上是对认识和伦理的超越,其本体是自由,是对人的彻底解放和实现。所以,审美和美是人作为万物之灵长的真正存在方式,是人与动物根本不同的显著标志,而这种神圣标志绝不能以感性欲求和快乐与否为基本属性,因为动物才以感性欲求和快乐为本,就这个意义而言,康德美学是对经验主义美学的否定。

在经验主义兴起于17世纪英国本土时,欧洲大陆的法国和德国正盛行着唯理主义思潮并集中表现在哲学和美学领域。唯理主义哲学和美学极大地影响了德国古典哲学和美学。在某种意义上,欧洲唯理主义思潮的最伟大的承传者便是德国古典主义。唯理主义在欧洲是反对封建主义的另一种思想方式,它的主旨是强调理性对人的意义,认为理性才是人的真正本体,其著名的思想家有笛卡尔和莱布尼兹等人。

笛卡尔一生对欧洲哲学与数学影响极大。他最著名的著作《论方法》为西方现代哲学的基本命题奠定了主要轨迹。笛卡尔认为经验界是存在着的,它是认识的起端。但是经验并不能解决一切问题,甚至不能真正地获得真理。同时,信仰和意志也不能最终解决真理问题,像基督教那样。真理的最后获得要靠思维即理性。因为一切都可以怀疑,甚至我们是否存在也值得怀疑(如,我睡着了,我就不能肯定我还存在着)。不过,当我思维时,我可以肯定我是存在着。所以,"我思故我在",只有理性才是最可靠的。这一点对德国古典哲学和美学影响是决定性的。德国古典哲学和美学都基于认识论,从解决存在与意识的关系入手去解决本体论问题和美、审美问题的。

德国哲学家莱布尼兹发展了笛卡尔思想,认为理性是人的唯一本质,是获得知识和产生美的唯一途径。他强调知识不可能从经验中获得,主体什么也没有,怎能够获得知识呢?之所以经验能获得知识是因为在经验之前主体就存在着某种先天的理性观念,它们是产生认识的根本原因,而美和审美却只是我们的某种理性观念的感性显现。莱布尼兹的观念对康德、黑格尔、马克思影响很大。

但是康德对唯理主义哲学和美学也是不满意的。首先,康德认为经验十分重要,是一切认识的源泉和界域,超越经验的就不可能是知识。其次,康德坚持认为,美和审美都不是思维的,而是感性情感的,美学一词(Aesthetics)本意便是感性学。

可以说,被康德称为"批判哲学"的思想体系的诞生,标志着近代审美文化作为时代精神和美学观念的出现,也标志着德国古典哲学、美学时代的到来。西方学术界普遍认为,对于西方近代美学乃至整个思想文化界,康德的"批判哲学"所具有的历史意义如同哥白尼之于自然科学一般。伟大的诗人海涅在《论德国宗教和哲学的历史》一书中曾这样评价康德及其"批判哲学"对美学乃至整个文化思想界的影响：由于康德，欧洲开始了一次精神革命，这次精神革命和法国发生的社会革命有着最令人奇异的类似点，并且对于一个深刻的思想家来说，这次革命肯定是和法国的社会革命同样重要。这场精神革命使人们看到了与过去时代同样的决裂以及对传统的一切尊敬的废除。如同在法国每一项王权的正当性都受到考验一样，在精神领域的每一项原则也同样受到理性的怀疑和智慧的批判。由此可见，论述近代西方美学离不开对近代西方哲学文化等精神领域的审视，而审视这些理性精神领域，就不可能不反思康德与他的"批判哲学"。从这个角度讲，不理解康德的"批判哲学"就不可能释读康德美学，更不可能深刻地把握西方近代美学的根本。

第三节　超越经验与理性

近代精神的根本特征是由笛卡尔开创的普遍怀疑精神"我思故我在"作为公理，成为近代唯理主义和经验主义哲学怀疑、批判由希腊哲人与中世纪神学思想家所创立的一整套思想体系的最后依据和最有力的武器，同时是近代哲学家的普遍尺度。但是，对这一原则和尺度的把握，唯理主义和经验主义并不一致。这种不一致竟然导致了唯理主义和经验主义的巨大冲突。尽管这种冲突是深刻的，甚至可以理解为已延续了近两千年的两种不同思潮碰撞的直接体现。然而，唯理主义和经验主义在把握这一原则的方法上则是一致的，即仅仅对"我在"怀疑，却并没有怀疑"我思"，把"我思故我在"看成一种非关系性原则，并把它与人类的某一智能、心理直接同一起来。

在经验主义那里，"我"的存在只是感觉的存在，思维与感觉是同一的。洛克把意识看成是"白板"，它的功能只是对存在的复写，意识完全是被动的，意识属于存在。而在贝克莱那里，感觉不仅成为人的存在的唯一方式，而且成为世界存在的唯一尺度。感觉外没有存在，或者说存在只不过是感觉的产物。休谟则把一切诉诸"观念关系"中。虽不像贝克莱那样把存在说成是感觉的产物，但他却把感觉之外的一切视为可疑的、无法证明的，认为只有感觉才能判定它们的存在与否。更进一步的是，休谟抛弃了因果必然性，放弃了人类从古希腊以来就一直虔信不变的普遍性即必然性，也就是因果律、绝对实体、命运（上帝）的信仰，从而使一套演进了许多世纪的哲学描述系统开始失去其坚实的基础，上帝这个伟大的、每当哲学无能为力时就"挺身而出"的救星失去了最后的作用。我们认为，经验主义只有在休谟那里才具有了理论的意义。对因果关系的否定是经验主义最大的贡献。然而,存在与意识以感觉为中介的直接同一,把存在设定为感觉的存在或感觉之外不存在的观点,必然使经验主义丧失其理论的现实性。

"我思故我在"在唯理主义那里成为不可怀疑的公理——"天赋观念"、"理性观念"。对这一信念的理论证明是莱布尼兹的单子论。莱布尼兹认为,单子是宇宙万物的真相,一切都是单子组成的。它既是实体的,又是精神的;既是存在,又是灵魂。单子是组成宇宙万物的元素,所以它是普遍的。单子作为实体是上帝创造的,所以它又是必然的、能动的,是一切运动的本质。而运动着的精神,作为单子的一种明晰的组合,也同样具有了必然性、普遍性。也就是说,实体与精神是一体的,它们都是同质的单子。物质与理性是统一的,它们只是单子的不同组合,都是上帝按照预定的目的创造的。这样,意识对存在的把握只是因为二者具有共同属性才可能,客观规律与理性认识只是同一属性的不同表现。人一方面表象着普遍的东西,他本身就是单子体;另一方面又表象着、把握着联系的东西——在他之外的单子。一切普遍必然性的本质和属性仅仅寓于人的理性概念的普遍性之中。可见,在"单子论"中,思维等于存在,物质等于意识,二者都同存于上帝创造的超验的理性之中。"单子论"从逻辑上讲,主词包容了谓词。从现实上讲,理性本身就包括了被认识的世界,或者说,对理性的把握、占有本身就是对世界的把握和占有,世界已被人们先天地认识尽了。可见,唯理主义同样是把存在与意识直接同一起来,所不同于经验主义的是这种同一不在感觉中,而在理性观念中。在他们看来,理性之外无他物。

然而,问题并没有解决。如果按照唯理主义的理论,这个世界已被我们认识尽了,或者说,本来就不需要认识,上帝在创造人时,已把世界既定在人的理性之中。这样,人的活动失去现实的尺度和原则,因为那些"公理"本身无法解释现实,也不需要解释,它与每一个认识主体都没有关系。同样,在经验主义理论中,存在只是感觉的存在,而感觉也只是个人机制的体现。所以,认识和活动的尺度与原则也失去了。认识也就失去了它的意义,甚至人的活动也失去意义。唯理主义和经验主义的起点都是否定把人的活动、认识的尺度归于上帝,使人失去了现实价值、使现实活动失去了意义的神学观点。可是当它们历尽艰辛到达自己的终点时却发现,它们同样失去它们一直在追求的尺度和原则。

康德认为,唯理主义的方法是一种叫作"先验分析判断"的方法。所谓先验分析是指这种分析本身是超验的,与经验无关。在这一判断中,谓词的内容本来就包含在主词之中,只要对主词加以分析就可得出谓词。本质上,这种判断是同义反复。所以,理性主义的失败不在于它的出发点是公设、信仰,而是在于它的方法不能给予任何知识,不能对公设和信仰进行甚至是经验的论证。经验主义的方法是一种"后验综合判断",这种综合判断是经验中得来的、后天的、个人的。在整个判断中,谓词由于综合了经验材料,因此比主词的内容丰富,可使我们增加新的知识。但是,这种综合是经验的、个人的,因而,在康德看来又必然丧失了普遍性、必然性,从而也就丧失了判断的认识性。

那么,我们应采取什么方法? 康德认为,在我们采用某一方法去把握世界时,我们必须对我们的思维能力进行一番考察。这一观点曾被黑格尔讥笑为想在下水前就学会游泳。然而,正是这一考察,使康德冷静地发现,认识既不仅是唯理主义者所讲的某种形式,同时,也是经验主义者讲的某些经验内容,是内容与形式的统一,或者说是构架与质料的统一。康德承认在人之外,在意识之外有存在。但是,这种存在是不可知的。因为没有人的认识、人的机制,人无法知道这个存在是什么,它只是彼岸世界,是物自体。但是,物自体绝不像有些人表述的那样,与人无关,像上帝一样远离人,而是指现实中未与人发生关系的存在。说它是物自体、彼岸世界,只是说它与意识无关。物自体为人的认识提供了经验材料,提供了意识的对象,但是它并不是意识。唯理主义把物自体看成了认识,而经验主义则把经验材料看成了认识。康德认为,经验材料被主体能力建构后才成为意识。这个主体建构形式就是时空。把感性的内容放到外面去的,乃是先天感性的活动或动作,这就是空间。如果一个先天感性的活动,把一个暂时的感性内容放在相续的秩序中就是时间。一个是外部感觉的形式,一个是内部感觉的形式。这两个形式共同构成被康德表述为"直观形式"的主体能力构架。"直观形式"对每一个意识主体而言都是必有的,因而是普遍性的。而且,在每一个意识过程中,它都不可避免地出现并行使自己的功能,所以是必然的。可见,在康德那里,时空是主体的,同时也不以个人感性意志为转移。它是主体活动的一部分,是意识活动的秩序(时间)和结构(空间)。物自体给予的经验在主体"直观形式"的建构下所呈现的意识就是现象。它不是认识或者说知识,它只是被认识主体建构的知识对象,主体对现象的把握才是认识,其结果才是知识。把对象设为我的对象,把具有主体内容的现象看成是认识对象,是康德对传统认识论的一个重大突破。而且,我们还须指出,康德对现象的产生和其性质的解释是非常重要的,黑格尔的全部辩证哲学正是从这里得到启发。凡是认真读过《精神现象学》的人都会感到黑格尔并没有说过自然产生于意识。黑格尔对自然、社会、精神的生成描述是以自然、社会、精神都是作为一种现象在意识中（认识中）不断展现而言的。这个现象正是康德讲的被主体建构或在黑格尔那儿是被意识化了的现象。黑格尔的历史（自然、社会、精神）发展过程，实质上是指认识从无（纯有）到对自然（物理、化学、生物）到对人（艺术、宗教、哲学）一步步的、不断深入的把握，是一个意识发生史，并不是实体世界的发展史。这样，黑格尔的历史与逻辑的统一本质上是认识与意识史的统一，认识与现实的统一。

　　在康德那儿，现象获得知识为自身属性的过程中有一个中介，这就是知性。知性是康德认识论中一个最重要的概念。作为一种认识功能，它呈现出具有丰富内容的逻辑框架。这个逻辑框架由 12 个范畴构成。质方面：实在性、否定性、制限性；量方面：单一性、多数性、总体性；关系方面：偶有性及实体性（实体及属性），原因性及依存性（原因及结果），相互性（能动者及受动者的交互作用）；模态方面：可能性及不可能性，存在性及非存在性，必然性及偶然性。现象本身作为知性的对象，未呈现出其结构系统以及结构之间关系要素的性质。因此，现象只是直观之后（具有时空）的经验，只是主体与客体之间的一种必不可少的，但又非常浅在的对应性关系的表象。这一表象没有知识所具有的全部特征。但是，当现象作为客体与作为主体功能的知性发生对象性关系时，现象作为质料进入知性的形式构架之中，在主体的作用之下，现象自身发生结构的变化，出现了一种全新的对应性属性，并呈现于意识之中。知识与现象不同之处在于，现象是非系统的、经验直观的，而知识是对一个主客体结构系统的描述。实体性、因果性、必然性、普遍性都是其多样的、不同层次、不同方面（质、量、关系、模态）的结构属性和特征。这种属性和特征不仅无法在现象的直观形式中出现，甚至可以这样说，在那个阶段它本身就没有这些属性。这些属性、特征是主体与客体在知性与现象的对象关系层次上通过主体建构所产生的。康德把知识看成是主客体相互关系的结构描述是正确的。在他那里，存在是认识者的存在，而不是纯粹的存在。非我的存在只是不可知的物自体。当它以现象（经验和直观形式）和知性为其中介时，才成为我的存在、现实的存在。康德对必然性、因果性、普遍性等源于希腊的形而上学范畴进行了最具有独创性的表述和改造。在唯理主义那里，单子作为组成万物的实体，是普遍的，是不可避免的、无法逃避的、必然的。在这一系列关系中，上帝、单子、万物是一个因果关系，上帝是单子的原因，单子是上帝的结果，而单子是万物的原因，万物是单子的结果。这样，在唯理主义那里，实体、必然性、普遍性是一体的，并全都同一于因果律之中。这里，人的能动性、发展的偶然性完全没有存在的余地，正如他们自己所讲的，宇宙是一个纯粹的机械。经验主义特别是休谟则认为感觉之外无他物,存在是感觉、观念的存在,因果律只是"观念联系"的结果,只是时间顺序在意识中的产物。必然性是不存在的,而普遍性也只是经验的、观念的相似性。如果说,唯理主义还承认有知识的话(尽管只是些公理、假设),那么,在经验主义那里,知识就没有任何地位和意义了。而由于康德把知识、现象看成是主客体相互关系的结果,因而他不承认客体、认识对象本身有必然性、普遍性、因果性等规律。这些东西在对象与人未发生认识关系时是不可知的,而且也无法进行证明,从而根本不能承认它们。但是,他又反对经验主义否定必然性、因果性和普遍性的观点,认为必然性、因果性、普遍性是存在的,而且其特征是先天设定的。必然性、普遍性、因果性这些固有特征是作为人的知性构架中的中介(范畴)进入人与自然、主体与客体、存在与意识的相互关系中,并在其动态过程里,在建构现象时获得自身的本质属性和内容。必然性、普遍性、因果性既不是客观的(唯理主义),也不是主观的(经验主义),而是关系结构的。它既在对象中,也在主体中,或者更确切地讲,它是在主客体结构关系中,是结构关系中的不同方面、不同层次、不同区间的结构状态。

康德的认识论中还有一个特殊的概念:理性。理性是指一种认识功能,这种功能是追求绝对认识的。绝对认识在康德著作中被表述为理念。他认为,理念有三个:关于一切物质现象的理念叫"世界";关于一切精神和心理现象的理念叫"心灵";关于"世界"和"心灵"统一的理念叫"上帝"。但是,理性作为认识功能只是一种机制,它不像知性和直观形式那样的形式(范畴)。它在把握世界时,只得借用知性的概念、范畴。然而知性范畴作为框架,只能对现象把握而不能对绝对理念这种超现象把握。否则,在认识中就出现无法解决的矛盾——二律背反。康德认为,唯理主义和经验主义所以出现失去认识尺度和规则的状态,就是没有懂得理性这个概念的真正内涵,而认为人是能够认识绝对的。其实,在认识领域中,对绝对的把握是无法实现的,"绝对不是证明,而只是信仰的",是非经验的、非逻辑的。唯理主义和经验主义把绝对看成是知识,必然陷入二律背反之中,必然失去认识的尺度和原则。

康德的理性概念指出了人类认识的另一种特性,即认识不仅是一种对现实的把握过程,而且也是一种智慧。这种智慧是人类活动超越性的表现。遗憾的是,康德并未从这方面对认识进行更深入的研究、阐述。不过,康德对理性概念的分析,使认识论中的形而上学理论(即对绝对的认识,主要是唯理主义)从此失去了传统的、不可动摇的地位和意义,以至在黑格尔之后就完全一蹶不振了。另外,在康德对理性的阐述中还隐约流露出这样一种看法,即在认识中有一种超认识的东西在统摄着认识本身。但是,康德也没有直接明了地指出这是什么。康德的这种隐约未说的东西就是对人类认识进行统摄的价值观。绝对理念、无限的对象不是别的,正是人类的价值,人类对自身的需求满足和估价。这种满足和估价不仅统摄认识,而且也是无限的、绝对的、唯一的,它绝不是认识论可表述清楚和解决的。

康德把认识设定为主体功能与客体对象的相互关系,把知识设定为主体过程的描述而不仅是对对象本身的概念描述,并强调认识中的理性(价值)统摄作用等观点,对近代认识论的研究有着重大的启示。

伦理学从苏格拉底起就成为哲学不可缺少的一个组成部分,它是对人的本质的解释,是对人的行为、目的的研究。康德的伦理学是其《实践理性批判》。论述康德伦理学和他的伦理学的启示时,首先需要指出的是康德伦理学不单是基于反对法国唯物主义的幸福论而逐渐形成的。康德伦理学首先是对唯理主义目的论的批判,并在某种意义上肯定、改造了以卢梭为首的法国唯物主义伦理观点,扬弃了伦理学中的目的论(唯理主义)和快乐论(经验主义),从而形成了以"自由"为核心的先验综合的伦理学。

伦理学是把人的现实关系、意志行动、目的愿望作为对象进行研究的一门学科。因而,伦理必然与意志、目的发生关系。在批判哲学中,康德首先对人们能够提出伦理问题的能力进行了考察。

唯理主义作为康德时代的一个主要伦理学流派和伦理思潮基于莱布尼兹哲学。莱布尼兹认为,整个宇宙是有目的的,这个目的是被具有理性的上帝所决定的。人作为上帝所创造的单子集合体,自然也是符合上帝所设立的目的的。这个在现实生活中成为行为准则的目的是先验的、无法证明的。它存在于人的理性之中,是人的理性的一部分。因而,每一个人的行动和他的意志都必须符合这个目的。这个目的是什么呢?就是从中世纪流传下来的、以基督教为核心的、具有市民与封建主义气息的道德教条。

在康德时代,另一种伦理思潮则是由罗马的伊壁鸠鲁开创并在经验主义那里全面展开、发扬的快乐主义伦理观。快乐论基于经验哲学之上,由于经验主义否定了感觉之外的存在,把存在归于感觉的存在,也就否定了普遍性、必然性。人作为感觉的人,只是纯粹的感觉个体,他的目的、行为也只是个体的、感性的,没有普遍性、必然性。在伦理上,表现为人的生活仅为追求个人快乐的满足。

康德认为,这两种伦理思潮所以走到这样极端不现实的地步,根本原因是获得这两种观念的思维方式有问题。在唯理主义那里,正像他们对待存在与意识的关系问题一样,其思维方式是先验分析的。对其结论的证明已直接包含在设定中,结论和证明过程只是对一种纯粹假设的表述,其内容实质上是同义反复,其设定是超验的、超人的。尽管这种设定包含着必然性、普遍性,但其普遍性只在于必然性,而其必然性则只是在于无法证明性、必须服从性。这些道德教条一旦进入每个个人的现实的行动中,它的无法证明性与抽象性使每个个人无法把握与运用它。或者说,由于其抽象性,人在把握、遵从它时,已把它变成随意的、个别的了。因而这种普遍性就变成了个别性,必然性变成了偶然性。结果是,这个普遍而必然的设定(道德教条)失去了现实意义。而快乐论的伦理原则是基于经验主义思维方式之上。经验主义思维方式是后天综合判断思维,这种判断是丰富的、具体的,结论并不包含在设定之中,是由证明过程将设定与结论联系起来的。但是,由于这种判断仅仅是后天的、经验的、个体的,因而没有普遍性、必然性,只有随意性、偶然性。就伦理学而言,人的伦理尺度也只在追求快乐这一点是普遍的,这一普遍性也只是经验的普遍性,从而经验主义的伦理尺度也就失去了现实性和价值意义,成为虚假的口号。

思维方式的错误,使唯理主义和经验主义在对待人们日常伦理生活中出现的最普遍的现象——手段与目的的关系时,陷入了不可自救的错误之中。在唯理主义那里,伦理准则作为一种教条原则,是无法证明的,同时也不包含实现这个目的的手段于自身之中。这样它无法真正成为人的自觉目的而诉诸每一个人的现实伦常生活中。当人去实现这一远离自己现实生活的目的时,就会发现,他们没有实现这个目的的手段。目的不是现实的目的,必然导致实现目的的手段外在于每一个现实的人。这终究要出现某个人的意志作为其他人的手段与目的中介,迫使他人违背个人意志去实现外在于他的、抽象的目的。在康德看来,唯理主义只把目的作为唯一的伦理内容,而忽视了实现目的的手段。目的即手段,从而忽视了个人的存在。经验主义则相反,它们把快乐作为唯一的伦理目的。快乐只是个人的快乐,在康德看来,它本应作为实现目的的手段而存在。所以,经验主义在伦理上根本没有目的。手段成为他们的目的,手段成为伦理的终极,这必然出现不择手段满足私欲和丧失普遍的必然目的的情况,整个社会将失去理性,个人也将失去理性,这是非人的、不道德的。

通过上述分析,康德认为唯理主义的伦理原则是一种形而上学的教条主义原则,它终究使人回到中世纪的生活中。实际上,唯理主义的全部伦理观念都是基于中世纪神学之上,只是在上帝身上加上了更浓厚的无法证明、超人的理性外衣。而经验主义快乐论是一种自然主义倾向,它否定了主体性、社会性,从而也否定了人的存在,使人等同于自然本身。

康德认为,对伦理的研究,既不能从超验的先天分析判断出发,也不能从个人的、后天综合判断出发,而应从先验综合判断出发,对整个伦理领域出现的问题、现象进行分析。他认为,在伦理领域,个体的活动是与整体状态分不开的。任何一个人的行为都不仅仅是个人的行为,同时也是整个社会的行为。原因何在呢? 康德认为,这是因为活动不仅仅是个人的活动,从判断上讲是综合的,而在每一个意志活动中,都有一种共同、普遍的立法,康德有时称此为"普遍立法",它诉诸每个人的活动中。这个"普遍立法"是什么呢? 就是你意愿它成为普遍律令的那个观念、原则。这个律令是先天的、普遍存在的,同时又是经验的、具体的,在每一个人的活动中呈现出不同的状态,并在不同的状态中获得其实现。所以这个"律令"是先验综合的,它既不是唯理主义的那种与人无关的超验设定,也不是经验主义的那些没有普遍性、必然性的快乐追求,而是通过个人的设定和个人的活动实现的既符合社会、普遍的目的,又符合个人特殊、感性需求的行为准则。可见,"普遍立法"有着极为深刻、积极的内涵。它一方面承认个人对快乐追求的合理性,认为追求快乐是人的需求中不可缺少的一部分;另一方面,它认为人的活动应有一个更高的目的,在快乐之中有更深刻的蕴意,快乐只是追求、实现这一更高目的的手段。与唯理主义和经验主义不同,康德没有把普遍的目的与个人的快乐割裂、分开,而是把它们统一在一起。这里,统一是指这二者相互包容、相互确立,其包容和确立的中介则是人的现实伦常活动。

目的与手段的统一在康德那里是以自由为根据的。"自由"一概念本为卢梭提出,它指人的"天赋的"任意活动的合理性。康德采纳了卢梭这一概念,但却赋予其以创造性、积极的内涵。康德认为,"自由"是指人的意志行为的自主性。这一点非常重要,它与黑格尔的"自由"有着质的不同,黑格尔把认识到了的必然看作自由,这只是认识领域的。康德的自由不仅指认识活动,而且指整个人的活动,特别是人的伦理活动的自觉、自主性。这样,康德就解决了一个伦理学中最不易解决的难题:目的与手段的冲突。唯理主义只求目的而不顾手段,经验主义只要手段,并把手段等同于目的,把手段看成自己追求的唯一目的。这两种伦理思潮从根本上导致了手段与目的的冲突。康德把自由作为伦理之本,把个人的活动作为伦理实践过程,目的与手段都统一于个人活动之中。一方面,目的是普遍的同时也是个人的,目的在个人的活动中获得现实性;另一方面,手段是个人的却又是为实现普遍目的而设立的,手段又包含于目的之中,因而手段也不是个人的而是社会的。这样,手段与目的在个人的伦理活动中有机统一起来,快乐与义务,感性与理性,幸福与责任统一起来。这种统一并不是指同一,并不是指手段与目的不分,而是指二者在活动中不断互动、不断实现、相互包含、相互确立。康德的上述思想中,有一个最本质的蕴意,这就是"人是目的"。他说:这样行动,无论是对你自己或对别的人,在任何情况下把人当作目的绝不只当作工具。就是说,人本身是人活动的最终目的,而手段也只是实现以人为目的的手段,手段也是人的。善在康德那里既不是目的,也不是手段,而是过程,即不仅目的是善的,手段也必须是善的,实现过程必须是善的。这直接体现为自由即意志的自主选择和行动。总之,康德的伦理学中充分蕴含了主体性精神,全面展示了他的人道主义意蕴。以自由为本质,以人为目的,以自觉自主的选择和行动为手段,不仅要求目的的善性,而且要求手段的善性,通过个人的主体实践实现感性与理性、个体与整体、个人与社会、手段与目的的统一,这是近代伦理学中最深刻的、最伟大的思想之一。

美学作为哲学的一个必然的有机部分是从康德开始的。康德《判断力批判》一方面是作为其前两大批判的桥梁即认识论和伦理学的纽带,使其哲学成为一个有机的、系统的对人类生存与意识的描述和阐释;另一方面,也是对大量的审美、艺术现象的哲学分析。唯理主义是比较轻视美学的,而且对美学的认识有着较大的变化。唯理主义的理论前身本是古希腊、罗马和中世纪的理性主义(包括中世纪的某些神学思想)。理性主义传统一直把真、善、美统一起来,把善(神、上帝、理式)作为最后的统摄力量和原因。从苏格拉底、柏拉图、普诺提诺、阿奎那的思想中可以看出这一传统的渊源流脉。但是,到了莱布尼兹,情况不知不觉地改变了。对美的探索是在"目的论"统摄下的"单子论"中进行的,并将之仅仅诉诸认识论的研究。莱布尼兹在《关于知解力的新论文》中认为,人的意识由"明晰的认识"和"蒙眬的认识"组成。"明晰的认识"是指人的正常意识,而"蒙眬的认识"是指下意识。"明晰的认识"又分"明确的认识"和"混乱的认识"。所谓"混乱的认识"是指对事物形状进行笼统的认识。它映像生动而未经分析,审美就是这种"混乱的认识"。可见在莱布尼兹那里,审美已直接从善性、伦理中分离出来,进入认识领域,成为一种认识状态。尽管伍尔夫把美重新向伦理上靠,但"完善"与伦理、善性已有很大的差别了。在鲍姆嘉通那里,美直接被表述为:"指教导怎样以美的方式去思维,是作为研究低级认识方式的科学,即作为低级认识论的美学的任务。"[①]在唯理主义那里,美为认识是无疑的。经验主义则把美感看成"快感"。霍布士说:"有三种善:在指望中的善,即美;在效果上的善,即欲念向往的目的,叫作愉快的,以及作为手段的

---

① 朱光潜:《西方美学史》(上卷),人民文学出版社1982年版,第297页。

善,叫作有用的,有益的。"①而休谟干脆认为美即快感,并且"美不是事物本身的属性,它只在于观赏者的心理,每一个人心里见出一种不同美"②。因为快感只能是就个人而言的,美作为一种快感,只能是个人的。

康德认为,这样的局面是唯理主义和经验主义研究美的本质的思维方式的错误所造成的。在唯理主义那里,美不是从主词中综合而出,而是直接同一于认识之中,它与认识是同义反复。而经验主义虽然把谓词看成是综合的结果,它是丰富、具体的,却只是经验的、个人的,失去了普通性和必然性,所以美也就失去了科学认识的可能性。康德认为,对于美,我们一方面要承认其个体性、经验性;另一方面也要承认它的必然性、普遍性。目的性概念在康德哲学中有着特殊的意义。在《纯粹理性批判》中,康德为反对唯理主义目的论极力避免使用目的概念,不认为自然本身有目的。存在只是意识的设立,客体的属性是通过主体认识结构(知性范畴)的建构而获得的。换句话说,自然如果有目的,这个目的也只是人的。在《实践理性批判》中,康德明确指出"人即目的",这个人既不是抽象的理性存在,也不是纯感性的自然存在,而是具有巨大理性内容的感性的现实活动着的主体。康德的"人即目的",即人所应该成为人的那个概念,这个概念在更本质方面是自觉自由、自主自为。他在谈到美的时候,从纯粹美推进到依存美,再到崇高,这一过程充分体现了目的之要诣是自觉自由、自主自为。因而在综合方面得到美的界定之后,康德马上就对这两个界定超越,对这两个规定再进一步界定。"关系"的界定是非综合的、先验的、逻辑的,它是对质量的规定的进一步研究,把美无功利、无目的性现象附着于人的自由本质。这里,与认识、伦理不同的是,对象与人发生的审美关系只是一种形式关系,美的目的性只是形式的合目的性,美只是人的本质的自我观照。这解决了美的普遍性问题。我们再看一看"模态"。康德说:"凡是不能凭概念而被认为必然产生快感的对象就是美",这本质上指出了审美的必然性。为什么审美的无功利性、无概念性及其普遍性是必然的呢?首先我们来看一下必然性在康德那里具有什么特殊本质。在《纯粹理性批判》中,康德深刻地指出,必然性是人类认识领域中认识主体结构中的一个范畴,这个范畴是先天的,即必然性不是客观的,而是主体的(不是主观、任意)认识结构的一部分。而在《判断力批判》中,康德同样在模态中指出了审美的必然性。如果不是独断的话,康德讲的审美的必然性一定也是主体的,而不是对象在审美

---

① 朱光潜:《西方美学史》(上卷),人民文学出版社1982年版,第208页。
② 朱光潜:《西方美学史》(上卷),人民文学出版社1982年版,第226页。

主体未把握之前就具有的。必然性是指把握对象的主体结构形式的不可避免性。那么,这个必然性与认识的必然性有什么不同呢? 不同之处就在于认识的必然性是在知性领域出现,而审美的必然性则是在情感领域出现。认识的必然性指概念把握方式(结构)的不可避免性,而审美的必然性是指情感把握方式(结构)的不可避免性。康德对审美普遍性、必然性的看法非常重要。首先,他是在主客体相互关系中把握美的本质,因而康德讲审美的性质也是讲审美关系的属性。其次,康德把美与人的自由本质结合起来,而不是将美看成客观或主观的。美是主体的,是现实的人的自我观照。从而真正把握住了美的真谛。最后,康德把美、审美进一步设定为人与对象的情感关系,从而解决了审美中个体与整体的关系问题。

　　审美无功利、无认识的质量界定必然使康德得到这样一个结论:只有无内容的纯形式才是美的。审美对象的范围就极其狭隘,这也绝不符合现实的审美状况。作为一个哲学家,一个注重现实的思想者,康德也绝不会满意这种结果。那事出之因在哪里? 就在于质量的分析还是侧重于综合的、经验的。当对质量进一步分析进入到逻辑、思辨阶段的关系与模态时,康德发现了美有两种:自由的图案以及无目的地交织在一起的线条,例如一片草地的绿色以及单纯的音调、小提琴的某一单音等,康德称纯粹美。纯粹美仅仅存在于"质量"的分析中,其实在现实中只是美的非常狭隘的一部分,而更大部分则是依存美。康德说:"依存美存在于一个概念,就属于复杂的特殊目的概念约制的那些对象"。这就是说依存美是与认识与伦理有关的。那么,美的独立性在哪呢? 我们认为康德把美区别于真、善并不是认为美与真、善无关,而是指美、审美是一种主客体关系,是一种主体活动的情感结构,无论是什么存在(作为真、善或形式),只要进入了这个结构,在这个结构中成为一个要素,它就成为主体的审美对象,就是美。如果是这样的话,康德把崇高说成是"道德观念的显现"就不难理解了。可见康德后两个契机是对前两个界定的超越。对美的进一步界定,使康德确认美为情感领域中的主体结构。康德还进一步对审美理想进行了论述。在他看来,从审美分析的质量方面来看审美理想,通常审美理想也只能是一种单称判断中呈现出的经验共同性,即康德所说的"审美的规范意象"。它是"对全类事物的一种游离不定的印象"。"审美的规范意象"作为经验的普遍性,还是古典主义美学的产物,是贺拉斯、布瓦洛的"类型"。但是作为近代思想的开创者,康德是不可能停滞在这一点上的,他必将超越古典主义范围,就其理论本质而言,对"审美规范意象"的论述还只是偏于综合的。当康德从"关系"与"模态"两方面进一步对审美理想进行思索时,他提出了"理性观念"

这一全新的、更深刻的概念。作为审美理想,他认为,"理性观念"是用人性的目的(就这些目的不能用感性形象来表现的方面来说)作为判断人的形状所依据的原则,人性的目的就通过这种形状现出,作为它们在现象界所产生的效果。必然性和普遍性作为目的本身(人、主体)直接通过个体形象表现出来(而不是反映、再现、模仿),并积淀在这个形象之中。因而在康德看来,审美理想、审美的普遍性绝不在于共同性,而在于每一个具体的审美活动中,在于每一个审美关系之中所体现出来的那种作为人的本质的自由。这种自由是善的、道德的,但由于进入了审美关系,它也就是美的。这样,"审美的规范意象"被康德扬弃了,所谓无功利、无认识进一步成为审美结构中必然并普遍地存在着的作为审美对象的真与善,只是它们进入这个结构中是以其形式与人构成情感直观关系。康德讲的审美无概念而形式又合目的性,其要旨就在此。康德认为,艺术在整个审美系统中属于依存美,它与目的、概念直接有关,即它是在理性基础上的意志创造活动。这个创造是什么呢? 在康德那里,艺术作为依存美,它必须是形式的合目的,这样也就是说,意志活动(目的活动)创造(形式结构建构过程)的结果是形成了聚积着目的内容于自身的情感形式,这就是艺术。

　　康德的认识论、伦理学、美学具有极为深刻、丰富的内蕴,其中的许多论点都成为当代美学研究的母题。而且,康德的思想不仅是当代学术知识和审美文化研究的宝库,更重要的是,它作为一种美学在影响着当代人的精神建造,他对人的理解实际标志着近现代人类文化演化发展的方向。

第六章 康德对美与美感关系的解构

将美与美感的关系确认为美学的基本问题和逻辑起点始于柏拉图,但是无论相信美是客观存在,美感是对美的特殊回应、观照,美产生了美感的人,还是否认美的客观自在性,视美为美感的折射、外化,认为美感创造了美的人,都没有对这个问题的二元对立、线性因果的性质提出怀疑。唯富有怀疑精神与挑战意识的康德问道:如果美与美感存在着二元对立、线性因果关系的话,那么我们何以能够产生美与美感? 指出人们不可能在经验之外真正理解美与美感的关系。而在经验中,美与美感既非二元对立又无线性因果关系。美学史上这个被视为美学基本问题的命题实际上包含着一个巨大的谬误,是理论独断论的产物。

第一节 审美判断力与美

美学离不开哲学,美学理论家大多具有哲学家的身份。在回答美与美感的关系问题时,美学家们也总是期盼着能达到哲学的高度。传统哲学的阐释依靠普遍性原则,哲学中存在与意识的关系问题最富普遍性。因此,传统美学亦将美与美感的关系演绎为存在与意识的关系。通过预设美、美感之间的存在与意识的关系机制,对美与美感的关系作出因果律理解,最终获得某种普遍性的结论。这种结论实质上只是存在与意识的关系问题的另一种方式的解释,它导致美与美感关系问题的争论必然地带有明显的哲学基本态度的意味,出现了美学史上美决定美感的唯物主义和美感决定美的唯心主义两大传统。然而哲学至康德发生了哥白尼式的革命,对抽象的物质、意识的形而上陈述转向对具体的人的存在的本位关怀,人与世界的关系成为哲学研究的中心。康德也正是在人本主义的哲学阐释中发现了美与美感的真正秘密。

在解释人与世界的关系时康德遇到了一个无法回避的问题,其原有理论构成中人与世界的建构关系源于人所具有的既非纯物质存在、又非纯主观意识的知性能力和理性能力。知性能力使人成为认识主体,自然被设定为经验的客观对象,人与世界构成了认识关系。理性能力使人成为意志主体,人的社会活动被视为行为的客体,人与世界构成了实践关系。建构实践关系的理性能力的基本内核是自由意志,康德坚信自由意志是人的存在的终极本体。自由意志无法通过认识来把握,而只有在人的实践活动中实现。因而,人与世界的关系处于认识与实践这两个互不相关的领域中。但是人必须是完整的。人的存在的确有着不同的领域、不同的方式。不同领域、不同方式的存在又应该相互联系、互动互补。所以一定有着某种既不属于知性又不是理性,然而能够将这两种能力统一起来,使人类认识活动与实践活动、经验世界与本体世界发生联系的主体能力。康德把这种具有中介功能的主体能力界定为判断力。判断力具有知性能力和理性能力无法取代的功能。知性能力以一整套主体逻辑框架展开自身。杂多的经验进入知性时,知性能力的逻辑框架使杂多归于统一,建构出系统的认识结果——知识。知性能力用整体统摄个体、普遍包含特殊的方式把握对象。由知性能力构成的人类认识活动实际上是一个以逻辑为中介的分析综合过程,并被严格地限定在经验界。认识活动一旦超越经验界就会导致认识的“二律背反”,认识结果将失去真理性。理性能力为主体建立理念原则,提供的是以自由为底蕴的道德律令和伦理法则。理性能力和知性能力都不能在特殊中显现普遍,在现象中包孕本体。相反,介于知性能力和理性能力之间的判断力却可以做到这一点。判断力不能像知性能力那样提供概念,也不能像理性能力那样生产观念,却能在特殊与普遍之中达成现象与本体、认识与实践的通联。判断力有两类。辨认某一特殊事物是否属于某一普遍规律的能力叫“决定判断力”。以特殊的事实去寻找普遍规则的能力则被称为“反思判断力”。值得注意的是,无论哪类判断力都不是纯粹的主观意识、观念,而是产生意识、建构意识对象的主客统一的主体能力。

反思判断力是产生美与美感的最初基源。它从个别现象中寻找普遍本体时首先面对的是经验现象。反思判断力必须通过对感性经验的建构,昭示理性的本体。所以,反思判断力一定先于经验而存在。先验并非超验,反思判断力只有回到经验中,通过对经验的判断,才能将认识与实践统一起来。同时这还意味着在反思判断力中,特殊与现象符合着普遍与本体的存在目的。反思判断力的这些特性都在一系列主体功能中介下成为美与美感的最基本的规定性。

康德视判断力为美与美感的本源就是将阐释美与美感关系的优先权赋予了现实人的主体能力,这是自古希腊以来至近代西方美学中人本主义最明晰的一次显示和确立。美学人本主义把现实的人作为美学研究的出发点、中心和归宿,通过对现实人的界定、阐释求得对美、美感、艺术等一系列美学问题的解答。这种美学精神和学术态度曾经是古希腊美学的传统。但自希腊时代以后的一千多年中,经院主义的研究方法和形而上的学术态度在美学中逐渐占了上风。尽管文艺复兴、启蒙运动使 18 世纪哲学、文学中的人本主义有所恢复,但美学中的人本主义却一直未有明显的复兴。当时有影响的美学家夏夫兹别里、哈奇生等还在通过设定神秘的、外在于人的原形式(form)或神奇的"第六感官"来解释美与美感的关系问题。而康德在解决美与美感关系问题时把人的主体能力作为理解美与美感的基点,并在论述美与美感何以能够产生这类重大理论问题中始终凸显人的存在和主体能力这个主题。更重要的是,康德执著地将对美与美感的关系问题的解答视为对人的生存、发展的现实问题的解决,把对美、美感本质的揭示看成是对人的自由本质和生存价值的昭示,这不只是美学的革命。这场革命的影响在 19 世纪还是潜移默化的,但 20 世纪之后,康德美学人本主义的影响已成燎原之势,促进了当代美学的复兴。表现主义美学、精神分析美学、现象学美学、存在主义美学、接受美学甚至西方马克思主义美学都在康德怀疑、批判、重释的学术精神感召下,在主体、人本的美学倾向影响下,对几乎所有的美学问题进行了天翻地覆的人本主义重构,使得当代美学完成了日常化、功能化、艺术化的人本历程。

20 世纪的美学人本主义在接受康德影响时有以下两个重要特点:

其一,高举康德的人本大旗,批判黑格尔客观主义的感性论美学。黑格尔把美视为"理念的感性显现",同时又把理念理解为远离人却又主宰人的客观绝对存在。在黑格尔美学中,美的本质(理念)是异化的,美的存在又是感性的。所以,连黑格尔本人也认为美是一种理念运动的低级形式。这是对康德建立的近代美学人本主义传统的背叛。当代美学纷纷返回康德的人本主义立场,通过批判黑格尔客观主义、继承和光大康德的人本主义来建立自己的美学体系。克罗齐、科林伍德把康德作为自己的理论先驱,把主体情感、想象、直觉看成产生美、美感的根源,从而建立了全力张扬现代主义艺术、在当代有着极大影响力的表现主义美学。胡塞尔、杜夫海纳则从康德的先验方法论中得到了启示,开创了追寻本体之本、思维之思的研究美与美感的现象学方法。而海德格尔则又将现象学方法和康德的先验方法再度综合,建立了存在主义美学研究方法。在萨特、加缪、雅斯贝尔斯等人的共同努力下,形成了执当代美学牛耳达 40 年之久的存在主义美学思潮。

其二,康德影响下的当代美学人本主义的一个整体性倾向是非理性主义。美学中的非理性主义是一次脱胎于康德而又不同于康德的人本主义位移。康德将美与美感的根源视为主体判断力,判断力的外化是可经验的现象,其本质则是人的自由。自由不可为感知所把握,这正是美作为一种自由形式的超越性之所在。当代人本主义美学却力图洞达、诠释这不可感知的美之本体,因而只能从意志、直觉、潜意识、存在之在等方面把握美之本体,构成了非理性主义性质。非理性主义实际表现出 20 世纪美学人本主义对美与美感的独特见解,对美与人的现实关系煞费苦心的关怀,在美学史上具有一种积极意义。

康德对审美判断力的理解直接影响了当代表现主义美学和分析美学。可以说,表现主义美学就是以康德审美判断力理论为依据,通过深入展开审美判断力的直觉性和想象性,建构了其主要的理论观点。而当代分析美学则受康德通过分析主体价值意义来解释美与美感的关系问题的启发,进一步分析美与美感的语义,解构了美、美感这两个美学基本概念。

审美判断力不同于知性能力的一个重要方面在于,它在下判断时不依靠概念运动、范畴演绎而借助想象力的中介功能突然快速地在对象形式与主体情感的和谐统一中实现其判断。毫无疑问,康德的审美判断力中含有直觉的成分。表现主义美学鼻祖克罗齐则进一步将审美判断力中的直觉视为人类主体活动的一种主要形式,对直觉的功能、价值、表现进行了深入的研究。他认为人类有四种基本主体活动:直觉活动、逻辑活动、经济活动、道德活动。就直觉活动而言,直觉产生于主体的想象力。直觉与世界发生联系时,建构的对象是独立自主的个体。直觉既不关心个体所包含的普遍共相,也不注意个体与个体之间的关系,因而,直觉判断的结果也只能是感性的、形象化的主观意象。直觉的对象与其结果具有内在的价值统一性,正价值即为美与美感,负价值则是丑与丑感。克罗齐的传人、表现主义美学的主要理论家科林伍德更深入地研究了想象力。康德在分析想象力特质时已经看到了想象力与主体某种情感愉悦之间的关系。科林伍德在此基础上指出,想象力的运作过程就是艺术过程,它追求的理想是美,美就是想象力的完满表现。在科林伍德看来,想象力为主体既提供了想象的对象——艺术(美),又为主体产生了对艺术的反映——艺术享受(美感)。由此可见,艺术(美)并非客观物质存在。听音乐的确能够听到音响,但音响绝不是音乐美,音乐美由主体想象力对各种音响进行想象而产生。

与表现主义正面发掘、拓展康德的美学思想不同,当代分析美学的分析立场则是康德在分析美与美感关系时使用的先验分析方法在语义分析方向上的反面延伸。分析美学认为,美与美感如果有存在意义的话,那么美与美感应是自足的实体。事实上,美与美感都不是实体,因而它们也就不具存在意义。美与美感不过是形而上的虚构。在摩尔看来,美与善同为单纯性概念,就像不能向一个并不懂得善的人说明善一样,美也不能言说。一个定义要陈述的必定是构成某个整体的各个部分。美是单纯性概念,所以美根本无法界定。分析美学之父维特根斯坦则坚持"意义即用法"的基本信念,认为审美活动是主客体相互作用而产生的复杂的动态活动,整个活动又都由主体的审美能力来决定。由于主体的审美能力不同,审美能力所建构的对象(美)和产生的建构效应(美感)也就完全不同。根本不存在传统美学中界定的有着共同性质和统一基础的美与美感。具体的美与美感并无统一性而只有相似性,就像各种游戏之间并无一致性而只有相似性一样。既然美与美感只有相似性而无逻辑的共同性,那么,它们之间的关系就不具有真实的关系。美与美感的关系问题实际上只是一种虚幻和谬误。可见,分析美学把康德的先验分析方法在语义分析方向上用到了极致,彻底否定了美与美感的关系。尽管这未免过于极端,却为艺术成为当代美学的主角,为美学日常化、艺术化扫除了理论和方法上的许多障碍。

接受美学是 20 世纪 60 年代末出现在德国并对当今美学、文艺学产生深刻影响的美学思想。接受美学相信,在艺术过程中,读者的审美能力与作者的审美能力同样重要。从理论史上讲,接受美学强调在文本与阅读的一体化中把握艺术作品的思想和康德关于审美过程中美与美感一体化的理论一脉相承。康德在《判断力批判》导论中曾论述道:审美判断力的实际运用使得它不再是纯然先验的主体能力而成为进入经验世界、具有特殊建构功能的动态的主体文化过程。这个主体文化过程独有的机制又使得这个过程建构的对象成为丰富多彩的自由形式,而在建构对象过程中同时产生的主体效应则为普泛深刻的主体情感愉悦。不难看出,被建构的自由形式正是美,而与之同时共生的主体效应则是美感。

第二节　美与美感一体化

康德为何认为审美判断力的过程化能共生美与美感并使美与美感一体化呢?秘密正在《判断力批判》的"美的分析"中康德系统论述的判断力主体契机。主体契机既是对美的界定,也是对美感的界定。更准确地说,是对产生美与美感的审美过程的界定。

审美过程为审美判断力实施其判断功能的过程。因而,康德从审美判断的质、量、关系和模态四个主体契机方面对审美过程的运作机制进行了全面厘定。

对于当代表现主义美学而言,康德关于审美过程的四大契机成为其理论系统的支柱。克罗齐在被学术界视为表现主义圣经的《美学原理　美学纲要》一书中明确指出:艺术不是功利活动。真正的直觉和表现绝不追求感性快乐和效用目的。艺术不是道德活动。直觉与主体实践活动无关,道德对直觉的表现——艺术不能判断,就像它无法判断三角形、正方形一样;艺术不是逻辑活动。直觉本身就不具有概念的性质,它的显现是表现而不是演绎。由此可见,克罗齐完全继承了康德的主体契机理论,只不过把这个理论搬置于文艺理论中,用来解释艺术问题。克罗齐对艺术的康德式阐释,为艺术的独立性、自足性提供了理论依据。西方现代艺术正是在表现主义指导、关怀和鼓励下发展起来的。艺术中的表现主义、未来主义、立体主义、行动主义等流派都可视为在不同层面和角度用不同的方式对表现主义这一美学观点的阐释和确证。在这个意义上,康德应是现代主义艺术的普罗米修斯,他给现代主义艺术带来了最初的火种。

在人与世界的对象性关系中,被建构的客体大致有两类:一类被康德称为逻辑重构,即在逻辑运作中描述出一个被描述对象。这个客体对象与主体能力并无同一性,而只在描述的逻辑意义上与主体能力保持着解释的统一性,如科学研究的对象。这类客体具有分析现象学意义。另一类被康德称为本体论重构。因为客体由建构过程中主体的外化而产生,审美过程所产生的客体——美显然属于这一类。美的存在性质纯粹与主体相关,是主体审美判断力的外化,它与审美主体存在着"显现"关系。美显现着审美主体的全部底蕴,这底蕴即是人的自由。康德认为自由是人成为世界之主体的本质,它是非物质、反物质的。审美判断力外化的美就是主体自由在客体形式上的创造性显现。

将美视为对本体存在的确证和本体意义的显现并非康德首创。柏拉图就把美看成是对世界本体的理念的"模仿的模仿"、亚里士多德则将美阐释为存在终极——形式因的感性显示。中世纪的神学家奥古斯丁、托马斯则将美释为造物主的恩施,是上帝存在的最好证明。但康德将美界定为本体的显现的主要意义在于:他所理解的本体再也不是神秘的理念、超自然的形式或异化的上帝,而是现实的人的自由。这一有极强烈的人道主义精神的美学本体不仅直接影响了黑格尔、马克思,而且也直接影响了当代存在主义美学。存在主义思想家海德格尔在谈及美时就极为肯定地认为美是对存在者的存在的去蔽,因为美昭示了存在者所以能够存在的普遍真理——此在(Dasein)。此在正是能够赋予物化世界以文化意义的现实个人,美即对此在的显现。另一位存在主义思想家萨特则认为美的本质不可能被知觉经验把握,其本性似乎在"世界之外"。只有通过想象性意识才能洞察美。美是人的本质的自我创造,它揭示了人的命运,表达了人的自由。

　　不过，当代存在主义思想家们在对待美和生存时，对人的生存状态更为关注。他们研究美是为了直悟以个体生存为核心的世界本位，从而消除这个世界的本位危机，所以存在主义对美本身顾及不多。然而康德采取了相反的态度。他不仅对美进行了分类，而且对纯粹美、依存美、崇高三种美的形态进行了仔细的、多方面的分析，同时，不厌其烦地强调美在最终形态上的自由形式特征。康德的做法又影响了英国当代美学理论家贝尔。贝尔接受了康德关于审美对象是自由的形式的思想，并将这一思想植入艺术领域以考察艺术的根本性质。贝尔发现，形式是特定方式建构的关系，形式是艺术的生命。艺术作为主体建构的特定关系，其背后积淀着主体的文化意蕴和审美情感。被积淀的主体文化意蕴和审美情感又在艺术的存在方式中显现出来，所以艺术是"有意味的形式"。对艺术而言，意味是形式化的，而形式则又意味化。脱离形式的意味将是神秘的、飘忽的个人意识，既无法理解和享受，也不需要别人的理解、享受。不具意味的形式则只能是无生命、非自由的纯物质关系。秉承康德精神的贝尔形式主义美学一度成为当代绘画艺术的理论纲领，成功地指导了现代主义视觉艺术的发展。

　　在康德那里，自由外化为自由形式——美的时候，正是主体审美判断力中想象力与知性能力自由和谐的时刻。这两种主体能力的和谐统一正是生命力的洋溢、精神的升华、情理统一、身心和谐的美感的现实生成与被主体享受。所以，美感即是对自由的拥抱，既是投入美之中去，而美亦为美感之外化、肯定和赞扬。主客二元合一，物与我相生于审美判断力、共谐于审美过程之中。康德对美感的解释实际否定了美与美感关系的二元性。在更深刻的方面表明，传统的美与美感这类美学观念由于其逻辑的形而上学性质不再具有理论的效用，已经到了意义终结之境地。美学必须寻找新的意义视界。康德敏锐地意识到，如果美与美感根本上就是一体化的过程，那么这个过程只能是艺术。艺术过程完备地实现着美与美感的共生共谐，这是康德《判断力批判》在完成了"美的分析"之后详细论述被传统美学轻视的艺术问题的原因所在。

　　可以说，第一个使艺术成为美学的基本理论方向和研究领域的人是康德。这一做法在影响了黑格尔、马克思之后，又几乎影响了整个 20 世纪美学。当代美学从形而上走向形而下的一个全球性特征就是高度关注现实的艺术问题。许多当代有影响的美学思想都将艺术研究作为建立理论体系的大陆地。生命直觉主义美学、自然主义美学、表现主义美学围绕着艺术创作与艺术作品的关系研究，在直觉、想象、情感、快乐等概念范畴的建构下建立了各自的理论体系。精神分析美学、人类学美学则通过对艺术动机的拆解建立了具有艺术心理学、艺术史学性质的理论框架。形式主义美学、分析美学、结构主义美学、解构主义美学则在对艺术的意义构成的研究过程中完成了理论建设。现象学美学、存在主义美学、西方马克思主义美学更多地关注艺术的功能，把昭示艺术的社会价值视为美学理论建设的核心。阐释学美学、接受美学等则在为世人提供解读艺术作品价值的方法中树立了自己的理论权威。总之，由于康德批判性地阐释了美与美感的关系，使艺术成为当代美学的中心，美学从此走向了日常化、艺术化、现实化、经验化，美学与艺术一起共同成为当代人类人文精神不可缺少的支柱。

第三节　审美判断力与审美返回生活世

　　审美判断是康德审美理论的基本概念。在康德理论体系中，第一批判讨论的是人类认识能力；第二批判讨论的是人类实践能力；第三批判即《判断力批判》则不仅要协调人类诸认识能力的关系，更重要的是考察认识与实践的关系。认识关系与实践关系是人类生存的两种基本关系，两者之间不可替换，也不直接关联，然而人必须是完整的。人存在于不同领域，以不同方式相互联系、互动互补，不同主体性之间必有某种关联，这就是哈贝马斯后来所谈论的主体间性的关系。康德判定有种主体性能将人类认识主体性与实践主体性、认识活动与实践活动联系起来。康德把这种不同于认识知性也不同于实践理性却联系这两者的主体性称为判断力。判断力分审美判断力和目的论判断力。审美判断力不同于知性能力。知性能力有一整套先验逻辑框架，当经验进入先验逻辑框架中，知性的逻辑框架使杂多归于统一，建构出具有先验综合性质的知识。但知识不能逾越经验，否则知识失去客观性，出现认识的"二律背反"。理性能力为主体提供以自由为本质的道德律令。作为实践原则，以自由为本质的道德律令与经验无涉，是对功利的超越。知性主体性和理性主体性都不能在特殊中显现普遍，在现象中包孕本体。相反，介于知性能力和理性能力之间的判断力却可以做到这一点。审美判断力不能提供知识，也不能指导实践，却能在特殊中显现普遍，达成现象与本体、认识与实践的通联。审美判断力是产生美的本源，先于经验而存在。先验并非超验，先验的审美判断力在生活中对经验进行判断，使特殊表达普遍、现象符合本体，从而达成认识与实践的统一。审美判断力的这种独特的主体性体现证实了美的存在，也使审美判断力与充盈着认识活动、实践活动以及其他各种现实活动的日常生活世界发生了密切的关系。

　　作为一种理解视野和思想观念，生活世界自古希腊逻各斯主义盛行后就被排斥在哲学的边缘。逻各斯主义统治下的西方思想主流诉求普遍的统一性,寻找存在背后的所谓规律,并将之称为科学。19世纪中,一些西方哲学家已经提出了生活世界的概念,20世纪胡塞尔在设计、构建现象学时突出了这一概念的意义。按照哈贝马斯的解说,当时自然科学被认为是唯一的科学,在此情况下,胡塞尔突出强调日常实践的偶然性语境。日常生活是意义基础。胡塞尔的生活世界概念与构成自然科学的那些理想化概念是对立的。针对自然科学理想化的测量、因果假定、数学以及其中实际的技术化倾向,胡塞尔坚持认为,生活世界是现实领域,能够发挥基础的作用。而康德的审美判断力作出的特殊显现普遍、现象昭示本体的判断就是对生活世界中认识与实践无涉的化解,触及美对生活世界的关切,在康德的审美理论中"理性对于实践的经典领先地位不得不让位于越来越清楚的相互依存关系。把理论活动放到其实际的发生和应用语境当中,这就唤醒了人们注重行为和交往的日常语境的意识"①。按照哈贝马斯的看法,生活世界的背景具有不同的意义表现条件,它们无法像知识那样明确、规范地表现出来。生活世界是深层的非主题世界,它是整个人类生活表层的视界与语境的基础。概括地说,生活世界具有潜在性。只有通过"反思前的我思"才能表现出来。在康德的审美理论中,审美不是认识,也不是道德,所以审美不是反思性活动。相反,审美的直觉性质和单称判断的形态使审美具有了前反思的功能,正是这种反思前的我思,审美可被确认为表达生活世界的基本方式之一。哈贝马斯认为,生活世界的第一个特征是绝对的明确性。生活世界的明确性赋予了生活世界中的共同生活、共同经历、共同言说和共同行动所依赖的知识一种悖论的特征。生活世界中的每一个事件对每一个生活在生活世界中的个体而言,产生的结果是客观明确的,也常常被生活在生活世界中的个体感受到。但是具体结果之间以及具体感受之间却难以找到必然的普遍联系。相反,它们之间充满着矛盾、冲突,无法得出统一的理性解释和知识描述,这就是生活世界的所谓悖论。审美是生活世界存在与表达的主要方式之一,具体审美过程所表现出的复杂难言就与生活世界悖论特征密切相关,所以康德才说审美不是认识,认识的单纯性、统一性无法存在于审美过程中。生活世界的第二个特征是它的总体化力量。

　　哈贝马斯认为,生活世界是总体性的,具有一个中心和许多不确定的界限,表层的视界知识和语境知识从其中获得了一种世界观特征。生活世界的这个特征深植在审美活动中,康德虽然承认审美的个体化,但他从来都更

---

① 哈贝马斯:《后形而上学思想》,曹卫东、付德根译,译林出版社2001年版,第33页。

强调审美的意识权利,审美不是认识和道德,但趋向于认识与道德,艺术是道德的象征已成为康德审美理论核心观点。生活世界的第三个特征是背景知识的整体性。在生活世界中,背景知识表面上看起来是系统的、有逻辑的,但实际上却无法用任何一种模态或方式来理解。因此,生活世界是一片"灌木丛",不同的要素在其中混杂在一起,只有用不同的知识范畴,依靠不同的理解方式,才能把它们分离开来。康德的哲学方法可以说是最早对包括生活世界在内的社会活动进行层面划分和领域研究的。康德将生活分成知识、道德、审美三个独立领域,确立真、善、美三个专业属性,将整个社会生活构建为认识——知识理性结构、道德——实践理性结构、审美—表现理性结构的完整系统。在生活世界中,人与人的生活关系一体化于个人的生活之中,但生活世界的基本制度和主要内容则由文化传统和生活秩序以及社会化过程中出现的认同所构成。所以,生活世界不能被理解为个体成员组成的集体,而应以日常交往活动为核心,扎根于日常交往生活的文化再生产、社会整合以及社会化相互作用的活动中。在生活世界的视域中,审美就像康德所阐释的那样,表达的是人与人的构成关系,审美以情感为方式进入以形式为特征的对象世界,通过审美判断力的运行,确认人与人的生活关系,确定主体在具体生活关系情境中的行为方式以及主体在特殊生活情境中行为活动的特定意义。可见,审美一旦在生活世界中同时确定人与人的情感行为和表达社会活动的意义取向时,审美便成为交往行为了。

审美过程是康德审美理论构成的核心部分。在《判断力批判》中,康德对审美过程的结构、运行机制进行了开创性的论述,这些论述已成为西方美学史关于审美过程最经典、最权威的话语,并且在当代交往行为理论的视域中,康德审美过程理论依然显现出强劲的思想功能。哈贝马斯曾说:"理解的基础是人与人之间的相互交往。"[①]在康德的审美理论中,审美是主体通过情感的判断对生活世界的独特理解。理解生活世界必定实现在交往行为中,理解就是一种行为活动。所以,康德将审美过程确认为主体建构过程时,也就意味着审美过程可以被理解为主体的交往行为活动。不过,审美这种交往行为十分特殊,在活动中审美的交往行为主体具有无功利、无目的又完全自我个体化的特性。就交往行为过程而言,审美以情感为载体和中介,交往过程的结果是审美这种行为活动实现了一种趋于目的、趋于实践,又具有普遍有效性的对生活的个体化理解。不同于认识行为和实践行为,审美的理性在审美的交往行为中是一种非强制性共识力量,而不是认识规范或

---

① 　哈贝马斯:《认识与兴趣》,郭官义、李黎译,学林出版社 2003 年版,第 166 页。

道德律令,审美理性所揭示的是作为交往行为过程的审美在实现人与人、人与世界共谐关系时所拥有的合理性,审美的交往行为过程成为了一种实现心理与物理、个体与集体、人与自然的对话。康德审美过程四个契机的理论最充分地表达着作为一种交往行为活动的审美过程内蕴着对话的特征,康德认为,当目的由主体来设定并仅仅为着主体时,合目的便是主体需要的满足。主体需要的满足引发了主体的愉悦情感,这种情感既含纳着判断对象的存在又显现着主体的价值,从而完成了"从自然概念领域向自由概念领域的转化"①,判断力"只将客体的表象与主体联系在一起,不让我们注意到对象的性质,而只让我们注意到那决定与对象有关的表象能力的合目的形式"②。换言之,审美判断力在对世界下判断时,对象的内容与主体不发生直接联系而通过对象的形式向主体呈现意义。审美判断力的关键之二是审美判断力的核心——想象力。康德认为,想象力具有感性与知性之间的中介功能。审美判断力本是介于理性能力与知性能力之间的能力,从这种关系引起的主体情感的愉悦可以断定,想象力与知性能力的关系就是这两种能力的和谐,和谐的外化即为对象的形式符合着主体的目的。正因为如此,审美判断力在判定对象美或不美时,"不是借助知性将它的表象与主体及客体相联系,而是借助想象力将它的表象与主体及主体的快感和不快感相联系"③。不仅如此,审美判断力中的想象力还具有一种有效的综合功能。它将对象的形式与主体的情感创造性地对应着,既"从各种的或同一种的难以计数的对象中把对象的形象和形态再生产出来"④,又将对象的形式"不作为思想,而作为心意的一个合目的状态的内在的情感传达着自己"⑤。合目的性、想象力、由特殊找寻普遍及其只与对象形式相联系的特征使审美判断力在展开判断的交往行为中生成了审美过程。哈贝马斯说:"理解一种表达意味着了解人们怎样利用表达才能同某人就某事达成理解。"⑥在审美行为中,人们以情感观照的方式进行沟通、理解,双方的审美愿望和审美要求成为交往的中心。审美主体在审美过程中试图得到的东西在这种情感观照的交往中获得领悟、理解,于是在审美交往行为中理解和协调同时出现,人与人、人与世界实现了和谐,最终推动了社会进步。

①　哈贝马斯:《认识与兴趣》,郭官义、李黎译,学林出版社 2003 年版,第 17 页。
②　哈贝马斯:《认识与兴趣》,郭官义、李黎译,学林出版社 2003 年版,第 70 页。
③　哈贝马斯:《认识与兴趣》,郭官义、李黎译,学林出版社 2003 年版,第 70 页。
④　哈贝马斯:《认识与兴趣》,郭官义、李黎译,学林出版社 2003 年版,第 79 页。
⑤　哈贝马斯:《认识与兴趣》,郭官义、李黎译,学林出版社 2003 年版,第 154 页。
⑥　哈贝马斯:《后形而上学思想》,曹卫东、付德根译,译林出版社 2001 年版,第 112—113 页。

　　人们的相互关系在社会生活中客观化为行为、规则、制度,这就涉及交往的合理性问题。在《重建历史唯物主义》中,哈贝马斯将合理性界定为"能够加以论证的意见或行为"①。在社会生活中,论证其某种意见或行为只能在交往过程中实现,因而合理性关涉个体与个体之间的相互理解,也关涉个体与群体之间的相互协调。康德审美理论在论及审美有效性时特别关切审美的个性价值和审美的普遍意义以及两者之间的内在联系,表达了一种合理性视域中的审美现代性话语。

　　康德始终坚持审美的判断是一种单称判断,审美行为者的审美交往行为过程首先是个体的行为,这是审美不同于认识和实践交往行为的普遍前提,也是康德审美理论的基本原则。用交往行为理论来说,审美总是第一人称的表达,审美合理性与自我理解直接相关。审美与认识不同,主体亲身参与、表达与享受并存,而认识行为则可以是间接的。审美与道德也不同,道德实践虽是第一人称的,但道德实践的个体自我理解则是间接的。在审美过程中只有沿着个体的足迹才能访寻到美中的生活意义,审美只有在第一人称的视角和表达中,才能充分显现意义,而审美行为者也才能够实现个体的独特存在。在审美中,审美的诸行为者必须把自己确定为一个个独立的行为主体,审美的个性才不会被简单地理解为单一性,而被理解为审美普遍性的存在方式和表达方式。可以说,康德关于审美个体性的解说已表现出主体之间的相互承认和主体间性意义上的自我理解。更为重要的是,审美个性化的展开也是审美个体的本体化过程,它为审美普遍性的实现奠定了基础。在审美中,交往的合理性深深渗入日常世界,从而使审美成为审美行为者的生活历史,而审美主体也就在这期间与自己相遇并与他人照面,正是此一刻生成了审美的普遍性,正如哈贝马斯讲的那样:"只有在多元性的声音中,理性的同一性才是可以理解的。"②

　　交往理论认为,就生活而言,个人所积累的经验在时间上有纵向联系,而个人在任何时候都在不同主体之间的共同交往中形成横向的联系。原则上讲,个体之间在主体间性的基础上一般可以取得一致:"他们相互认同,以及相互认识和承认是同样性质的主体,但同时能在交往中又相互保持距离,并且相互强调他们自我的不可转让的同一性。"③康德审美理论中的核心观念就是审美,虽是个体的单称判断,但是与一般的个体单称判断纯属私

　　①　哈贝马斯:《重建历史唯物主义》,郭官义译,社会科学文献出版社 2000 年版,第 251 页。
　　②　哈贝马斯:《后形而上学思想》,曹卫东、付德根译,译林出版社 2001 年版,第 139 页。
　　③　哈贝马斯:《认识与兴趣》,郭官义、李黎译,学林出版社 2003 年版,第 151 页。

人性质不同,审美判断具有普遍有效性。普遍有效性是审美在现象中显现本体、在情感中达成认知与实践的交往与协作的关键。审美普遍性的本源是审美交往行为中由不同个体联系起来并得到不同个体认同、承认和遵守的同一性,这种同一性用康德的审美理论概念来表述就是"共通感"。在康德看来,审美"共通感"先验而在、人人皆有。审美的普遍有效性就是"共通感"在审美交往行为中实施自身功能后产生的结果。"共通感"作为审美的同一性是审美活动合理性的核心所在。纵观思想史,从康德、黑格尔到阿佩尔、哈贝马斯,无论是倡导启蒙现代性,坚持现代的合理性,还是要求重构现代性,都把追求同一性作为现实活动有效性的普遍前提,当成社会交往合理性的基本要求。应该看到,审美必然性并不存在于实然的因果关系层面上,康德所讲的审美必然性存在于交往与理解的层面上。审美必然性指审美主体之间在审美交往行为中能够接受他人的显现与表达,并且相互承认,从而承认审美的同一性这种交往行为方式是必然的。事实上,在审美交往行为中,审美主体建立了积极的主体间性关系,在这种主体间性关系中,任何审美判断都必然蕴含着在审美交往同一性中得到认可的期待。同时,人们的审美交往行为中的同一性在历史的积淀和现实的文化关系中逐渐成为规则,审美中的规则又进一步强化审美同一性所具有的合理性,甚至在有些时代被强化的合理性成为一种合法性制度在运行。当然康德也明确地告诫,他强调的审美普遍性绝不是强制的,与认识的规范性、实践的绝对命令有着本质的不同。审美同一性以相互肯定为目的而不追求功利;在审美行为中,人的情感能力、表达能力和相互作用能力又构成了社会文化系统在结构、功能方面的共同性,最终促成审美中的社会关系、文化意识和自我个性达成同一性。一方面,这种同一性使审美者自觉地扬弃与审美普遍性相抵触的个人趣味,使审美成为社会生活和谐稳定的文化机制;另一方面,这种同一性又保证了审美个性的开放性和活力使审美普遍性不违背自由的诉求。需要强调的是,在审美的交往行动中,审美者必须自觉到自己与他人的区别,追求他人的承认。只有通过维护自我个性、实现主体之间相互确认,审美的普遍性才能真实地实现。否则,审美的同一性也就失去了存在并产生功能的合理性了。

　　在合理性视野中审视康德审美理论还发现,审美的同一性使得审美具有了社会进化功能。哈贝马斯认为,社会进化是行为主体与外部世界的交往中把外部结构转变为内在的思想、观点、能力的学习过程。在审美中,审美同一性是在普遍的历史境遇与特殊的个体生存双重维度中建立起来的,所以审美同一性的形成是一个社会的学习过程。可以肯定地说,通过建立审美同一性使审美个体与社会的整合紧密相连。社会整合通常借助权力、制度、金钱和媒介来完成,但也可以通过传统的承继、知识的普及、智力的训练、情感的培育、道德的教化等学习过程来实现。学习过程不但表现在技术知识、组织知识、工具知识的生产领域,道德交往行为的实践领域,也表现在培养具有深刻认同感和独特表现力、鉴赏力的审美领域,社会本身依靠物质力量无法单独实现进化,只有当它和包括审美行为在内的各种主体学习行为结合在一起时,才能构成一个有进化能力的系统。正像哈贝马斯所理解的,在审美的交往行为中,审美主体在与自我相遇的过程中处于双重地位:他既是世界中的一个人,也是面对整个世界的一个主体。在审美过程中他的存在具有双重意义,既在众生之中,又面对众生;他既是由单个事物有序构成的世界中的一个审美存在,同时又能够与世界构成同一性,与世界保持着总体性联系。康德审美理论在哈贝马斯交往行为理论视域中的理解转换,不仅关乎对康德审美理论的文本还原,更涉及对当代各种思想的理解与评价。实际上,这里对康德审美理论的理解转换既体现了对哈贝马斯交往行为理论的积极评价,也显示出对康德审美理论现代性的坚守,更冀盼着现代性在当代文化场景中的重生与改写。

第七章　康德对崇高的现代性确立

在康德美学体系中,最使人迷惑不解的是其崇高理论。然而,全面考察康德美学体系并昭示其崇高理论是通达自由本体的一种否定性取向时,康德崇高理论中的许多困惑便消解了。

第一节　美与崇高的对立

在沉思崇高的构成时,康德不仅完全放弃了朗吉奴斯、柏克开启的通过对象的性质判定崇高特征的经验方法,而且改变了他在解析优美和艺术时所使用的综合视角。对崇高的界定,一开始便是分析的。

康德发现,作为崇高判断的对象与其判断结果是间离的。也就是说,判断的逻辑形式并不等同于它的语法形式,判断对象与判断主体是对抗着的。这就要回答一个重要问题:引起崇高经验的是这个经验的对象本身吗? 据康德观察,人们通常指认的崇高对象大多是这样一些现象:无垠的星空、电闪的云叠、肆虐的火山、狂啸的港潮、荒墟的原野……这些现象就其本身而言,给人的经验应是震惊、惶惑、恐惧,而不是像在崇高判断中主体所体悟到的生命力洋溢的快感。这使康德断定,崇高判断的对象,作为现象,绝不是引起崇高经验的原因。在康德看来,现象只是时空直观的产物,实际上是表象自身的东西,其存在本源不为主体所感知,只能被设定为物自体。当它呈现为实存时,其效度受制于它作为现象的方式。而这个方式是由主体时空构架决定的,因而现象的性质取决于它能被主体认识功能所建构这一事实。但是作为崇高判断的对象却不是认知的直接对象,当主体认知系统建构这一对象时,判断的谓项无法从主项中获得具有客观综合性的结果,即无法获得客观知识,而只有某种主观的经验。不仅如此,这种经验是否定性的、痛苦的、压抑的。可见,崇高判断的对象既不是认识对象,不能给主体带来知识、获得真理,也不能使认知主体感到愉悦和扩展,即崇高判断给予判断者的审美快感决非来自于判断对象。

康德相信,对崇高的理解只能返回主体,只能在认识领域之外找到崇高构成的答案。按照他的理解,宇宙中唯一现实的主体是人,人不只是认识领域中的现象,更是超越认识领域的本体。因为人之外的任何存在都不是普通的谓项,没有具体规定性,只能由人赋予它们在宾项中以性质。人所以为本体还归于自我意识,自我意识源于"统觉的先验统一",而统觉的统一在康德那里就是"诉诸一切感知的"我思",即理性。在审美判断中,理性显现为理念,一种情感状态的主体自我意识,它使人类情绪性质取决于每个人所独有的、能够被激发为愉快或不愉快的情感。这样"真正的崇高必须只在判断者的内心中,而不是在自然客体中去寻求"。① 也就是说,在审美判断过程中,当主体经验到对象为崇高时,主体已具有了一种使对象能够成为崇高的情感,这个情感并不来源于对象,而对象的性质则是这个感情所给予的。"所以崇高不在任何自然物中,而只是包含在我们内心里,如果我们能够意识到我们对我们心中的自然、并因此也对我们之外的自然(只要它影响到我们)处于优势的话"。② 这里,崇高显然是与优美相背反的,优美是主体在对象的现象形式中获得一种契合的确证和效应,是对外我的自然和内我的自然的一种肯定。而崇高则是对现象形式的拒绝,通过判断主体的自由投射,将客体主体化,将自然人化、情化,从而否定自然、昭示人的超越必然律的自由本质。正是在这个意义上,康德从来不称自然的某些巨大、有力的现象为崇高,而只称它们为"崇高的对象"。当然,崇高既然是在审美判断过程中产生,崇高的对象便有了自身的独立价值。一方面它成为主体崇高情感的载体,通过它的物化,主体崇高情感成为可被审视的物化存在。而对这物化了崇高情感的对象的审视,正是主体崇高情感的现实化,使主体真正能够在对自然的审视中解悟到主体自身使命的崇高;另一方面崇高的对象所具有的感性特征又使个体的崇高情感普遍化,使个体的情感物化在审视的对象中成为群体本质的肯定,成为人类使命的展开与延伸,成为对自然(包括人所具有的非人的自然性)的否定,成为真正本体价值的揭示。

崇高本质基于理性的自由意志,崇高与美有着极大的差别。

首先,从判断的对象上来讲,美的判断对象始终被界定在经验领域中,对象契合着想象力与知性力的统一。因而美的对象是有形式的。这形式既非纯知性的认知形式,也非纯感性的想象形式,而是表征着想象与知性和谐的自由形式。作为形式,它必定有限,只能被判断主体的体质快感所把握。一旦这个形式超越了想象力和知性力,形式的自由性便将失去,对象不复为美了。崇高则不同,在崇高判断展开的一开始,作为判断对象的无限大或无限有力便是想象力和知性力所不能把握的,对象不只有想象力和知性力所

---

① 康德:《判断力批判》,邓晓芒译,杨祖陶校,人民出版社 2002 年版,第 95 页。
② 康德:《判断力批判》,邓晓芒译,杨祖陶校,人民出版社 2002 年版,第 103 页。

可以审度的形式。可见,康德所说崇高的对象无形式并不是说它无存在方式,而是说这对象不存在感知所能把握的方式。不过崇高的对象的无形式的否定性却又有着积极的价值取向,对象对感知的否定所产生的痛感唤起了理性力来审度这个对象。理性力以其本体的自由意志、道德力量建构对象使之成为主体理性的物态化确证,并使主体最终享受具有文化意义的自由快感,而这种快感的获得与感知形式无契合关系。正在这个意义上,康德说崇高只能在"对象的无形式中发现"。

其次,对象的差别又必然产生主体把握对象的不同效度。在审美判断中,对美的对象的判断是对象的形式与心意的和谐自由,因而对美的判断过程始终使主体品尝着轻松、舒适的优雅。主体的物理属性与心理属性、肉体机能与心灵机能自由地游戏着、统谐着。在对美的对象观照时,主体只是一种把玩、一种将自身投入对象的陶醉。对象的形式肯定着人的生命感知功能,使主体的感性世界在判断的直观中得到一种充分地扩展,并且这扩展自由地物化在对象的形式之中。所以对美的对象和美的主体效应而言,都具有明显的表象特征。而崇高的心意效度与美的心意效度则大相径庭。判断对象的无限空间量和力势必然地否定着判断主体的感知心意,使主体感性世界饱含压抑,感知功能遭到摧残。判断者深切地感受到由于对自身感性价值的否定带来的困惑、惶恐、震惊和恐惧的痛感。正因为如此,康德从来不把优美与崇高看成美的两种风格或形态,而认为美、崇高,甚至艺术并不是同一质的。如果说它们有着本质联系的话,只在于它们三者皆是主体的审美判断产物,都介于知性与理性之间的情感领域中,都是人类无功利、无目的的自我直观与确证的过程。除此之外,三者完全自律自身。但是就崇高而言,虽然感知无法建构它、使之成为审美对象,理性却能够使它成为审美对象。这个对象和对主体的效应不再是表象的而是体悟的。体悟作为主客体的中介,作为主体的审美感由崇高判断的本体性产生。崇高对象的无形式性使对象的性质由主体的自由意志所给定,对象只是自由意志的主观合目的的符号。这样,对这种超感性意义的对象的审视只能是主体理性观念的情感启示。这启示是理性功能以情感方式对自我的本体把握。它审度的再也不是对象的形式在何种程度上对主体感知心意的契合,相反,是对象怎样地通过其形式性对主体自身感知有限性的否定和对象所被赋予了多深程度的主体自由本体的确证。当体悟到对象所确证的自由本体意义时,主体所获得的是另一种与美的轻松愉快不同的快感,人格高扬、自我超越。在这个层面上讲,崇高感是从对体质快感的否定到对主体文化快感的肯定。就这一点可以说,美和崇高作为主体审美判断的两种方式,表征着人具有的两种存在倾向。在人与自然构成的情感关系中,人既需要通过情感外化自我,使自我沉浸在对象之中,将生命力返回曾给予它以存活的自然中去,这便是美。换句话说,美所以使主体感到轻松,舒适,就是这时,生命力回到了自己的家园。同时,人又通过情感同化对象,使自我投射到对象中,将对象成为自我,使生命力超越原生它的自然。崇高所以使主体领悟到否定性的压抑和抗争的兴奋,就是因为这时的生命力正按照文化所界度的目的搏斗、挣扎。

最后,崇高与美的判断机制亦有很大的差别。按康德的理解,对美的判断所具有的普遍有效性基于想象力与知性力的统一,这种统一被康德称为"共通感"(Sensus Communis)。"共通感"是所有人类先天具有的共同心理功能,正是"共通感"使任何一个对美的判断都必然地获得一切人的同意。但是崇高则不同,对崇高的判断无法基于"共通感",而是对"共通感"的破坏。康德研究权威布雷特尔正因此认为崇高的判断没有普遍性,但是认真研究康德的思想便会发现布雷特尔的结论是错误的。在康德美学中,任何审美判断都必然普遍有效,这是审美判断作为一种特殊的单称判断与其他单称判断的质差所在。崇高的判断机制虽不基于"共通感"却基于"道德律令"。在康德眼中,人的本质既不是洛克讲的"白板",也不是卢梭讲的"自然状态",而是文化。文化与自然相对,最根本的质因是道德,每个人心中都存在着"道德律令",它使人成为人,使人有着共同的目的、愿望和追求。崇高判断将主体的道德投射到对象上,当判断者获得对自我的领悟和对道德的启示时,这一领悟和启示对一切人都会有效,这便是由每个人的"道德律令"所决定的。

第二节　数的崇高与力的崇高

康德曾对崇高有过两次分类。在1764年出版的《对美感和崇高感的观察》一书中,康德把崇高划分为恐怖的、高贵的、华丽的三种类型,并将这三种类型的崇高与人的日常生活中的社会伦理情绪和个性气质结合起来,以考查它们的特点。这种考察带有极为明显的经验主义意味,更多地倾向于借助对象的感性物质特征和个人自然气质之间的契合来区别崇高感的质差与意义。显然在《对美感和崇高感的观察》一书中,康德尚未对崇高的本质及其意蕴做深入的哲学思考,而只就崇高对象与崇高感的一些表层特征做了纯属个人喜好式的经验描述和趣味判断。在这本书中,康德对崇高的论述与其说是美学的分析与论证,不如说是个人日常经验的、现象形态的随笔。这无疑是康德前批判时期自然科学研究兴趣的一种延伸和用科学主义方法研究人文状态的失败尝试。在 1790 年出版的《判断力批判》一书中，康德专设"崇高的分析"一章，对崇高这一美学问题进行了深入思索。在"崇高的分析"中，康德将崇高分为两种类型：数学的和力学的。从康德对崇高的领域界定、性质设计到形态确立可全面地显示出处在批判时期的康德，完全放弃了在《对美感和崇高感的考察》中所使用的经验实证方法，而采用了他所独有的先验哲学的批判方法。

　　《判断力批判》一书认为，在主体与自然构成的无认识而又趋于认识、无功利而又合蕴着功利的主观合目的、合规律的情感对象性关系中，关系的存在方式不仅表征为美，亦表征为崇高。前者关涉主体对客体的判断质：一种对客体形式与主体想象力和知性力统一的和谐性肯定；后者却关涉主体对客体的判断量：客体对主体想象力和知性力统一的破坏，而这种否定性破坏又导致主体理性力对客体的包容。对客体否定主体想象力和知性力统一与唤起理性力对客体的统摄的不同方式正是康德划分两种崇高类型的契点。他认为，当主体的情感把握巨大量的空间时，而这个量超越了情感的构成功能——想象力和知性力所能总括的极限，便使想象力和知性力的统一陷入崩解。因为在康德看来，想象力和知性力是建构现象界有限经验的主体功能。当一个空间量不能被想象与知解时，这个空间量只能是无限。无限作为一个整体性概念是超验的，面对超验的无限空间量，只能使用于经验界的想象力和知性力失去客观尺度，发生"二律背反"。情感中的想象力和知性力功能的"二律背反"，唤醒了情感中把握先验本体的功能：理性力。理性力抗争着对象的无限空间量并统摄它、战胜它，使之从外我的压抑主体、排斥主体的对象成为属我的高扬主体、确证主体的对象。这时，对象是崇高的对象，而主体的这种否定性扬弃感则是崇高感，康德在《判断力批判》中将这一主客体建构过程称为数的崇高。力的崇高则是自然作为一种无限强大的力势被主体建构时产生的。力的崇高的产生也是一种否定性扬弃过程。从康德对两种崇高类型的分析中可以看到，真正引起主体崇高感的东西并不是自然对象中的属性而是超越自然的某种东西，这种东西只有在人类身上才能找到并获得意义。明确地说，自然界所以能成为具有审美意义的崇高对象，就在于真正的崇高应被理解为主体自己，作为崇高对象的自然界只被主体的一部分并为主体的理性力所规定着。这样，崇高在自然对象中通过理性力的中介寻找到真正的无限——人自己。

　　从康德对崇高的构成的独特阐释中可发现，崇高的判断对象与判断主体是对立着的，它们的直接关系就是相互否定。对象在感知中摧毁了主体的想象力和知性力的统一，将一种和谐的感觉生命力否定为恐惧与惊吓，使对象无法成为人们直接经验的对象,这导致对象本身失去其形式性。所以崇高的对象总是无限的大或无限的有力,没有任何具体的有限规定。因而崇高的对象对主体生命力的否定是如此的彻底,以至在否定主体想象力和知性力的同时也将自己的感性存在特征从自身中否定出去,对象的性质与特征最终只能通过主体来给予、规定。对主体而言,在审美判断中,情感的理性功能对对象的统摄亦是否定性的。对象的强暴唤起的理性功能首先便是充分地意识到主体的不可屈服和对感性自然的优越,这是无限空间量或无限强大的力势成为崇高的对象的先决因素。理性力自主地担当着想象力和知性力,使想象力和知解力的背反消解在理性之力中,而理性力不是将那造成想象力和知性力崩解的对象作为操作对象去实践,而是将它包容在巨大的主体优越之中,使它的无限巨大的空间与力势被扬弃为承载主体理性、显示主体优越和价值的客体。在这种状态下,崇高的对象中具有的非人化感性因素完全丧失了自己的功能,它只能在呈示着主体理性观念的过程中表象着自己。由此可见,崇高的对象在康德看来与其说是一个实存,不如说是被这个实存所承载着的理性观念,而崇高判断的主体完全否定了其判断对象的自然属性,使对象的性质成为主体的。这样在崇高判断中,不仅判断者是主体,判断对象亦是主体的,判断过程则是主体对客体的自然属性的否定而获得的对主体的确立、肯定。缘此,崇高的审美享受总是一种对渺小、卑琐的蔑视,一种挣脱感性枷锁的自由喜悦。与对美的判断相比,崇高的这种理性特质使崇高往往具有某种天启的终极性。在崇高的判断中,判断者完全可以领悟到人生的意义、生命的价值、人格的力量,把握到个人存在的无限性、理性价值的自由性。所以康德认为,崇高虽然是一种否定性审美判断,却比肯定性审美判断的美更令人激动、更富有内涵、更积淀着主体对自我确证的意义。事实上,崇高正是摆脱了限制(形式的、认知的)成为最为自由的本体过程。

第三节　否定性与主体的提升

不过,崇高的否定性质还有着极其深刻而复杂的主体功能运动机制。在康德的先验思想体系中,主体的各种心理功能与生俱来,并不是生成于后天的需求与操作中。相反,后天的需求与操作则由主体先天的心理功能所给定并为之建构。但是在主体功能进行需求设定与操作行为时,主体必然与对象发生先验综合式的关系。一方面主体功能统摄着对象;另一方面对象亦对主体心理功能以影响,而这一切都要求着主体自身保持统一和谐。

就崇高的判断中主体情感的审美需求现实过程而言,对象的无限大或无限有力造成主体想象力和知性力背反,使主体受到生命威胁。在这种状态下,主体心理功能要求自身产生新的和谐,否则作为一种主体单称判断过程的审美将被超越,整个判断将失去主观合目的性和个体性。所以面临着对象的强暴性、不可想象性、不可理解性,主体的心理功能则追寻着统谐。不过实现这一统谐的道路是艰难的。当主体情感去把握那无限大或无限强力的对象时,对象本身便是对情感中想象力与知性力和谐的破坏、否定。这种否定具有"恶"的性质,它使主体感知系统陷入困境。崇高判断主体在把握对象时感受到的是强烈的痛苦感,这痛苦便是主体感知功能遭对象否定的结果。而在更深的层面上,痛感还有着更为深刻的原因。想象力和知性力的失谐,就是主体对自然的屈服,是主体多因素构成的有限性的体现,它又是对人的本质的自由性的否定。然而康德认为,正由于想象力和知性力对主体自身的否定,使主体要求无限大或无限有力的对象作为一个整体出现,而具有无限性的整体使主体对感官世界的诸存在的量的估计的不适应性使主体内部唤醒了一个超感性功能:理性力。理性力揭示着想象力与知性力的现象性局限,并将这种现象性转化为本体性,从而重新整合着想象力和知性力,使主体的心意再次和谐起来。这时,理性力不仅否定了想象力和知性力的有限性、感知性,而且使主体在判断中自觉到主体对客体的强大与优越,最终扬弃了自然对象对人的强暴,使之成为主体理性价值的肯定,成为人能够战胜压迫主体、强暴主体的非人存在的确证。在这个意义上,自然无限大或无限有力的对象对主体的否定又具有"善"的性质,是一种扬弃。它不仅扬弃了主体的有限性,也扬弃了自身的非人性,使主体生成出能与一切相抗衡的自尊与优越。所以在主体情感把握无限大或无限有力的对象时产生的痛苦感之后,随即便是对这种体质上的痛苦感的否定,并获得一种领悟性的快感。这种领悟性的快感是非感性的、理性化的,它既是生命力的洋溢,又是人格意志的树立与扩展。正因此,康德亦将崇高界定为:"超越任何感觉尺度的意识能力。"[①]这里可以看出,康德对崇高的否定性质的分析具有深刻的人道主义价值取向。

　　那么,理性力的文化本质究竟是什么呢? 在康德的"批判哲学"中,主体有三个基本主体功能:感性力、知性力、理性力。感性力被称为直观,即时空。被感性直观的结果便是经验。在感性力之上的认识功能是知性力。知性力是由一系列概论、范畴构成,知性力对经验的把握即是知识。感性力与

---

① 康德:《判断力批判》,邓晓芒译,杨祖陶校,人民出版社 2002 年版,第 89 页。

知性力作为认识功能,只能在经验中具有有效性。但理性力严格讲不是认识功能,它对经验的关涉只是为限制知性力对经验界的超越。理性力的实质是人根本区别于动物的主体意志。按康德理解,认识活动和功利实践活动都不能看作为绝对属人的活动,因为它们都受制于自然对象的限制,是不自由的。而意志却完全出于人自身,并且不受到意志对象与人自身自然倾向的限制。所以意志不存在于经验界,与感性、有限的现象无关。它是本体的、自由的。这个本体的、自由的直接显现便是道德。道德完全超越自然,不受任何感性、功利的限制。相反,道德的存在首先是对一切有限性的自然、功利的自觉否定。作为自由本体的道德在康德的意识中不是某种抽象教条或消极戒律,而是深植在主体灵魂中的。正是这种主体的道德诉诸崇高的判断之中,使判断主体面对否定主体的自然对象才敢于统摄它、战胜它,并使主体领悟到强烈的、丰富的、具有神圣性的、使命性的愉悦享受。崇高的永久价值正是归因于人的道德观念、主体的自由意志。康德本人对自己的这一论断坚信不疑并颇感自豪,他甚至用这一理论去阐释悲剧,认为:"悲剧不同于喜剧主要就在于前者激起崇高感,后者引起美感。"①康德认为悲剧引起审美者的审美享受绝不是亚里士多德所讲的"恐惧感"、"哀悯感",而是属人的道德情感、意志品质。

康德用本体的自由意志:道德界定崇高本质,其意义不仅仅在美学理论本身,在对近代人格自尊、个性解放和对自由、道德、意志的深刻思考上,而且也使他的"批判哲学"在认识与实践之间架起了一座桥。崇高正是认知、情感向伦理、意志的本体界通达的途径。不过在康德那里,崇高作为审美判断与道德作为伦理实践有着根本的质差。在崇高的判断中,主体与对象是情感的审美关系。在这种关系中,理性的自由意志表征:道德只是被显现为对主体自身有限性超越的领悟。对判断主体而言,判断中对本体先验界的理解只是一种观照、一种单称判断,不具有任何实在内容。而道德作为自由意志的纯现实,直接诉诸伦理实践。实践活动对道德的理解不只在解读,更在其对道德目的的操作性实现。它给予道德本体以具体的内容。这样,自由意志在崇高判断中只作为观照的最终因而被判断主体自觉地给予着。而在伦理实践中,道德作为自由意志的表征则是当作伦理主体的行为目的被设立着,两者虽有深刻的联系却不同质。从另一个角度讲,尽管在崇高判断中,想象力和知性力受到崩解,但由于理性功能对自然对象的否定和对想象力与知性力的扬弃,使想象力与理性力产生一种新的和谐。这时,想象力不

---

① 康德:《对美感和崇高感的观察》,曹俊峰译,哈尔滨出版社1990年版,第8页。

是受着感觉与知性的支配,而是由理性力统摄着,"它由此而获得了一种扩张和强力,比它所牺牲掉的强力更大,但这强力的根据却对它自己隐藏着,它所感到的不是这根据,而是那牺牲和剥夺,同时还有它所服从的那些原因"①,这样就使得对象的无限大或无限有力成为理性的一个工具。可见,想象力作为崇高判断的心理因素之一,始终刻守着判断,使之不越出审美领域成为实践操作。同时,康德明确指出,虽然崇高作为以本体自由为特征的情感观照必然地要引出判断主体对最高存在者的信仰,但这个最高存在者决不可理解为宗教中的上帝。康德对传统教会宗教极度厌恶,他认为宗教是对人的否定、贬弃而不是肯定、张扬。由是,康德所说的崇高引出的最高存在者只能是现实中的道德——理性的自由意志。

　　还需要指出的是,康德美学中的崇高与现代美学中"丑"的审美范畴有着根本不同。崇高在康德的理论中是属人的、严肃的。它尽管对主体的感性存在具有深刻的否定性,却又是通过这种否定在理性的更高层次上肯定人的自由本质。但"丑"不同,康德似乎不理解"丑"的审美性质,认为"丑"是奇异的、不自然的事物。崇高是人的自由本质的表现,而"丑"则是人全面异化后,主体焦虑与沉沦的外化。作为对人充满着希望的近代人道主义者的康德当然不能从审美上把握"丑"的价值。不过,在全部"批判哲学"中,康德从未将"丑"视为"恶",这又是令人深思的。

---

① 康德:《判断力批判》,邓晓芒译,杨祖陶校,人民出版社 2002 年版,第 109 页。

第八章　康德与艺术问题

"美学思想的历史从 18 世纪以来发生了一场转型,起初如何区分自然美与艺术美是无关紧要的,接下来人们认识到它们之间存在着一定的界限,最终确认了它们各自的领域和分界限,一边是自然美,另一边是艺术美。"[1]在自然美与艺术美之间,康德的审美理论并未作出明确的划分,进一步讲,康德是倾向于自然美高于艺术美的。康德在自然科学方面拥有广博且精深的学识,但对文学艺术作品的兴趣却相当淡薄,在他的美学著作中具体的艺术评论极其罕见,偶见的数例也未见出高明的见解,往往趋同于 18 世纪德国一般有教养阶层普通艺术趣味的陈词滥调,很明显,"艺术问题在康德本人那里并不是很重视"[2],康德美学的重心绝不在艺术问题。然而,吊诡的是,在西方审美现代性的艺术哲学、艺术理论乃至艺术创作实践等诸多根本性重大问题上,康德思想的影响却往往是奠基性的。那么,这种奇特的情况究竟是如何造成的呢?

第一节　康德与艺术的自律

艺术的自律是西方审美现代性发生和确立的最直观显示,我们不妨先来简要勾勒一下西方文化史"艺术"概念嬗变的历史脉络。西方语言中的"艺术"一词源于古希腊语的 techne 和拉丁语的 ars,"techne 在古希腊、ars 在罗马与中世纪甚晚至近代开始的文艺复兴时期,都表示技巧,也即制作某种对象所需之技巧,诸如:一栋房屋、一座雕像、一条船只、一台床架、一只水壶、一件衣服,此外,也表示指挥军队、丈量土地、风靡听众所需之技巧……艺术一词的用意,无论在古代或中世纪,在一般人的心目中都比它在今天通行的用意来得广泛,它不只是包括美术,并且也包括手工艺"[3]。到了文艺复兴时代,尽管传统的艺术概念仍然被承袭应用,但"美的艺术"(fine art)从手工艺中独立出来的转变趋势已露端倪。按照雷蒙·威廉斯的说法,17

---

① Arther C.Danto,*The Abuse of Beauty*.Carus Publishing Compang,2003,p.53.
② 邓晓芒:《康德判断力批判释义》,三联书店 2008 年版,第 209 页。
③ 瓦迪斯瓦夫·塔塔尔凯维奇:《西方六大美学观念史》,刘文潭译,上海译文出版社 2013 年版,第 40—41 页。

世纪后期,现代意义上特指绘画、雕塑等"美的艺术"门类的艺术概念才正式形成,①在这一时期,实用性的手工艺逐渐被排除在艺术范畴之外。自18世纪以来,狭义的"艺术"概念专指"美术",即视觉艺术,而广义的"艺术"概念则包含诗歌、音乐、建筑、绘画、雕塑五大门类,这样的用法一直沿用至今。无论狭义还是广义,现代意义上的"艺术"概念都倾向于以审美性为旨归和去工艺化的内涵所指。

　　西方文化史"艺术"概念的古今之变是伴随着现代社会的功能性转型而产生的。马克斯·韦伯发现,西方世界现代化的根源在于传统整一性宗教社会内部宗教事物和世俗事物的分化,在这一分化过程中,出现了所谓价值领域的分化,这些从宗教—形而上学世界观中分化出来的价值领域主要包括经济领域、政治领域、知识领域、审美领域、道德领域、性爱领域等,"这些个别价值领域的独立自主获得了内在性和合法性"②。根据韦伯的现代性"分化"理论,斯温吉伍德进一步指出:"现代社会的特征是一个由各个独立自主的领域和相互竞争的诸种价值组成的网络,统一意识形态的控制已不复存在,现代世界的这种'去中心化'意味着每一领域及其相关活动均在其内部价值尺度内来评判,例如,艺术品必须经由美学领域而非政治或经济领域的标准来评判。"③文艺复兴时期的画家、雕刻家、建筑师已经产生了一种自觉意识,要从传统限定的工匠身份中脱颖而出,转而确立自由艺术创造者的新身份。到了18世纪,艺术已经从日常生活中以及宗教和世俗功用中逐渐脱离出来,艺术家、评论家、收藏家、经纪人等角色共同组成了"艺术界"。于是,艺术作为一个独立的价值领域与政治、经济等其他社会价值领域区分开来,成为一个相对独立自主的制度化世界,艺术的自律理念由此而达成。

　　康德在1790年出版的《判断力批判》一书中率先从理论高度对艺术自律性作出了系统的阐述,按照彼得·盖伊的说法,康德写出了"一篇艺术的独立宣言(你也可以说他就是美学领域的杰弗逊)"④。康德论证这一问题的要旨是艺术概念与其他概念的区分:其一,艺术与自然不同,只有人类以理性为基础而进行的自由或任意的生产,才叫作艺术,而像蜂巢那样的产品

① Raymond Williams, Keywords: A *Vocabulary of Culture and Society*, Oxford University Press, 1976, p.41.

② Max Weber, *Essays in Sociology*, edited by H. H. Gerth and W. Mills, Oxford university Press. 1946, p.328.

③ Alan Swingewood, *Cultural Theory and the Problem of Modernity*, London: Macmillan, 1997, p.25.

④ 彼得·盖伊:《启蒙运动》(下),梁永安译,台北立绪文化2008年版,第371页。

则只是出自于自然生物本能;其二,艺术与科学不同,艺术是实践性和技巧的,不同于科学的理论认知;其三,艺术与手工艺不同,"前者叫作自由的艺术,后者也可以叫作雇佣的艺术,我们把前者看作好像它只能作为游戏、即一种本身就使人快适的事情而得出合乎目的的结果(做成功);而后者却是这样,即它能够作为劳动、即一种本身并不快适(很辛苦)而只是通过它的结果(如报酬)吸引人的事情,因而强制地加之于人"①。这里最值得关注的是最后一点,它也是康德艺术概念和艺术自律论最核心的理论基点。康德强调,真正的艺术是自由的,就像在做游戏一样,没有任何功利的驱使,也没有任何强迫性的目的,而一般情况下手工艺生产是受雇于人而有实用性指向的。因此也是不自由的。可以看出,"自由"和"不自由"是康德所找出的艺术与手工艺区分之关键。在明确了以上理论前提之后,康德又补充说:"在一切自由的艺术中都要求有某种强制性的东西或如人们所说,要求有某种机械作用,没有它,在艺术中必须是自由的并且唯一地给作品以生命的那个精神就会根本不具形体并完全枯萎。"②康德在这里所说的"强制性"和"机械作用"指的是艺术创作必要的技巧规定性,即创作法则,当时有新派的教育家提出自由的艺术应当摆脱任何强制性法则,康德认为这种观点是浅薄的,在他那里,自由绝不意味着不要限制。

在《实践理性批判》的序言中,康德指出,正是自由概念构成了纯粹理性乃至思辨理性体系的整座理论大厦的拱顶石。在《判断力批判》中,康德又一次郑重宣称:"只有通过他不考虑到享受而在完全的自由中,甚至不依赖于自然有可能带来让他领受的东西所做的事,他才能赋予他的存有作为一个人格的生存以某种绝对的价值。"③由此可见,《判断力批判》乃至全部康德哲学的归宿点实际上在于,整个世界的最高目的是人,而人的个人价值就在于他的自由。"在康德那里,真正的自由只能是道德的自律。"④康德不仅把自律视为绝对命令的最高可能性条件,而且把它本身亦当作绝对命令的一个公式。当意志给自己立法,在这种情况下我们有自律,当道德法则以某种方式从外部被给予意志,在这种情况下我们有他律。康德强烈地否定了他律作为道德性本源的可能性,对他来说,道德律就等于道德的自律。康德认为,自由和道德是互为前提的,只有出于自由的道德才是真正的道德,也只有服从于道德律的自由才是真正的自由。自由与自律两个概念在康德

---

① 康德:《判断力批判》,邓晓芒译,杨祖陶校,人民出版社 2002 年版,第 147 页。
② 康德:《判断力批判》,邓晓芒译,杨祖陶校,人民出版社 2002 年版,第 148 页。
③ 康德:《判断力批判》,邓晓芒译,杨祖陶校,人民出版社 2002 年版,第 43 页。
④ 邓晓芒:《康德判断力批判释义》,三联书店 2008 年版,第 248 页。

的整个思想体系中密切相关,甚至可以互为通转,这样,我们也就可以理解,当自由概念与艺术概念联系到一起的时候,艺术自律论的出现所具有的理论逻辑必然性。

统观康德哲学全体,艺术的自律是道德的自律的一个引申和变体,正如艺术和审美的自由是道德的自由的一个引申和变体,对此,康德在《判断力批判》中称之为"游戏中的自由",这是一种自由的愉悦,它相对于道德的自由的最大变化就在于它的无目的性。

康德的艺术自律论似乎是对文艺复兴到 18 世纪艺术独立化倾向的理论认知和总结,不过,鉴于康德对具体文艺创作和文艺史的漠然态度和贫乏掌握情况,将其视作康德全部哲学"自律"原则的一个局部推演应该更加合乎情理,也就是说,康德的艺术自律论并无意于揭示西方现代艺术的现实存在状态,毋宁说,它是悬拟了一种艺术"应当"存在的理想状态,这种理想状态与西方现代艺术逐渐脱离手工艺而独立化发展的现实存在状态的确存在着诸多契合点,但是无论如何,西方现代艺术中自律意向与他律羁绊的矛盾和张力才更加接近于历史实存的真相,简单地把西方现代艺术的历史描述为艺术自律论的胜利和统治——这种在审美现代性研究中相当流行的解读思路显然是对康德理论的一种误读性应用。

19 世纪中后期德语"诗意现实主义"小说集大成之作《绿衣亨利》较为真实地再现了现代社会中艺术现实存在的普遍状态。艺术是伴随《绿衣亨利》主人公亨利成长发展的最重要因素。对风景画的热爱、学习和成功渴望构成亨利成年之后一切思想和行动的中心,艺术几乎成为他认识世界和自我塑造的唯一途径,艺术自律的意向是存在于他的理想追求中的。可是,作者凯勒更多地称亨利所从事的绘画活动为"职业",称他的身份为"手工业师傅","亨利对艺术的理解从属于手工市民对职业的理解……始终徘徊于手工业者职业道德要求的诚实、劳作与社会功用和艺术要求的幻想、思考和个性自由之间"①。这种在"自由的艺术"、"雇佣的艺术"之间的游移彷徨形成了最典型的现代艺术存在张力,从巴赫到约翰·施特劳斯的德奥古典音乐发展历程就鲜明地印证了这一点,即便如贝多芬这样被神化为个体自由完美实现的偶像艺术家,在其职业生涯中亦事实上从未真正彻底脱离过"雇佣的艺术"的状态。

康德艺术自律论的理论基点在于"艺术"与"手工艺"的分离,而 19 世

---

① 谷裕:《现代市民史诗——十九世纪德语小说研究》,上海书店出版社 2007 年版,第 233—234 页。

纪英国艺术和工艺运动(Arts and Crafts Movement)则反其道而行之,主张"艺术"与"手工艺"的合一,这一运动的领袖莫里斯在与康德思想的对话中实现了对康德思想的扬弃。与康德一样,莫里斯把自由的愉悦或游戏的自由作为艺术存在的本真状态,认为只有在理想社会中,人们对自己的工作充满热爱,才会出现自由的艺术。康德的自由观是个体本位的,"康德自由个体是一种先验的存在,超越于自然的因果性之外"①。莫里斯一方面放弃了康德的这一先验论立场,把自由的个体、自由的概念置放于具体的历史和社会语境之中;另一方面则以自由的大众替代了康德的自由的个体,把自由的概念与具体的社会制度与社会生活方式紧密结合起来。莫里斯认为,在中世纪的手工艺制造体系中,手工艺工匠的劳作可以是一种乐趣,往往在闲暇和思考中完成,最优秀的工匠同时也是最优秀的艺术家,即便他们处于某种受雇佣状态,也并不影响他们从事自由的艺术。莫里斯显然对中世纪作出了高度美化的历史想象,借复古之幽情建构了一个审美乌托邦的模板,他强调不能将艺术和道德、政治、宗教分开,表面看来与康德的艺术自律论针锋相对,但其思想归宿仍在于人的自由的实现。究其根本,莫里斯眼中中世纪一体化的手工艺和艺术是自我立法的,而这一点正与康德思想的要义存在着深度的契合。

在20世纪二三十年代的德国,由格罗皮乌斯等人创建的现代工艺和设计学院"包豪斯"(Bauhaus)旨在把手工艺的"建造"(der Bau)确立为一种自由的愉悦或游戏的自由,"包豪斯"继承并发展了19世纪莫里斯领导的艺术和工艺运动的精神,倡导打破实用工艺和纯艺术之间的界限,创立自由艺术的宏大共同体,其宗旨与康德的艺术自律论貌异而神合。

第二节　康德与艺术哲学

在康德先验人类学立场下的"批判哲学"的整体体系中,并未给"艺术哲学"的存在留下任何位置和空间。康德的《判断力批判》讨论了"不纯粹的"审美判断即艺术以及它的可能性条件"天才"的问题,提出一种"作为艺术的批判"。康德指出,这种"作为艺术的批判""仅仅试图把自然之学的(在此即心理学的)、因而是经验性的规则,即鉴赏所据以现实地(并不反思这些规则的可能性)进行的那些规则,应用到鉴赏对象的评判上,并批判美

---

① Isaiah Berlin,*Four Essays on Liberty*,Oxford university Press,2002,p.183.

的艺术的产品"①,因而这种批判属于经验性演绎的范畴。康德反复强调,在对审美判断力进行研究时,"他不是在谈一般的艺术学或者是艺术欣赏,他要谈的是先验哲学"②。康德美学完全不等于关于艺术的哲学,它的叙述重心在于作为人类知识能力之一的判断力。在康德那里,包含"智性的兴趣"的自然美大大高于仅包含"经验的兴趣"的艺术者。只有对自然美的兴趣,才在"任何时候都是一个善良灵魂的特征,表明了一种有利于道德情感的内心情调"③。

德国古典哲学中艺术哲学的共同开创者是黑格尔和谢林,他们各自的艺术哲学都是在同康德美学的对话和争鸣中建立起来的。黑格尔和谢林都认为,美学的主要研究对象应该是艺术,而不是康德所强调的审美判断力,艺术美应高于自然美,一言以蔽之,美学其实等同于艺术哲学。"黑格尔对于自然美的轻视是从'理念的感性显现'这个美的定义所产生出来的。据定义,美是显现理念即绝对精神的,所以它是无限的、自由的、独立自在的;而自然却是有限世界,它是相对的、没有自由结合独立自在性的。所以单纯的自然根本就那不仅美的定义里去。"④当谈到艺术与自然的关系时,谢林提出自然是从无意识创造发端,最后才达到人的有意识的目的,而艺术则从有意识的创造开始,最后达到无意识的艺术作品,因此,自然创造不一定是美的,否则就不成其为艺术。真正的艺术发端于自然,但又高于自然。黑格尔与谢林的艺术哲学协力颠覆了康德美学自然美高于艺术美的理念,不过,这一方面的默契和合却掩盖不了二者在诸多其他方面的重大分歧。

黑格尔的全部哲学的主旨在于揭示绝对精神自我运动发展的辩证关系过程,艺术—宗教—哲学代表了这一辩证过程的三个阶段,艺术的直观形式是初级的,宗教的表象形式居中,哲学的概念思维形式是高级的。在黑格尔看来,用感性形式来传达真理和精神的特点决定了艺术方式必然要向更高的宗教和哲学方式嬗变,"无论就内容还是就形式来说,艺术都还不是心灵认识到它的真正旨趣的最高的绝对的方式……我们现代世界的精神,或者说得更恰当一点,我们的宗教和理性文化,就已经达到了一个更高的阶段,艺术已不复是认识绝对理念的最高方式,艺术创作及其作品所特有的方式已经不再能满足我们最高的要求"⑤。正如威克斯指出的那样:"黑格尔思

① 康德:《判断力批判》,邓晓芒译,杨祖陶校,人民出版社 2002 年版,第 128 页。
② 邓晓芒:《康的判断力批判释义》,三联书店 2008 年版,第 75 页。
③ 康德:《判断力批判》,邓晓芒译,杨祖陶校,人民出版社 2002 年版,第 141 页。
④ 朱光潜:《西方美学史》(下卷),人民文学出版社 1964 年版,第 486 页。
⑤ 黑格尔:《美学》第 1 卷,朱光潜译,商务印书馆 1980 年版,第 13 页。

考艺术问题的一个显著特征,就是以压倒性的哲学冲动去把纯粹概念的表达方式提升于感性表达方式之上。"①艺术哲学在黑格尔庞大的总体哲学中作为起点和初始阶段而存在。当结束了图宾根神学院志同道合的同学时代、进入各自的哲学体系创建阶段之后,谢林与黑格尔的思路分歧就日渐加深、直至于不可调和,1800年,标志谢林哲学体系初步完善的《先验唯心论体系》问世,关于艺术哲学在总体哲学中的地位问题,谢林的看法显然与黑格尔相去径庭:"哲学的工具论和整个大厦的拱顶石乃是艺术哲学。"②黑格尔哲学体系中处于最底层的艺术哲学在谢林的哲学体系中一跃而占据了最高端的显赫王位。"谢林的艺术哲学第一次史无前例地对艺术的意义作了哲学的肯定。"③在谢林看来,"艺术对于哲学家来说就是最崇高的东西,因为艺术好像给哲学家打开了至圣所"④,"这标志着对于艺术之于哲学作用估价的顶峰"⑤。

事实上,在理性至上这一根本立场方面,谢林《艺术哲学》中"理性犹如大全或上帝,乃是将一切特殊形态消融的本原"⑥这一表述已经足以说明一切。黑格尔的美是理念之感性显现的命题仍然遵循着鲍姆嘉通关于美学的感觉学界定,这样,只要美和艺术的本质被限定在感觉或感性的范围内,其在黑格尔理性主义的绝对精神概念体系中的低下地位就已经天然地被设定了。谢林追随温克尔曼,投身于新柏拉图主义复兴思潮中去,普罗提诺的美作为神的理性的象征的命题奠定了其艺术哲学的理论根基。

谢林反对黑格尔把概念的逻辑演绎作为哲学方式的思路,他确信:"对哲学天才来说,人类意识具有直觉认识的现实性,人类主体实际上可以具备需要直觉理性的属性。"⑦对于这种人类主体的直觉理性,谢林用"理智直观"(intellektuelle Anschauung)这一术语来意指:"整个哲学都是发端于,并且必须发端于一个作为绝对本原同时也是绝对同一体的本原。一个绝对单纯、绝对同一的东西是不能用描述的方法来理解或宣传的,是绝不能用概念来理解或宣传的。这个东西只能加以直观。这样一种直观就是一

① Robert Wicks. *Hegel's aesthetics:An overview from The Cambridge Capanion to Hegel*,Cambridge University press,1993,p.350.
② 谢林:《先验唯心论体系》,梁志学、石泉译,商务印书馆1976年版,第15页。
③ W.比默尔:《哲学与艺术》,见刘小枫选编:《德语美学文选》(下卷),张晋蜀译,华东师范大学出版社2006年版,第332页。
④ 谢林:《先验唯心论体系》,梁志学、石泉译,商务印书馆1976年版,第276页。
⑤ Kai Hammermeister,*The German Aesthetic Tradition*,Cambridge University Press,2002,p.62.
⑥ 谢林:《艺术哲学》,魏庆征译,中国社会科学出版社1996年版,第34页。
⑦ 卢卡奇:《理性的毁灭》,王玖兴等译,江苏教育出版社2005年版,第77页。

切哲学的官能。但是,这种直观不是感性的,而是理智的,它不是以客观事物或主观事物为对象,而是以绝对同一体、以本身既不主观也不客观的东西为对象。这种直观本身纯粹是内在的直观,它自己不能又变为客观的,它只能通过第二种直观才能变为客观的,而这第二种直观就是美感直观。"①

谢林的同一哲学有来自费希特"知识学"的影响,但是,与费希特一意高扬绝对的主观自我不同,谢林总是在强调自我的客观本原,人类主体从主观出发的理智直观最终一定要落实到客观根基中去,"理智直观的这种普遍承认的、无可否认的客观性,就是艺术本身,因为美感直观正是业已变得客观的理智直观"②。谢林所说的"美感直观"显然已经脱离了感受或感性的范畴,是作为哲学式理智直观的客观本原而存在的。

德意志思想文化界对神话问题的关注肇始于赫尔德、莫里茨、施莱格尔兄弟推波助澜,由谢林集其大成。赫尔德试图在神话那里找到比温克尔曼标榜的希腊理想美更本原的现代生活救赎力量,F.施莱格尔亦宣称:"我们的诗,我断言,缺少一个犹如神话之于古人那样的中心,现代诗在许多本质的问题上都逊于古代诗,而这一切本质的东西都可以归结为一句话,这就是,因为我们没有神话。"③沿着这样的思路,谢林旨在将神话学确立为艺术哲学乃至总体哲学的始基。谢林强调神话作为本原世界自身的自然显现以及宇宙源初的普遍直观,并非诞生于某一人类个体,而是族类种属共同的无意识产物,它体现的是一种总体性。在谢林那里,"只有希腊神话才称得上是真正的神话"④,因为只有希腊诸神"是最高的、绝对的、纯属理性主义范畴的自然之有机体"⑤。

谢林根据希腊神话所确定的希腊理性主义,比较接近席勒所说的自然理性,是一种以直觉传达自然必然性的非个人化情态,他甚至宣称,"即使就抒情诗的特殊性而论,希腊人也是客观的、现实的"⑥。谢林继承了康德的天才论,也赞同其天才只有在艺术中才可能的推论,不过,他要把康德的天才论从主体性原则的前提下解放出来,将其重建于客观性原则的始基

---

① 谢林:《先验唯心论体系》,梁志学、石泉译,商务印书馆 1976 年版,第 274 页。
② 谢林:《先验唯心论体系》,梁志学、石泉译,商务印书馆 1976 年版,第 273—274 页。
③ F.施莱尔:《浪漫派风格——施莱格尔批评史》,李伯杰译,华夏出版社 2005 年版,第 191 页。
④ Réne Wellek, *A History of Modern Criticism*, Vloume 2, Cambridge University Press, 1955, p.76.
⑤ 谢林:《艺术哲学》,魏庆征译,中国社会科学出版社 1996 年版,第 79 页。
⑥ 谢林:《艺术哲学》,魏庆征译,中国和会科学出版社 1996 年版,第 314 页。

之上。谢林接受沃尔夫关于荷马问题的论断,认为"荷马"是为同一精神所激励的行吟诗人群体的文化符码,荷马成为他心目中希腊式天才最伟大的代表,他所关注的焦点集中在"荷马史诗赖以形成的诗歌作者如何互不相干地介入整体,既不有损于和谐,又不脱离其初始的同一"①。谢林指出希腊神话与荷马史诗实为一体,"希腊神话在艺术本身中,使自然复返我们(自然与自由的对立)⋯⋯恰恰只是在艺术中,自然可导致个体与类属的一致⋯⋯在希腊神话中,自然导致囊括整个类属的、共同艺术本能的这种行为,而与希腊文化相对立的近代文化却不能提供任何与之相似者。"②谢林出于同一哲学的理念,建构起一个同一性的"艺术希腊",在这个世界中,"神话乃是任何艺术的必要条件和源初质料"③,神话的客观性奠定了希腊艺术体现必然、严谨、本质的整体格局。谢林"艺术本身是绝对者之流溢"④的命题揭示出艺术的理性之维与混沌本原之维在绝对意义上的本质同一性。

黑格尔和谢林之后,意大利哲学家克罗齐推出了又一座宏伟的艺术哲学大厦。克罗齐在美学等同于艺术哲学这一基本立场上与黑格尔和谢林保持一致,综合了黑格尔的精神哲学和谢林的"美感直观"论而加以扬弃,但与此同时,又在最核心的思路方面认同康德美学主体性原则和人类认知能力考察导向,这样便产生出一种充满张力的理论形态。

在哲学立场上,克罗齐被认为是一个新黑格尔主义者,但正如朱光潜先生所说,"他的基本观点更接近康德"⑤。克罗齐的哲学是从批判黑格尔哲学中得以诞生的,当然,这是一种康德式的批判,他从黑格尔精神哲学中拓出了自己的精神哲学体系。克罗齐的精神哲学认为,精神是唯一的实在,一切存在均是精神及其表现。克罗齐否认存在不依人的精神为转移的外在客体的存在。他认为这乃是一种未经哲学审查的错觉,没有外在精神的存在,所谓独立自在的客体本身乃是精神创造出来的概念,精神在需要时创造了它,在不需要时同样也可以取消它。"自然"本身也是精神的产物。他认为,人类从未于心灵(精神)之外发现自然,因此,就不能把自然思考设定为和心灵(精神)相对的一个自然。克罗齐否认了外在于思维、精神的客体和先于精神的自然存在。这样,康德的"先验综合"的意义才得以实现。在克

---

①　谢林:《艺术哲学》,魏庆征译,中国和会科学出版社 1996 年版,第 75 页。
②　谢林:《艺术哲学》,魏庆征译,中国和会科学出版社 1996 年版,第 74 页。
③　谢林:《艺术哲学》,魏庆征译,中国和会科学出版社 1996 年版,第 64 页。
④　谢林:《艺术哲学》,魏庆征译,中国和会科学出版社 1996 年版,第 26 页。
⑤　朱光潜:《西方美学史》(下卷),人民文学出版社 1964 年版,第 648 页。

罗齐对美学史的起源、阶段和特征的研究中,可以看出,他认为走向他所处的时代的美学是以彰显其主体性为主要特征。而这其中最关键的人物便是康德,"康德一方面是 19 世纪美学思想的集大成者(这反映在《判断力批判》一书中,包括其中的探索和争论,发现的真理和加以研究的疑窦),另一方面又是超越他的那些思想的起点,这就是为什么美学史家们至今在这个领域中依然奉给他一个恺撒式的或者拿破仑式的地位,好像这'两个剑拔弩张之势的世纪'都转向他,听候他的裁决"①。艺术是什么? 克罗齐认为:"艺术是幻象或直觉。艺术家造了一个意象或心中的形象:而喜欢艺术的人则把他的目光凝聚在艺术家所指示的那一点上,从他打开的裂口朝里看,并在他自己身上再现这个意象。"②这两句话概括了生产艺术、欣赏艺术的全过程。直觉是什么? 克罗齐认为,直觉是心灵活动的起点,是认识的两种形式之一。在他看来,认识有直觉与逻辑两种形式,直觉凭借的手段是想象,逻辑则凭借理智,直觉是对个别事物的知识,逻辑则是对一般事物的知识,直觉产生的是形象,逻辑则产生概念。他对"直觉"作了这样的解释:直觉是介乎感觉与知觉之间的一种心灵活动,是全部心灵活动的基础。直觉既不同于感觉,又不同于知觉。作为一种心灵活动,直觉是一种"心灵综合作用",它把形式给了"感觉",使"感觉"有了形式或形象被表现出来,变成能被心灵察觉、掌握的东西,也就变成了人的感性认识的对象。如果感觉能恰如其分地被意象表现出来,这种表现就是成功的,而美就是成功的表现。凡是直觉皆为表现,如果表现不出来,则算不上是直觉,那么,什么是表现呢? 克罗齐认为所谓表现即是心灵赋予物质以形式,使之对象化并产生具体形象的过程。因此,直觉也就是表现。克罗齐说:"在这个认识过程中,直觉与表现是无法可分的。此出现则彼同时出现,因为它们并非二物而是一体。"③克罗齐认为,表现一旦在心中形成,则一定能通过物理媒介记录下来,否则就说明表现在心中尚未成就,而只是一种错觉。一切直觉都是抒情的表现,也就是艺术。在克罗齐的"直觉即表现"的理论中,强调心灵以形式对感觉到的材料加以综合,在这当中,我们隐隐约约可以看见康德"先验综合说"的影子。

　　克罗齐是这样阐释艺术和直觉之间的关系的:"我们已经坦白地把直

---

①　克罗齐:《美学原理·美学纲要》,朱光潜、韩邦凯等译,外国文学出版社 1983 年版,第308 页。

②　B.Croce:"*The Essence of aesthetic*",London,1979,p.8.

③　克罗齐:《美学原理·美学纲要》,朱光潜、韩邦凯等译,外国文学出版社 1983 年版,第15 页。

觉的(即表现的)知识和审美的(即艺术的)知识事实看成统一,用艺术作品做直觉的知识的实例,把直觉的特性都付与艺术作品,也把艺术的特性都付与直觉。"①克罗齐认为,艺术是人类特有的一种心灵性的创造活动,是人类的解放,是主体能动性对自然被动性的征服。"人在他的印象上面加工,他就把自己从那些印象中解放了出来。把它们外射为对象,人就把它们从自己里面移出来,使自己变成它们的主体。说艺术有解放的和净化的作用,也就等于说,'艺术的特性为心灵的活动'。活动是解放者,正因为它征服了被动性"。

克罗齐《美学》一书的副标题是:"作为表现的科学和一般语言学",意在表明语言学就是美学,语言哲学就是艺术哲学的论断。克罗齐致力于建立语言与艺术的同一性原则,他这种观点直接秉承了其意大利先辈维柯在《新科学》一书所述的思想,并将其与谢林的"神话学"思想相贯通。通过他的语言与艺术统一的艺术哲学,克罗齐成为20世纪西方美学史和哲学史"语言学"的先驱。

"阿多诺把艺术作品看成是最后一个未被腐化的真理性依据的表现方式。"②在阿多诺那里,延续着黑格尔和谢林的传统,他的美学就是艺术哲学。不过,在阿多诺的艺术哲学中,康德美学中自然美重要性的理念以一种新的方式获得了复活。阿多诺指出,"从谢林开始,美学几乎只关心艺术作品,中断了对'自然美'的系统研究","美学应当重新考虑自然美"③。阿多诺要拯救的是他心目中未被异化的自然美的概念,那是"超出资产阶级工作与商品关系之外的一个领域","自然美依旧是那一领域的一种比喻"④。阿多诺认为,在现今时代,自然美的人类生存论价值在于唤起对未受主体统治和压抑的本身状态的回忆,而艺术的真理性意义就体现在对自然状态的模仿和守护。"从理论上来说,阿多诺具有极为强烈的避免将自然美本体论化的自觉,他始终认为自然美是历史性概念,也就是说,在先验意义上人们对自然美的感知予以理论化的企图是不对的,"⑤他的历史主义自然美概念同康德的先验主义自然美概念存在着原则性的分歧。

---

① 克罗齐:《美学原理·美学纲要》,朱光潜、韩邦凯等译,外国文学出版社1983年版,第19页。
② 弗兰克:《德国早期浪漫主义美学导论》,吉林人民出版社2006年版,第19页。
③ 阿多诺:《美学理论》,王柯平译,四川人民出版社1998年版,第109、112页。
④ 阿多诺:《美学理论》,王柯平译,四川人民出版社1998年版,第123页。
⑤ 陈波:《真理与批判——阿多诺美学理论研究》,四川大学出版社2011年版,第102页。

第三节　康德与艺术门类价值等级问题

在启蒙时代的德国文化思想界,有关艺术门类等级问题的讨论是由著名的"拉奥孔"问题开启的。

1506 年一组云石雕像在意大利的罗马被发掘出来,考古学界认为这组雕像属于古希腊时期的作品,其题材是关于特洛伊战争中的一个片段:特洛伊的祭司拉奥孔警告特洛伊人切勿将木马带进特洛伊城,这引起了阿波罗的愤怒,他授意两条巨蟒袭击了拉奥孔和他的两个儿子。这组雕像表现的就是拉奥孔等被巨蟒袭击时的惨烈情景。"在十六七世纪期间期间'拉奥孔'被尊奉为最著名的古典雕像之一,吉亚考波·萨多勒托在发现这组作品的当年创作了一首拉丁语诗歌,表明其被尊奉之处在于强烈的表情和对可怕痛苦的自然主义刻画。17 世纪的复制品夸张了肌肉的表现,显示出当时人们所热衷的对于人体结构解剖的崇拜以及对于恐惧的巴洛克趣味。"①温克尔曼向有关拉奥孔的这一流行看法发起了挑战,他力图证明,这组雕像的整体精神并非巴洛克式的"运动",而是古典式的"宁静"。

温克尔曼的"拉奥孔"解读堪称其"希腊想象"最经典的个案:"希腊杰作有一种普遍和主要的特点,这便是高贵的单纯和静穆的伟大。正如海水表面波涛汹涌,但深处总是静止一样,希腊艺术家所塑造的形象,在一切剧烈情感中都表现出一种伟大和平衡的心灵。这种心灵就显现在拉奥孔的面部,并且不仅显现在面部。显然他处于极端的痛苦之中,他的疼痛在周身的全部肌肉和筋脉上都有所显现……但这种痛苦并未使拉奥孔面孔和全身显示出狂暴的动乱……身体感受到的痛苦和心灵的伟大以同等的力量分布在雕像的全部结构,似乎是经过平衡了似的……他的悲痛触动我们的灵魂深处,但是也促使我们希望自己能像这位伟大人物那样忍耐这种悲痛。"②"拉奥孔"雕像中对于面孔和身体的极端痛苦的真实展现是非常直观而不容否认的,在温克尔曼之前,没有人在它那里发现"宁静"实在是再自然不过的事情,因为这样的题材的确不可能容纳任何"宁静"的东西。"整座雕像群实际上是希腊化时期'巴洛克风格'的一个鄙俗的个案,与所谓古典式的

---

① René Wellek, *A History of Modern Criticism* 1750—1950, *Volume* 1, Yale University Press, 1955, p.159.

② 温克尔曼:《论古代艺术》,邵大箴译,中国人民大学出版社 1989 年版,第 41—42 页。

'宁静'相去径庭。"①温克尔曼要做的正是变不可能为可能,强行把预设的"宁静"主题植入到诠释对象中去,温克尔曼的主要研究领域是以雕塑为中心的古代造型艺术史,对于雕塑之外的其他希腊文化领域极少涉及,但他还是坚定地宣称:"希腊雕塑的高贵的单纯和静穆的伟大,也是繁盛时期希腊文学和苏格拉底学派的著作的真正特征。"②尤其当谈到希腊文学的时候,温克尔曼更是强调了其与希腊艺术精神的本质同一性:"古代作家和古代艺术家一样,在表现自己的人物时,让他们处于可能引起恐怖或痛苦呻吟的情节之外,以表示人的尊严和心灵的坚定。"③这一论断引起了启蒙思想家莱辛的强烈质疑。

莱辛针对温克尔曼的"拉奥孔"解读,撰写了文艺批评论著《拉奥孔》。狄尔泰评价"《拉奥孔》乃是德意志精神现象领域分析性探讨方式的第一个伟大范例。"④韦勒克对该书的主旨概括精当:"莱辛接受了温克尔曼对拉奥孔雕像的描述,但反对温克尔曼关于希腊艺术与文学的同一化处理……在文学方面,莱辛明确主张要突出情感效果,而在美术方面,他则坚持一种非常抽象的形体之美的理念,在这一领域情感的表现处于绝对从属的地位。"⑤事实上,莱辛关于诗与造型艺术异质性原则的陈述,温克尔曼本人亦有一定的体认。他明确提出:"艺术家在描绘英雄方面不如诗人自由,诗人可以把英雄描绘成他们的感情还没有受法则或共同生活准则控制……艺术家则不然,他需要在最优美的形象中选择最优美的加以表现。他在相当程度上与情感的表现相联系,而这种表现又不能对描绘的美有所损害。"⑥温克尔曼的论述中至少透露出这样一个信息:美对于是个而言不像对于造型艺术那样基本和迫切,而情感表现对于诗歌的意义则要比对于造型艺术的意义大得多。莱辛的观点从根本上讲不过是对温克尔曼这一说法的进一步补充和完善。温克尔曼的问题在于,当他过分急于把自己局限于希腊雕像解读的"高贵的单纯与静穆的伟大"命题贯通于全部希腊文化精神时,或许是不自觉地遗忘了先前的精审辨析,而莱辛正是异常机敏地捕捉住了这一重大的漏洞。

---

① René Wellek.*A History of Modern Criticism* 1750—1950,*Volume* 1,Yale University Press,1955, p.166.

② 温克尔曼:《论古代艺术》,邵大箴译,中国人民大学出版社 1989 年版,第 44 页。

③ 温克尔曼:《论古代艺术》,邵大箴译,中国人民大学出版社 1989 年版,第 102 页。

④ 狄尔泰:《体验诗学》,胡其鼎译,三联书店 2003 年版,第 47 页。

⑤ René Wellek.*A History of Modern Criticism* 1750—1950,*Volume* 1,Yale University Press,1955, p.169.

⑥ 温克尔曼:《论古代艺术》,邵大箴译,中国人民大学出版社 1989 年版,第 68 页。

莱辛认为,希腊人情感丰富,而且不以表现痛苦和哀伤为耻,按照希腊方式,因身体的疼痛而哀号完全不妨碍其拥有伟大的心灵,希腊诗人的职责就在于有意识表现这样的伟大的心灵的情感震荡,哪怕这样的描写与美相冲突。按照莱辛的分析,"高贵的单纯和静穆的伟大"的命题完全不适用于希腊诗歌,莱辛凭借着对温克尔曼"拉奥孔"解读的批判,划定了诗歌和造型艺术的界限,事实上肯定了诗歌相对于造型艺术的等级优越性,其理由在于诗歌的情感表现与现实人生的意义密不可分,而造型艺术则偏向于纯粹的超脱现实人生之外的审美情境,莱辛的这一观念是启蒙人文主义的鲜明体现。

在《判断力批判》中,康德介入了艺术门类等级问题的讨论,但仍然保持着他一贯的抽象思辨风格,并不涉及具体的艺术案例。康德划分出了三种不同的美的艺术的门类:语言的艺术、造型的艺术和感觉游戏的(作为外部感官印象的)艺术。我们先来看一下康德对于第一类"语言的艺术"的分析:语言的艺术包括演讲术和诗艺,"演讲术是把知性的事务作为一种想象力的自由游戏来促进的艺术,诗艺是把想象力的自由游戏作为执行的事务来实行的艺术"①。康德对于第二类造型艺术的解说是这样的:造型的艺术分为塑形的艺术和绘画艺术两类,前者包括雕塑艺术和建筑艺术、后者含有'美丽地描绘自然的艺术'和'美丽地编排自然产物的艺术'",②所谓"美丽地编排自然产物的艺术"是指园林艺术,康德把园林艺术列入绘画艺术范畴,显然过于牵强。对于第三类"感觉游戏的艺术",康德将其分为音乐和色彩艺术。

在完成了艺术门类的划分和列举之后,康德开始了对于他们之间价值等级的评判:"在一切美的艺术中,诗艺(它把自己的源泉几乎完全归功于天才,并最少要规范或榜样来引导)保持着至高无上的等级。它扩展内心是通过它把想象力置于自由中,并在一个给予概念的限制之内,在可能与此协调一致的那些形式的无限多样性之间,呈现出一个把这概念的体现于某种观念的丰富性连接起来的形式,这观念的丰富性是没有任何语言表达与之完全适合的,这形式于是就把自己通过审美提升到理念。"③康德认为,在语言的艺术中,诗艺之所以高于演讲术,是由于"在诗艺中一切都是诚实而正直地进行的"④。康德接下来谈到了艺术门类价值等级链条上与诗艺相

---

① 康德:《判断力批判》,邓晓芒译,杨祖陶校,人民出版社 2002 年版,第 166—167 页。
② 康德:《判断力批判》,邓晓芒译,杨祖陶校,人民出版社 2002 年版,第 168 页。
③ 康德:《判断力批判》,邓晓芒译,杨祖陶校,人民出版社 2002 年版,第 172 页。
④ 康德:《判断力批判》,邓晓芒译,杨祖陶校,人民出版社 2002 年版,第 173 页。

对的最低端的情况："相反,如果我们把美的艺术的价值按照他们给内心造成的教养来估量,并采取那些为了认识而必须在判断力中集合起来的能力的扩展作为尺度,那么,音乐之所以在美的艺术中占有最低的位置(正如它在那些同时按照其快意来估量的美的艺术中也许占有至高无上的位置一样),是因为它仅仅以感觉来做游戏。所以在这一方面造型艺术远远走在音乐的前面;因为它们把想象力置于一种自由的但同时却又与知性相适合的游戏中。"①在康德看来,音乐仅仅是一种对感官的刺激,所以它是一种最低级的艺术"康德认为所有美的艺术中本质的东西在于合目的性的形式,最终在于向那些唯一带有一种独立的愉悦的道德理念靠拢,而不在于令人眼花缭乱的感官享受,后者只是为了消遣和热闹,以此为标准,康德对这些类别进行了审美价值的比较"②。康德把诗艺和音乐分别置于艺术门类价值等级的最高端和最低端,显然与莱辛的理论同样出于启蒙人文主义的立场,不过道德教化的意味较之浓重许多。

康德对艺术门类中音乐地位极度贬抑的立场在叔本华那里遭到了彻底的逆转,"将音乐看作形而上学的普遍事物的表现者这种观点,是由叔本华提出来的"③。在叔本华看来,音乐是一种特别的样态,完全超拔于其他艺术门类之外,"他跳过了理念,也完全是不依赖现象世界的,简直是无视现象世界;在某种意义上即令这世界完全不存在,音乐却还是存在;然而对于其他艺术却不能这样说。音乐乃是全部意志的直接客体化和写照,犹如世界自身,犹如理念之为这种客体化和写照一样,而理念分化为杂多之后的现象便构成了个别事物的世界。所以音乐不同于其他艺术,绝不是理念的写照,而是意志本身的写照,尽管这理念也是意志的客体性。因此其他艺术所说的只是阴影,而音乐所说的却是本质"④。叔本华宣称,"音乐直接就是意志本身的写照,对世界上一切形而下的来说,音乐表现着那形而上的,对一切现象来说,音乐表现着自在之物。因此,人们既可以把这世界叫作形体化了的音乐,也可以叫作形体化了的意志。⑤"叔本华赋予音乐以所有艺术门类最高地位的立场对瓦格纳和写作《悲剧的诞生》时期的青年尼采产生了极其深刻的影响,启蒙时代开启的艺术门类价值等级问题也就在这样的决断中暂时拉上了帷幕。

① 康德:《判断力批判》,邓晓芒译,杨祖陶校,人民出版社 2002 年版,第 175 页。
② 邓晓芒:《康德判断力批判释义》,三联书店 2008 年版,第 289 页。
③ 克列姆辽夫:《音乐美学问题概论》,吴启元等译,人民音乐出版社 1983 年版,第 104 页。
④ 叔本华:《作为意志和表象的世界》,石冲白译,商务印书馆 1982 年版,第 356—357 页。
⑤ 叔本华:《作为意志和表象的世界》,石冲白译,商务印书馆 1982 年版,第 364 页。

第九章　康德与形式问题

"在美学,文艺学和艺术批评的历史上,没有哪一个概念能像'形式'这样曾经引起如此之多的歧义。"①在西方美学"形式"范畴的问题史上,康德的"形式"观占据着至关重要的轴心地位,各大现代美学流派对于康德"形式"观的解读、引申以及改造,规模之大,蔚为壮观。

第一节　康德美学中的"形式"概念

在前康德时代的西方美学史上,关于"形式"主要存在着以下四种解释。

第一,源自古希腊毕达哥拉斯学派的"形式"观。根据毕达哥拉斯学派的看法,形式是一个整体各个部分的安排,美在形式就体现于这种安排的"和谐"(harmonia)、"秩序"(taxis)和比例(symmetria)。例如,当琴弦的长度符合一定的比数,它们就会发出美妙的音响,当建筑物的廊柱依照合适的高度、宽度、相互距名排列组合时,它们的关系就导向了美。这种"形式"观一般被称为"数理形式"观。

第二,源自古希腊智者学派"形式"观。古希腊智者学派中的一些人首先指出,诗歌直接呈现在感官面前的部分,比如音韵和修辞,便是诗歌的形式,与之相对的意义和主题则是诗歌的内容,内容与形式的二元对立范畴关系就是这样建立起来的。

第三,源自古希腊亚里士多德的"形式"观。在亚里士多德的哲学中。形式与质料是一对对立的范畴,质料指事物存在是的基质,形式先于质料,有动力和目的的性质,形式作用于质料,完成从潜能到现实的过程。例如,雕像的质料是大理石,但大理石本身并不是雕像,只具有成为雕像的潜能。必须通过形式的隐含推动力,其潜能才有可能转化为现实。

第四,"形式"指称一个事物的界限或轮廓,其对立范畴亦为质料,这种"形式"观在西方美学史上流行于15—18世纪。

西方美学史前康德时代的四种代表性"形式"解释方案,尽管概念内涵

---

① 赵宪章主编:《西方形式美学》,上海人民出版社1998年版,第3页。

各不相同,但在一个最基本的指向上是一致的,即都把"形式"解释为一种不依赖于人的主观意向性的客观存在,也就是说,它们的解释立场都是客观主义的。

在这样的思想史背景下,康德推出了他建立"哥白尼式革命"的主体性哲学基础上的"形式"论。在西方思想史和美学史上。康德第一次设定出一种主体本位的"形式"概念,"他将形式视为我们心灵的一种属性,强迫我们以一种特殊的方式,便是一种先验的形式,我们在对象上找到它,因为它乃是由主体加到事物上面去的"①。康德把自己的哲学称为"先验哲学",而"先验"(tranzendental)的含义就是先于经验去追溯经验知识之所以可能的先天条件。在《纯粹理性批判》中,康德把认识的两大要素即感性和知性称为两种"能力":"我们的知识来自于内心的两个基本来源:其中第一个是感受表象的能力(对印象的接受性);第二个是通过这些表象的能力(概念的自发性);通过第一个来源,一个对象给予我们,通过第二个来源,对象在与那个(作为内心的单纯规定的)表象的关系中被思维。所以直观和概念构成我们一切知识的要素,以至于概念没有以某种方式与之相应的直观或直观没有概念,都不能产生知识。"②这两种"能力"同时又被当作是两种"形式"。"显然,在康德看来,一种能力如果不能体现为某种"形式",则还不能够称为真正的能力,形式是能力能够产生出结果来的先天'条件'(Bedingung)。"③以空间和时间为先验形式的认识是感性认识,以知性范畴为先验形式的认识是理性认识。单就感性认识来说,空间和时间作为感性的先验形式,就是整理感性材料的主体和动力,如果没有空间和时间作为感性直观的先验形式,人类的感觉便只能处于混沌的杂多的状态,在康德看来,所谓先验感性形式就是空间与时间,我们的感性所直观到的现象是空间和时间中的现象,外在事物是在符合一定的主观时空关系的条件下进入我们的感官并成为我们感性认识的对象的。

波兰美学家塔塔尔凯维奇提出了这样一种看法:"令人惊奇的是,康德在美学中并未发现类似于他在知识论中所找到的那些先验的形式。他并不认为美是取决于恒常的形式,而认为美是取决于艺术天才的独特的禀赋。对于

---

①　瓦迪斯瓦夫·塔塔尔凯维奇:《西方六大美学观念史》,刘文潭译,上海译文出版社 2013 年版,第 268—269 页。

②　康德:《纯粹理性批判》,邓晓芒译,杨祖陶校,人民出版社 2004 年版,第 51 页。

③　邓晓芒:《康德哲学诸问题》,三联书店 2006 年版,第 34 页。

康德而言,美之先验的形式并不存在;他认为美一向就是由天才创造出来的。"①
塔塔尔凯维奇对康德思想中美学与先验形式关系的这种理解并不准确。在
康德那里,美的领域分为美的创造和美的鉴赏判断两个方面,美的创造是天
才的产物,天才的出现是经验的个别的现象,因此美的创造的确与先验形式
无关,而美的鉴赏判断则出于人类共通感,必须在"先验人类学"的视域下方
可获得"批判"的有效性,当然也就要联系到先验形式问题上去。

　　康德明确提出:"在一个判断力的判断中,包含审美判断力的部分是本
质地属于它的,因为只有这种判断力才包含有判断力完全先天地用做它对
自然进行反思的基础的原则。"②自由感只有在纯粹审美的反思判断的意义
上才会有自己的先验原则,而不再仅仅是一个心理学的经验性概念。在康
德那里,按照鉴赏判断中对象与目的的关系,美是独享的合目的性的形式,
所谓"合目的性的形式",是说鉴赏判断不来源于刺激和感动,前者属于纯
感官,后者属于道德,都受利害感的限制而不是自由的纯粹鉴赏判断。根据
康德的主体性哲学原则,"美"不存在于客观事物本身而存在于审美主体心
灵中的先态四个契机,就是他所认为的先验地存在于人类心灵中的四种先
验形式。从人类主体心灵活动的出发点来界定"形式",并将"先验形式"引
入审美领域,康德就这样在西方美学"形式"范畴的问题史上,实现了又一
场"哥白尼式革命"。

　　不过,康德针对西方美学传统"形式"观所进行的"哥白尼式革命"并不
彻底,在《判断力批判》中作为核心概念之一的"纯粹形式"或"自由美"概
念中,就深深地遗留着传统的客观性"形式"认知模式的烙印。康德列举出
的"纯粹形式"或"自由美"的典型有花卉、卷叶饰图案、没有目的地交织在
一起的线条等。尤为重要的是以下关于造型艺术形式问题的一段话:"在
绘画、雕刻和一切造型艺术里,在建筑和庭院艺术里,就他们是美的艺术来
说,本质的东西是图案设计,只有它才不是单纯地满足感官,而是通过它的
形式来使人愉快,所以只有它才是审美趣味最基本的根源。"③康德关于造
型艺术形式问题的阐述,在基本思路上明显沿袭了源自古希腊智者学派的
形式与内容二分法,其中也混合了毕达哥拉斯主义的"数理形式"论和15—
18世纪流行的"轮廓形式"论的成分。"康德将音乐的美确定为'诸多感觉

　① 瓦迪斯瓦夫·塔塔尔凯维奇:《西方六大美学观念史》,刘文潭译,上海译文出版社2013年
　　版,第269页。
　② 康德:《判断力批判》,邓晓芒译,杨祖陶校,人民出版社2002年版,第29页。
　③ 康德:《判断力批判》,朱光潜译文,见朱光潜:《西方美学史》(下卷),人民出版社1964年
　　版,第366页。

游戏中的形式',将'形式'理解为乐音关系的'数理形式'",①这样的形式论更是完全毕达哥拉斯式的。尽管康德也在极力试图将"纯粹形式"与主体联系起来,但是传统的客观主义思路在这里却事实上占据了主导,并最终同康德主体性和先验人类学立场上的"先验形式"形成了巨大分野,后康德时代的西方现代形式主义美学正是在这一理论视域下发展起来的。

第二节　西方现代形式主义美学的康德"形式"论接受

德语世界现代形式主义美学的发展以赫尔巴特和齐美尔曼为先导。赫尔巴特和齐美尔曼的形式主义美学在相当程度上扬弃了康德主体性哲学"先验形式"的思路,而对于康德"纯粹形式"论与西方美学传统形式论在客观主义立场上相合的一面则加以放大和引申,从而奠定了整个西方形式主义美学的理论基础。

赫尔巴特提出,只有排除了内容意义和感情的纯粹形式才是审美研究的基本指向,而这种纯粹形式属于客观对象的形式。赫尔巴特把美的客观关系称为"基本审美关系",认为美学的基本任务就是完整而有条理地归纳、列举出能直接自发地唤起愉快和不愉快感的审美要素,如艺术作品色彩、线条、音响、和声、形体、思想、言辞等,它们均与主体的情感无关,仅仅为自身而存在,以适当的方式结合、组织成审美形式。

齐美尔曼对于美学给出了作为形式科学的先验科学这一界定,不过,他所谓的"先验科学"与康德的先验人类学判然两途,只不过是在方法论上强调它遵循演绎法而非经验式的归纳法而已。在齐美尔曼看来,美是一种均衡的范型,这种范型体现的是尺度、完美、秩序等形式要素的结合关系。这种立场显然最大限度地接近了毕达哥拉斯主义的"形式"论。

奥地利音乐美学家汉斯立克于1854年推出了《论音乐的美》一书,这是德语世界形式美学发展的一座里程碑。意大利音乐史家福比尼指出:汉斯立克的思想来自两方面的哲学启示:"最明显的一个是赫尔巴特的哲学,而比较不明显但也许更重要的是康德的《判断力批判》。"②"汉斯立克思考问题的某种特殊方式看起来与康德在他的《判断力批判》中的立场非常接

---

① 卡尔·达尔豪斯:《古典和浪漫时期的音乐美学》,尹耀勤译,湖南文艺出版社2006年版,第232页。

② 恩里科·福比尼:《西方音乐美学史》,修子建译,湖南文艺出版社2005年版,第277页。

近,这正像许多评论家们所注意到的那样,一个相似点是两个作家都部分地否定音乐具有任何文学内容……另外普遍的一点是,两位思想者都否认音乐对于情感的影响是有必要的,实际上,他们宣称,那是'病态的',而不是艺术的,它是属于令人愉快的东西而不是属于美的东西。"①

德国音乐史家卡尔·达尔豪斯对于康德音乐美学中感觉与形式的关系问题作出了精确辨析:"形式是自发性,自发性是形式,这种看法发端于《判断力批判》的音乐美学。当然,康德的形式概念的含义与其说是解答不如说是挑战。根据康德的看法,音乐是一种'感觉的游戏'。在'感觉'这一概念里,感知质料和情感溶灌其中:关键在于感受性与自发性之间、感官刺激的材料与有特定标志的形式之间的差异;无论感知质料还是情感都属于感官刺激的材料。康德将音乐的美确定为'诸多感觉游戏中的形式',将'形式'理解为乐音关系的'数理形式'。令人困扰的是,康德一方面把音乐的美作为'数理形式';另一方面又把'数理形式'确定为正在消失的、在情感作用中趋于消亡的问题,因此,音乐无疑是享受多于文化"②。在对康德的音乐美学进行了创造性的扬弃和转化的基础上,汉斯立克提出了"乐音的运动形式是音乐唯一和仅有的内容和对象"这一全新的形式主义命题。

汉斯立克认为,一种艺术形式的美学原理完全不同于其他艺术形式的美学原理,这是由于各种艺术门类技术材料的不同而产生的,这样,音乐技术便不仅仅是形而下的操作层面的事情,"它是音乐本身,并且只是音乐本身,而不是其他,如果一个人如此定义音乐,那么,他就不再去试图建立一个在不同艺术形式之间的价值等级:如果音乐是自我独立存在的,那么它就具有自己的价值而不表达自身之外的任何事情;而且其他的艺术形式也是如此。没有发生在一种特殊的艺术形式环境中的美学探索能够在其他艺术形式的环境中发现任何相类似的应用,没有任何一种单独的艺术形式能够自夸它所具有的所有优越性,因为它们中的每一个只使用有其特定的美或者一些美"。汉斯立克异常巧妙地搬来了康德哲学学科自治的自律原则,借此解构了康德的艺术门类价值等级链条,将音乐从康德建立的这一链条的最低端拯救了出来,真可谓"以子之矛,攻子之盾"。

康德把音乐的本体确定为"感官的游戏",在他之后一直到汉斯立克生活的时代,主流的浪漫主义音乐美学把音乐视为表现情感的艺术,对于音

---

① 卡尔·达尔豪斯:《古典和浪漫时期的音乐美学》,尹耀勤译,湖南文艺出版社 2006 年版,第 232 页。

② 恩里科·福比尼:《西方音乐美学史》,修子建译,湖南文艺出版社 2005 年版,第 272 页。

乐,前者从理性本位的立场进行贬低;后者从情感的立场予以高扬,但在从主体感受状态出发界说音乐性质的思路方面,二者实际上是存在着本质共通性的。针对这种音乐美学的感官说或情感说,汉斯立克提出,音乐确实与我们的感官或情感世界有着一种特殊的关系,依照其本身的动力,它可以复制出心理活动伴随下的运动,但是这种运动只是一种情感的伴随物,而不是情感本身,"照此说来,把它叫作表现的一种关系并不恰当,而最好是把音乐当作一种对情感的'象征式'的关系。自我独立的音乐能够象征情感的形式"①。汉斯立克又一次异常巧妙地借鉴了康德的"美是道德的象征"的命题,将其进行逻辑对位,转化为自己的"音乐是情感的象征"的命题,一方面保持了音乐与情感之间的固有张力;另一方面一举确立了形式或技术本体的音乐自律的原则,又一次实施了对康德美学"以子之矛,攻子之盾"的成功扬弃。

　　汉斯立克认为,在音乐的形式和内容之间作出区分是不可能的,也是没有任何意义的,"音乐的内容就是乐音的运动形式",音乐是乐音的行列、乐音的形式组成的,而这些乐音的行列和形式除了他们本身之外别无其他内容"②,一言以蔽之,音乐的形式和内容是同一的。汉斯立克对于音乐内容与形式关系的认识显然受到了黑格尔哲学辩证法的启发。汉斯立克强调指出,"我们一再着重音乐的美,但并不因此排斥精神上的内涵,相反地我们把它肯为必要的条件,因为没有任何精神的参加,也就没有美。我们把音乐的美基本放在形式中,同时也已指出:音乐形式与精神内涵有着最密切的关系,'形式'这一概念在音乐中的体现是非常特殊的。以乐音组成的'形式'不是空洞的,而是充实的,不是真空的界限,而是变成形象的内在精神"③。汉斯立克把音乐的'形式'界定为"运动形式"是渊源于黑格尔精神哲学的运动观,借助于黑格尔的"精神现象学"思路,纠正了康德音乐形式观的毕达哥拉斯主义倾向,建立起了更有弹性、更具内涵包容力的"形式"观。"汉斯立克通过对'绝对音乐'的论述,确立了音乐艺术的自足独立性。这一确立的深远意义在于,音乐的自足独立性成了一系列重大转折和变化的'发动机',即西方美学和对艺术的哲学思考中'走向现代化'的重要变化,都在音乐的自足独立性这一点上,获得了重大的启示……音乐和对音乐之自足独立性的认识,作为西方美学和艺术走向'现代'的'发动机'和转捩点的巨

---

① 恩里科·福比尼:《西方音乐美学史》,修子建译,湖南文艺出版社 2005 年版,第 271 页。

② 汉斯立克:《论音乐的美》,杨业治译,人民音乐出版社 1978 年版,第 39、105 页。

③ 汉斯立克:《论音乐的美》,杨业治译,人民音乐出版社 1978 年版,第 7 页。

大启示性作用,将在汉斯立克以后的发展中,变得越来越重要,并成为西方美学走向'现代'和建立现代主义美学的关键。贯穿这一转折过程的,就是对'一切艺术都趋向音乐'的追求。"①

第三节　西方现代形式主义诗学的
康德"形式"观接受

　　西方现代形式主义诗学发端于俄国形式主义诗学。在 18 世纪从思想家罗蒙诺索夫开始,俄国知识界有意识地引进西欧观念体系,其中产生最大影响力的首推德国古典哲学,尤其是康德和黑格尔的哲学。19 世纪与 20 世纪之交是俄国思想文化空前活跃并产生巨变的一个阶段,由康德"纯粹形式"或"自由美"理论引申出的"无客体绘画"和"无意义诗"问题在俄国文艺领域讨论热烈,就这样,诗学上的俄国形式主义运动与造型艺术上的抽象主义运动几乎共时性地诞生了。"至少在一般观念中,维克托·什克洛夫斯是俄国形式主义运动的开创者。"②1893 年出生的维克托·什克洛夫斯基一生中写过两部同名为《散文理论》的书。第一部《散文理论》于 1925 年问世,1929 年再版,由《作为手法的艺术》和《情节编构手法与一般风格手法的联系》两篇论文组成。第一部《散文理论》的宣言:"在文学理论中我从事的是其内部规律的研究,如以工厂生产来类比的话,则我关心的不是世界棉布市场的形势,不是各托拉斯的政策,而是棉纱的标号及其纺织方法。所以,本书全部都是研究文学形式的变化问题。"③什克洛夫斯基所说的"文学形式"大体是汉斯立克"音乐形式"概念在文学领域的同质移植,共同分享形式与内容一体化的原则。

　　在什克洛夫斯基那里,"文学是语言现象"表明文学的特殊性质,但它既不是宗教政治的附庸,也不是语言学的附庸,它是独立自在的。这是西方文学领域对于康德哲学学科自治的自律原则的第一次正式理论的应用和阐发,从而开启了 20 世纪西方诗学的现代转型,堪称这一领域的一场"哥白尼式革命"。俄国形式主义诗学将陌生化标举为方法论原则也同样存在着严重局限。语言只有被理解后才是语言,陌生化的极致却使语言处于不可理解的处境中,这实际引发了人在面对作品时的生存困境。如果说,陌生化

① 牛宏宝:《西方现代美学》,上海人民出版社 2002 年版,第 40 页。

② René Wellek,*A History of Modern Criticism* 1750—1950,*Volume* 7, Yale University Press,1991,p.327.

③ 什克洛夫斯基:《散文理论》,刘宗次译,百花洲文艺出版社 1994 年版,第 21—22 页。

的语言可以被理解，也只能被理解为偶然的、荒谬的、怪诞的，既不具人类性，又不具个体性；再次，语言假如真是作品的本体的话，它应将真理自行设定于作品中，并开启读者的存在，作为敞开的世界将一切主题呈于历史之中供人类审视、裁决。而形式主义却将文学语言置于反常化状态中，这种反常化的语言对读者来说只能是冷漠的、否决的，它又如何为读者呈示真理并为读者唤回生活的感受呢？所以，陌生化只能是造成文学与生活暂时隔离的一种操作手法而不能当作方法论原则来对待。一旦真像形式主义那样，将陌生化视为方法论原则，把文学筑于陌生化之上，人类对真理、良知、美好的追求将被消解，生命的价值和世界的意义也将泯灭，文学艺术将和通俗读物一样沦为生活的边缘，艺术将真正陷入异化困境的历史灾难之中，俄国形式主义诗学在坚持康德审美自律的同时也抛弃了康德一再强调的美学精神：人的自由与人的情感。

　　继俄国形式主义诗学之后，在英语世界另一西方现代形式主义诗学流派"新批评"派粉墨登场。1947 年问世的《精制的瓮》是标志着"新批评"（New Criticism）在当时的美国批评界取得全面性胜利的里程碑式成果，作者布鲁克斯近乎完美地呈现了他的老师兰色姆在《新批评》（1941）中热切呼唤的"一种本体论的诗歌理论"的实践操作状态。"本体论"批评"是新批评理论的一条主线，也是对延续一百多年的浪漫主义表现论的反冲"①，其要旨集中在对于作为本体的诗歌文本结构的绝对关注。兰色姆坚决地把散文语篇排除在他的研究界域之外，在他看来，只有"诗歌作为一种话语的根本特征是本体性的"②。兰色姆赞赏符号语义学家查尔斯·W.莫里斯关于审美符号的图像属性的论述，在其理论基础上进一步提出诗歌语篇中图像性统摄语义性的观点，于是，"诗成为一种空间性的形象而非一个时间性的过程"，"转化为一个独立自主、坚固结实的物性客体，如同一幅图像或一个瓮"③。"兰色姆为'仍要寻找对诗歌进行本体分析的新批评家'而感叹，但他不需要等太久，"④布鲁克斯在《精制的瓮》中所要做的便是通过对多篇具体诗歌文本的"细读"（close reading）实践来证明"本体论"批评的合理性。

　　"结构"（structure）是《精制的瓮》的第一关键词，是"精制的瓮"这一主

① 赵毅衡编选：《新批评文集》引言，百花文艺出版社 2001 年版，第 20 页。
② 约翰·克罗·兰色姆：《新批评》，王腊宝、张哲译，江苏教育出版社 2006 年版，第 192 页。
③ Terry Eagleton, *Literary Theory: An Introduction*, Blackwell Publishing Ltd, 1996, p.42.
④ 萨克文·伯科维奇主编：《剑桥美国文学史》第八卷，《诗歌和文学批评 1940—1995 年》，杨仁敬等译，中央编译出版社 2008 年版，第 283 页。

题意象指向诗歌本体的概念中介。布鲁克斯意识到"结构"一词和"瓮"的意象的联结会给人以静态凝固的直观印象,这感觉未免过于几何化了,而他所要表述的却是一种有机能动的诗歌本体状态。布鲁克斯不得不补充说明了诗歌在空间性和时间性两方面的均衡感:"一首诗的基本结构(区分于我从其'陈述'中抽象出来的理性或逻辑结构)类似于建筑的或绘画的结构:它是一种分解压力的方式。或者,考虑到时间性艺术与诗歌更接近,一首诗的结构又类似于一曲芭蕾或音乐创作。它是一种和解、平衡以及谐调的方式,通过时间顺序而展开。"①但是,无论如何,"精制的瓮"的主题意象总是与流动的时间感枘凿难合,布鲁布斯的"结构"概念中即使蕴含有动态时间性因素,也仍然要绝对从属于静态空间性的整体统摄,二者之间根本无法达成布鲁克斯所期望的那种均衡感。

布鲁克斯说:"我所说的结构当然不是一般意义上的'形式',即'包纳''内容'的一层外皮。显而易见,这结构无处不被进入诗歌的素材的性质所制约。素材的性质设定了要解决的问题,而问题的解决也就是素材的整合归位……形成这结构的整一性原则看起来是一种平衡和协调内涵、态度以及意义的原则。"②在布鲁克斯那里,"结构"与"形式"其实是可以互换的概念,他所提出的"形式"观代表了英美"新批评"派在这个问题上的一般立场。"新批评"派普遍倾向于像汉斯立克在音乐美学中所做的那样,打破形式与内容的二分法,建立形式本体论,他们所说的"形式"概念内涵多偏向于前康德时代"轮廓形式"论以及亚里士多德主义形式论的一种混合形态。

到了20世纪中期左右,英语世界中新的形式主义诗学流派原型批评派开始崛起,原型批评派与"新批评派"共同在英美文坛引进了康德哲学学科自治的自律原则,在这一点上与俄国形式主义诗学保持了一致性。原型批评的理论基石是诺斯洛普·弗莱于1957年推出的《批评的解剖》。

《批评的解剖》"论战性导言"的收束处异常简洁地概括了弗莱写作本书的主旨——"对艺术形式因的系统研究"。③《批评的解剖》是"所有文学形式的一个储存库,这里的'形式'一词是广义的,它包括主题轮廓、意义层

① Cleanth Brooks, *The well wrought Urn*: *Studies in the Structure of Poetry*, Harcourt, Brace & World, New York, 1947, p.203.

② Cleanth Brooks, *The well wrought Urn*: *Studies in the Structure of Poetry*, Harcourt, Brace & World, New York, 1947, pp.194–195.

③ Northrop Frye, *Anatomy of Criticism*, Princeton University Press, 1957, p.29.

次、形式种类以及衍生习俗"①。《批评的解剖》关注的是文学的"形式问题"或"结构原理问题",在这层意义上,我们可以说弗莱是个形式主义者或结构主义者。在20世纪的英美批评界,"弗莱可能是五六十年代最有影响力的批评家"②,他把自己的理论始基建在了新批评派已经夯实了的形式主义石子路之上,只是把单子式的一块块石子敲击成一体,于是,一条由一整块巨大的石板铺成的形式主义大道赫然出现。

"新批评派的工作干得不错,但是在某种意义上过于矜庄检束,过分地钻牛角尖儿,以至于未能很好地适应严格的学院分科体制。新批评派专注于孤立的文学文本,斤斤于精细感受力的培养,而失却了文学更广阔、更具整体结构意义的诸多方面……需要一种文学理论,一方面保留新批评派的形式主义导向;另一方面又要从所有这一切里面再创造出某种更系统、更'科学'的东西来。"③《批评的解剖》就这样应运而生了。

"对弗莱来说,批评家实际上是一种科学家,他们以'对文学领域进行归纳性概括所推断出的理论框架来研究文学'。批评家的功能是以界定、分类、剖析形成文学的'文字秩序'的结构原理。文学批评解释文学是什么,正如历史学解释历史事件是什么,物理学解释宇宙是什么。因此弗莱认同新批评派的观点,认为批评必须系统化与科学化,必须承认文学有'自主的文学结构'。但是弗莱与新批评派又不一样,他并不在个别文学客体中寻找这样'自主性',相反的,他认识到如果文学是'一大批各种各样、不相关联的作品集合体',这种批评既不能宣称、也不能赋予文学'自主性'。批评必须以文学是某种科学、具有整体连贯性作为前提,把文学组成一个领域、一个世界。因此,弗莱的'自主的文字结构'并不是指个别诗歌,而是将文学作为一个整体,并且是一种文化,或代表'人类的整个梦想'"。④ 弗莱要在文学批评上做牛顿在自然哲学上做过的事情,他要找到足以与牛顿的引力定律相媲美的文学批评原理,而《批评的解剖》也的确成为了整个西方古今批评史上与《自然哲学的数学原理》理论气质最为相近的作品。

弗莱在《批评的解剖》的"论战性导言"中以一种彻底革命的姿态宣称:"在我看来,目前的文学批评处于一种素朴归纳的状态,就像原初科学的情

---

① 茨维坦·托多洛夫:《批评的批评》,王东亮、王晨阳译,三联书店1988年版,第104页。

② 萨克文·伯科维奇主编:《剑桥美国文学史》第八卷《诗歌和文学批评1940—1995年》,杨佳敬等译,中央编译出版社2008年版,第302页。

③ Terry Eagleton, *Literary Theory: An Introduction*, Blackwell Publishing Ltd. 1983, p.79.

④ 萨克文·伯科维奇主编:《剑桥美国文学史》第八卷《诗歌和文学批评1940—1995年》,杨佳敬等译,中央编译出版社2008年版,第303页。

况那样。文学批评的素材，也就是那些文学著，尚未被看作是有待依照批评所独有的概念框架解释的现象，而仍被看作是批评框架或结构的某种建构来源……我建议，现在到了将批评推进到一个新的领地的时候了，在这块领地上，批评概念框架的有机整体的或涵括万有的形式将会一览无余……很明显，批评想要成为一种系统的研究，其前提是文学里存在足以保证它如此的性质。我们只能采用这样的假设，即正如自然科学的背后存在着一种自然秩序一样，文学也不是一堆越积越多的'作品'，而是一种词语秩序……如果批评称得上是一门科学的话，那么，它就必须是可以彻底理解的。"①

弗莱仿效自然科学模式建立批评科学的思路又一次拷贝了康德的思路。在《纯粹理性批判》第二版"序言"中，康德郑重地提出："纯粹思辨理性的这一批判的任务就在于进行那项试验，即通过我们按照几何学家和自然科学家的范例着手一场形而上学的完全革命，来改变形而上学迄今的处理方式……一旦它通过这部批判而走上一门科学的可靠道路，它就能够完全把握住属于它的整个知识领域。"②

康德以牛顿为思想偶像，感谢牛顿为他指明了一条理解自然世界的光明大道，即以秩序和法则来统摄表象混沌纷乱的自然世界，认为哲学或形而上学也应仿效牛顿式自然科学取得巨大成功的模式走上科学之路。鉴于自古希腊以来西方文化传统中形而上学与自然哲学的长期密切关系，康德的思想算不上十分反潮流，相比较之下，弗莱的批评科学之路走起来却要艰难得太多了。

弗莱对"文学批评的重要领域基本上属于评论"③的状况感到焦虑，强调批评应体现为一种客观知识体系的面貌，而绝不应该把出于主观价值判断的作家作品评论或鉴赏作为它的主干。"在文学研究领域排斥价值判断是弗莱总的观点中一个明显的结论。弗莱认为，"在文学研究的纲领上写上价值判断（'这首诗很美'、'这篇小说很拙劣'），就如同在作为社会目的的宪法里加上公民的幸福……价值判断在认识工作之前就已经存在并将在其后继续存在，但二者不能相混，在它们之间有一条鸿沟：认识总是走向客

---

① Northrop Frye, *Anatomy of Criticism*, Princeton University Press, 1957, pp.15-17.
② 康德：《纯粹理性批判》第二版序言，邓晓芒译，人民出版社 2004 年版，第 18—19 页。
③ 诺思洛普·弗莱：《文学的原型》，黄志纲译，见吴持哲编：《诺思洛普·弗莱文论选集》，中国社会科学出版社 1997 年版，第 80 页。

体而评价总是走向主体。"①弗莱憧憬着一种消解了价值判断的客观批评："发展一种真正的诗学的第一步就是要识别并排除掉无意义的批评或那些以一种无助于建立知识系统结构的方式所进行的关于文学的议论,诸如我们经常见到的批评性概括、反思性评价、意识形态性宣言以及就某个非有机整体话题大言炎炎的臧否裁断等,都属于这类无聊透顶的东西。这类无聊透顶的东西也包括所有的那些"最佳"小说或诗歌或作家的排行榜,无论这些"最佳"的出类拔萃之处是大众式的还是小众式的,还包括一切随意的、感情用事的、偏见十足的价值判断以及一切文学闲谈,这些文学闲谈使诗人的声誉起起落落,仿佛证券交易时的情形。富有的投资家艾略特先生在股票市场抛售弥尔顿一阵后,现在又重新回收他了;多恩的行情大概已到峰顶,将要开始回落了;丁尼生股也许仍会波动,而雪莱股却持续见跌……既然趣味的历史与批评之间不存在有机的联系,我们就可以轻而易举地将其剔除出去。"②无论如何,弗莱试图超越主体性和价值判断的批评方案绝不可能像他形容的那样"轻而易举地"开展起来,艺术史家贡布里希斩截明快的陈词更能代表绝大多数人文学科学者的"集体正义":"人文科学如果对价值失去兴趣,就等于自杀。"③弗莱模仿康德哲学的方法论,旨在建立文学批评的全新原则,而他的思路却完全走向了康德哲学主体性原则的反面,这真是一个无比奇妙的吊诡。在1971年问世的思想自传《批评之路》中,弗莱全面而明晰地表述了他的总体批评观:"我需要的批评之路是一种批评理论,它首先要说明文学经验的主要现象,其次要导向对文学的整个文明中的地位的某种看法……批评将永远有两个方面:一个转向文学结构;另一个转向组成文学社会环境的其他文化现象。它们在一起相互平衡,当一个发生作用排除另一个时,批评的观点就会失去中心。当批评处于恰当的平衡时,批评家从批评移向更大的社会问题的倾向就变得更容易理解。"④

在弗莱看来,文学批评首先必须成为关于文学本身(文学经验的主要现象或文学结构)的批评,这是批评之路的逻辑起点,只有彻底地实现了这种闭合式的内转,才有可能辩证地导向与之形成巨大张力的开放式的外转,

① 茨维坦·托多洛夫:《批评的批评》,王东亮、王晨阳译,三联书店1988年版,第100—101页。
② Northrop Frye, *Anatomy of Criticism*, Princeton University Press, 1957, p.18.
③ E.H.贡布里希:《艺术与科学:贡布里希谈话录和回忆录》,杨思梁、范景中、严善淳译,浙江摄影出版社1998年版,第275页。
④ 诺思洛普·弗莱:《批评之路》,王逢振、秦明利译,北京大学出版社1998年版,第1、10页。

外转方向的文学批评关注由文学文本引发出的更为广泛的社会问题与整体
文明问题，标示着批评之路的延展和拓深。很明显，弗莱暗示了外转方向的
文学批评较之内转方向的文学批评具有重大得多的文化意义。

　　理想状态下批评的双重维度应该像一架天平的两极，形成共时性的永
恒的相互依存与相互平衡状态，可是，很遗憾，按照弗莱的批评方法论理念，
它们在批评现实中只能历时性地展开，只有完成了基础性的内转方向的批
评之后，方可接下来进入更高层次的外转方向的批评，弗莱的这一思路几乎
完全是一百多年前康德进行理性批判时所采取思路的翻版。

　　20 世纪法国形式主义诗学最杰出的代表人物是保罗·瓦莱里。
1924—1944 年，瓦莱里的《文艺杂谈》陆续出版了五集，分为"文学研究"、
"哲学研究"、"近乎政论"、"诗歌和美学理论"、"教学"和"诗人的回忆"六
个部分。形式问题是贯穿《文艺杂谈》这座庞大迷宫的阿里阿德涅线团。
瓦莱里并没有像俄国形式主义诸家那样革命性地重新界定"形式"的概念，
而是几乎全盘接受和沿袭了至少从贺拉斯《诗艺》、朗吉努斯《论崇高》以来
即在欧洲诗学传统中占据统治地位的古典式的内容——形式二分法。"罗
马时代出现的与'内容'相对而言的'形式'概念，尽管表述方式各异，但是
其内涵却大致相同，都是指作为写诗方式、方法和手段的'技巧规律'，这种
包括语言、修辞、结构、韵律、节奏、技法等因素在内的'技巧规律'，在他们
看来，是使一部艺术品成为艺术品的各种内在要素的总和。"①"及至文艺复
兴时期，诗学中形式与内容的区分也颇为明显。当时用来表示这项区分的
名词，便是 verba 和 res。虚构（inventio）和思想（sententia）包含在内容之中，
而措辞（elocutio）则属于形式。有些作家，像弗拉卡斯托洛和卡斯特尔维特
曼等人，都把形式称为工具，可见在他们心目中，形式只不过扮演一个配角。
但是在另一方面，像罗伯特罗这些作家们，却看重诗的真正的目的和价值，
正在于字句的优美和谐、妥帖的安排之中，也就是在形式之中。"②瓦莱里是
后一派观点忠实而坚定的现代捍卫者。

　　瓦莱里指出，评判文学作品价值高下的根本的，甚至是唯一的标准在于
形式的质量，"只要以其形式的质量来对作品进行最后审判的时刻没有到
来，就存在着一种价值的混淆"③。这一原则在瓦莱里关于博须埃的评论中

---

① 赵宪章主编：《西方形式美学》，上海人民出版社 1996 年版，第 127 页。
② 参见瓦迪斯瓦夫·塔塔尔凯维奇：《西方六大美学观念史》，刘文潭译，上海译文出版社
　2006 年版。
③ 保罗·瓦莱里：《用形式进行创造的维克多·雨果》，见保罗·瓦莱里：《文艺杂谈》，段映
　虹译，百花文艺出版社 2006 年版，第 151—152 页。

有着清晰的展示：瓦莱里把体现一种关于文学的价值及其力量极限观念的诗圣桂冠献给了与他亦师亦友的诗人马拉美。马拉美去世后，瓦莱里在纪念文章中以宗教般的虔诚表达着自己对这位大师的无比崇敬和爱戴之情："对于我们而言，他象征着诗歌领域最纯粹的信念。与他相比，所有其他作家在我看来，都丝毫没有认出真神便沉溺于偶像崇拜。他最根本的追求一定是为了定义和制造最精妙和完善的美……从这里开始他远离了其他诗人，这些诗人中哪怕最杰出者也不免带有不纯粹的瑕疵，混杂着缺失并被长度所削弱……他的思想的产物是荣耀的：它们美妙而且坚不可摧。"①取径马拉美，瓦莱里引出自己诗学理论的核心概念："纯诗"。

瓦莱雷采用了借自炼金术的一种类比，就像炼金术士从混沌无序的自然物质中提炼出纯金，诗人要做的是从纷繁芜杂的普通语言中提炼出"纯诗"："这一切借助的是普通语言这一本质上是实用性的工具，这一处于不断变化之中、不断遭到污染、为所有人使用的工具，我们的任务是从中提取出一个纯粹、完善的声音，它悦耳动听，无损瞬间的诗的世界。"②瓦莱里的这种"纯诗"观念是康德以来西方形式美学关于"纯粹形式"或"纯粹美"讨论的诗学结晶。韦勒克敏锐地注意到了这样一个事实："在 19 世纪期间，赫尔巴特的形式主义（它把形式看作美感表面或声音组合）是美学中的一次重要运动，特别是就美术和音乐（E.汉斯立克）来讲，但是对文学批评的影响却微不足道。"③道理很简单：排除文学作品中的内容和社会性等语义层面而单纯关注声音、措辞、布局等形式层面，亦即文学的无主题化处理，现实操作起来要比美术或音乐的无主题化处理困难得多。

瓦莱里关于诗人与音乐家的比较强调了诗人的不利处境："音乐家何其幸运！音乐艺术的发展为他提供了得天独厚的条件。他的手段是明确的，他的创作材料早已被制作好摆在他面前……一旦我们清楚地区分乐音和杂音，就可以看出二者之间的一个对比，这是一个极其重要的印象，因为这一对比是纯粹与不纯粹的对比，可以归结为有序与无序的对比……音乐拥有一个绝对自我的领域。音乐艺术的世界，是乐间的世界，它与杂音的世界泾渭分明……诗人处在多么不利和混乱的状态下！摆在他面前的是普通

---

① 保罗·瓦莱里：《斯蒂凡·马拉美》，见保罗·瓦莱里：《文艺杂谈》，段映虹译，百花文艺出版社 2006 年版，第 192—193 页。

② 保罗·瓦莱里：《诗与抽象思维》，见保罗·瓦莱里：《文艺杂谈》，段映虹译，百花文艺出版社 2006 年版，第 303—304 页。

③ 雷内·韦勒克：《20 世纪文学批评中的形式与结构概念》，见雷内·韦勒克：《批评的概念》，中国美术学院出版社 1999 年版，第 58 页。

语言……没有什么比这种本质上的无序更不适合于艺术家的意图,他要时时刻刻从中提取出他想创作的有序的因素。"①瓦莱里试图建立的诗歌"纯粹形式"美学其实是 19 世纪维也纳音乐评论家汉斯立克"绝对音乐"理论的诗学翻版。"根据汉斯立克的观点,音乐以自身为目的,它主要不是一种表现情感或服务于其他非音乐内容的手段。"②形式作为目的——瓦莱里梦想在诗学中实现的正是汉斯立克早已在音乐美学中成功实现的理论指向。

不幸的是,瓦莱时的梦想注定只能成为梦想。汉斯立克"把音乐的美比作阿拉伯风格的图案,也许更恰当地说,就像万花筒"③。艺术史家贡布里希研究装饰图案心理学的著作《秩序感》以"一些音乐上的类比"收束:"在所有的艺术中,音乐被认为具有最坚实的理论。它以数字为本……它和算术、几何、天文学一样,建立在精确的测量的基础上。音乐的这一地位归功于毕达哥拉斯关于声音的质感与数学的比例相关的发现。"④事实上,形式作为目的的观念自古希腊毕达哥拉斯以来一直是西方音乐理论的重镇,它从属于宇宙论而非人本主义,然而,如果把这种观念原封不动地移植到诗学的领域而且占据第一性的位置,现实人生就会相应地在文学中隐退,而在荷马以来的西方文学传统与柏拉图以来的西方诗学传统中,人本主义的统治力却绝对不可动摇,瓦莱里的诗学立场是彻底反传统的:"诗的宇宙源发于数,或者毋宁说,是源发于意象,图案、谐和音、不谐和音的密合交织。"⑤苏格拉底把哲学从天上引回了人间,瓦莱里则想着把诗人从人间提升到开上,他让我们想起了《浮士德》中的少年欧福良,欧福良梦想以天空为家,他要自由地飞翔,可是古希腊谜底为"人"的斯芬克斯之谜却是关于"脚"的,人踩在大地上生存,诗的大树同样深深地扎根于大地,想把这大树连根拔起、幻化为天上的星辰,只能是虚妄的梦想。瓦莱里严格区分诗与散文的性质和价值,在他眼中,坏的诗一定是靠近散文的,而好的散文必然倾向于诗。较之于诗,散文不可避免要与普通语言"同流合污","纯粹形式"

---

① 参见保罗·瓦莱里:《论诗》,见保罗·瓦莱里:《文艺杂谈》,段映虹译,百花文艺出版社 2006 年版,第 330—332 页。

② 菲利普·阿尔佩松:《音乐哲学:形式主义及其他》,见彼得·基维主编:《美学指南》,彭锋等译,南京大学出版社 2008 年版,第 221 页。

③ 菲利普·阿尔佩松:《音乐哲学:形式主义及其他》,见彼得·基维主编:《美学指南》,彭锋等译,南京大学出版社 2008 年版,第 221 页。

④ E.H.贡布里希:《秩序感——装饰艺术的心理学研究》,范景中、杨思梁、徐一维译,湖南科学技术出版社 2000 年版,第 315 页。

⑤ From René Wellek, *A History of Modern Criticism* 1750—1950, *Volume* 8, Yale University Press, 1992, p.100.

的实现几乎是它不可能完成的任务,因此瓦莱里不喜欢散文,散文与他无比苛刻的"秩序感"相去甚远。即便局限在诗的范畴,瓦莱里理想中的"纯诗"也是原则上把叙事诗排除在外的,荷马式史诗的散文内容因素总嫌过于刺眼,而且篇幅过大,难以直观形式完形的全局情态。瓦莱里把诗人比拟作诗的建筑师,他欣赏诗也像欣赏古希腊神庙或中世纪大教堂,重在凝固整一的空间感,而无异于绵延流动的时间感。

瓦莱里以一种苏格拉底式反讽的口吻提到"小说家的艺术本身对我而言是一种几乎难以想象的艺术"[1],小说几乎算得上是他最反感的散文体裁,在他的诗学体系中,小说和诗形成了最鲜明的对照:"诗直接利用我们的人体组织并以歌曲为极限,它是听觉、声音形式和清晰的表达之间准确而连续的联系的一种练习,小说则想激发和支持我们身上这种普遍和不规则的期待,即我们对真实事件的期待……诗作为语言的装饰性和可能性的纯粹体系,它的世界基本上是封闭的和自足的,而小说的世界,即便是志怪小说,是与现实世界相联系的……营造'生活'和'真实性'的表象是小说家苦心孤诣的目的……小说也并非一定要有节奏、对称、修辞、形式,甚至没有什么固定的结构。"[2]小说是所有文学体裁中贯彻"模仿论"(mimesis)和"现实主义"最彻底的,它标志性的强烈"现实感"洪流势必冲毁文体形式图案的堤岸,这当然是"纯诗"的守护天使瓦莱里无法容忍的。

---

[1]　保罗·瓦莱里:《纪念马塞尔·普鲁斯特》,见保罗·瓦莱里:《文艺杂谈》,段映虹译,百花文艺出版社 2006 年版,第 230 页。
[2]　保罗·瓦莱里:《纪念马塞尔·普鲁斯特》,见保罗·瓦莱里:《文艺杂谈》,段映虹译,百花文艺出版社 2006 年版,第 231 页。

第十章　康德与自然问题

第一节　康德的自然观

在西方美学中,康德是欧洲人本主义美学的完成者,他以坚定的人本主义立场、深邃的人文情怀、博大的理性主义观念和极富智慧的主体性方法,构建了最为精深而影响久远的人本主义美学体系。然而,康德并非是一个极端人类主义者。在他早年从事自然科学研究时就满怀着对自然的深切敬意和无限钟情,而他批判时期的美学在对自然概念的全新理解、对自然目的的阐释、对人与自然生存关系的确立,对艺术天才的表述和对自然与自然美、崇高关系的破解中,以更理性却又充满激情的方式显现出他对自然、人类、世界的生态关怀。也许,正是在这种自然、人类、世界协调共处并以此为前提下促进人类的生存、发展的生态关怀的情境中,康德才真正发现了人本精神的核质与人类生存价值的真谛。

康德人本主义哲学与美学在三个层面上界定自然概念,即作为客观实在的大自然,被物种属性决定了的人自然本能和存在论意义上的自然本体。其中,存在论意义上的自然本体是康德确立自然概念的基础与核心。

康德认为,存在论意义上的自然既不是亚里士多德哲学思想中的质料,也不是培根经验主义哲学中的事实。质料和事实都是具体的物在,而不是存在本身。存在论意义上的自然应被理解为对存在本身的一种客观性理解,"它指的仅仅是一般物存在的各种规定的合乎法则性"①。就认识能力有限的人而言,自然作为普遍、必然的存在本身,不可能被感知,但无法被感知的自然本体却存在着。因为,如果人类不相信普遍、必然和自然本体一定存在,那么,人类就无法感知并理解包括大自然和人的自然物种属性在内的万事万物的存在了。康德将这普遍存在着却又无法感知的自然本体称为"物自体"。他说:"我承认在我们之外有物体存在,也就是说,有这样的一些物存在,这些物本身就可能是什么样子,我们固然完全不知道,但是由于它们的影响作用于我们的感性而得到的表象使我们知道它们,我们把这些

---

① 康德:《未来形而上学导论》,庞景仁译,商务印书馆1978年版,第60页。

东西称之为物自体。这个名称历指的虽然仅仅是我们所不知道的东西的现象,然而无论如何,它意味着实在的对象的存在。"①

必须指出的是,康德人本主义哲学与美学中的自然本体与他之前西方哲学史、美学史关于自然本体的传统理解大相径庭。泰勒斯的水、赫拉克利特的火、柏拉图的理式、莱布尼兹的单子,都是西方不同历史时期对自然本体的某种哲学理解。尽管他们对自然本体的解释不同,但都将自然本体视为具体存在,自然本体与一般的具体存在不同之处只在于这种作为自然本体的具体存在是首创的、范本的。康德的"物自体"则不一样,它既不是具体存在,也不是大自然和人的物种属性的范本,而是普遍、必然的存在本身。正是在此,我们可以解释康德在使用本体这一概念时用 moumena 一词而不用西方哲学史惯用的 ontologie 一词来表述本体这一困惑学术界两百年的问题。在德语中 ontologie 的希腊词根 onai,意为存在,其复数形式 onto,意为万事万物之在,而 onto 又演化为本体 ontologie。康德哲学与美学中的自然本体不是具体物在,而是普遍、必然的存在本身,所以理所应该不能用 ontologie 一词来表述存在了。而 noumena 一词在德语中为普遍、必然的形式之意,它正契合了康德对自然本体的基本理解。不仅如此,康德用 noumena 一词表述自然本体还有更深的意蕴。在康德的哲学中,人的感觉、知觉、思维都是有限的,人所面对并认识、理解的感觉世界、思维世界也必然是有限的,唯有理性信仰作为人的主体性是唯一普遍、必然的,理性信仰所相遇的存在世界也一定是普遍、自然的。作为存在本体意义上的自然,人类既不可感知,又不可认知,它是神秘的,不能为人类认识能力所把握。但是这个自然本体却是世界具体存在以及人类在这具体存在的世界中生存、发展的底端界度。没有它,世界的一切存在不可理解。而人类对自然本体的把握就只能是一种方式,即从内心底处坚信它是存在着的,它不仅普遍、必然存在着,而且因为它的存在,世界的一切包括人自身才可理解。这种对自然本体存在的坚信,根本上讲,是人对无限丰富而又协调统一的整体自然的深深敬畏。

自然合目的论是康德哲学、美学中生态关怀的主要体现之一。在康德看来,自然合目的绝不应产生上帝是自然最终目的的结论,自然合目的也不是科学认识的对象,自然合目的只关涉人类反思判断力,具有审美性质。

康德认为,自然在与人发生关系之前是独立的"物自体",无所谓目的。然而,当人与自然构成对象性关系时,人类发现人对自然有一种特别的亲

---

① 康德:《未来形而上学导论》,庞景仁译,商务印书馆 1978 年版,第 50—51 页。

近。在大自然中,人类总是感受到舒适与愉快,对此,康德说:"我们就可以进一步来在自然的许多产物中预测可能有某些产物,其形式是特别适合于人的判断力,好像是完全要照顾到我们的判断力才要放在那里似的。"①换句话说,自然的目的性生存于人类判断力中。判断力在康德哲学、美学中有两种。辨认某一种特殊事物是否属于某一普遍规则的判断力叫"决定判断力"。以特殊的事物去寻找普遍规则的判断力被称为"反思判断力"。康德明确指出,只有在"反思判断力"的判断过程中,自然具有了目的性。自然的合目的性本身是"一种反思判断力的估计而不是确定判断力的估计"②。众所周知,在康德美学中,反思判断力是人类产生审美过程的根本原因,审美在本质上就是通过对具体形式的判断显现普遍的自由并产生愉快的过程。自然合目的性也就可以理解为在对具体自然事物的判断中,显现普遍本体生存的过程,正像康德所说:"自然的一种客观目的性乃是为反思判断力所使用的一条理性的批判原理",自然合目的本身就具有审美特性。正是这蕴藏在合目的性中的审美性,才使得人类在居于自然中,在与自然相遇时,感受到亲近与愉悦。在反思判断中,无论就其目的还是手段都如同艺术:"我们可以简直把结果看为一种艺术作品,又可把它看为其他可能的自然对象用来作它们的艺术材料的"③。对此,康德曾举例详述:"恰像沙,作为单纯沙来说,不能看做是它的原因,即海的结果。除非我们使这个原因展望到一个目的,而把其结果,即沙,作为一种艺术产品来看待。"④

　　自然的合目的与艺术一样,源自人类反思判断力,这就杜绝了将自然的合目的归因于上帝和对自然合目的进行科学认识的可能性。在西方文化发展中,自然合目的是一种古老的观念。康德之前,人们在解释自然合目的现象时,不是将之视为某种"逻各斯",就是将自然合目的原因归之于上帝。而近代随着科学技术的发展,人类认识能力的提高,有人便认为可以对自然合目的现象进行科学认识,找出其科学依据。康德则认为,对人类而言,上帝只是他理性的信仰,表达着人的自由本质追求无限的趋向。所以,上帝与自然无关,只关涉人们的理性信仰。而人类的认识能力受知性的限制,只能运用概念对经验进行建构,从而产生科学知识。像自然合目的性这种个别蕴含普遍的现象,人类的认识能力无能为力。因为认识既可以得出自然是符合目的的答案,也可以产生自然是无目的的结论,这就是康德所说的"认

①　康德:《判断力批判》(下卷),韦卓民译,商务印书馆 1985 年版,第 3 页。
②　康德:《判断力批判》(下卷),韦卓民译,商务印书馆 1985 年版,第 52 页。
③　康德:《判断力批判》(下卷),韦卓民译,商务印书馆 1985 年版,第 13 页。
④　康德:《判断力批判》(下卷),韦卓民译,商务印书馆 1985 年版,第 14 页。

识二律背反"。康德指出:"如果我们转过来用这种目的性来证明有一个上帝,那么,自然科学与神学都同时丧失一切原有的实质了。这种骗人的从一方到另一方的穿来穿去,就使两方都陷入不明不白。"①所以,自然合目性的本源即是上帝,科学认识对它也不必解释。究其根本,自然合目的性源于人类反思判断力,究其性质,自然合目的性本质上是审美的。

康德认为,人本是自然的一部分。不过,人与其他自然之在不同,人具有理性,这使得人与自然构成了一种独特的生存关系:一方面,自然合目的,自然对人而言一切皆有价值;另一方面,人必须热爱自然,尊重自然赠予人的好意,并在审视自然中拥有自然,否则人将失去一切。人与自然的这种生存关系,被康德视为人的幸福和人的文化的要旨。

康德说:"在最广泛的意义上,我们自己也是自然的一部分。"②这里有两层意思:其一,从动物学意义上讲,人是一种动物,它从自然中诞生并生存于自然之中,它生命中的一切物种成分都依赖于自然;其二,从哲学存在意义看,自然的最基本含义即为本体存在。人的存在也只是本体存在的一部分,只不过是本体存在中最具超越性和自由性的一部分。所以,人属于自然,但作为自然中非常特殊的一部分,人又不同于自然。在康德看来,人是自然的一部分却又不同于自然的特殊性就在于人是自然中唯一具有理性的存在,理性规范了人与自然的关系必须是一种协调、合理、富有价值意义的生存关系。一方面,理性的人作为自然的一部分,它最不可缺的就是生养他、哺育他的自然。人没有权力、也不应该对自然作出主观随意的选择。对人来说,自然中的一切都是人不可缺少的。人不仅要顺应这种人与自然的客观性关系,而且人还应在主观上充分意识到这种客观性关系,自觉地将自然的一切视为对人都具有意义的自然目的,正像康德讲的那样:"如果我们假定人是原要生活在地球上,那么至少他作为动物,而且乃至作为有理性的动物,不管是在怎么低的理性水平上,其生存所不可缺少的那些资料也是必不可没有的。但是在这种情况下,那些对于这种存在不可缺少的自然东西也同样要看为是自然的目的。"③另一方面,作为自然一部分的人由于其理性而与自然构成的这种关系,又为自然构建了新的存在维度。在人与自然的这种生存关系中,自然不再是自在无为的自然,而真正具有价值意义,"世界上任何东西都是对某东西有用的;世界上没有什么东西是无用的"④。

①　康德:《判断力批判》(下卷),韦卓民译,商务印书馆1985年版,第32页。
②　康德:《判断力批判》(下卷),韦卓民译,商务印书馆1985年版,第24页。
③　康德:《判断力批判》(下卷),韦卓民译,商务印书馆1985年版,第15页。
④　康德:《判断力批判》(下卷),韦卓民译,商务印书馆1985年版,第29页。

自然对人的生存有用,并且自然顺应人的主体心意,人与自然保持着一定的物理的同构,也产生了某种心理的同构,按康德的话来说,就是:"人的因果作用的自由是能使他把物理的东西适应于他心目中的意图的。"①

很明显,康德所理解的人与自然的生存关系绝不是一种人为的功利关系。人与自然的生存关系无目的而合目的,无功利又满足人类的功利,康德将这种人与自然的关系视为"自然给予我们的一种好意,因为除了给予我们以有用的东西之外,它还这样大量地分送美和魅人的力量,而为这,我们就可以热爱自然,正如我们由于它的广阔无边而以尊重的态度来看它那样,而且我们在这样的静观中不禁觉得自己也崇高起来"②。正是这样无目的而合目的、无功利却又满足功利的具有审美价值的人与自然的关系才真正实现了人类的幸福,促进了人的文化,可以说,在康德看来,树立并实现这种合理、协调并具有审美性质的人与自然的生存关系应是人类最重要、最宏大、最基本的生存目的,所以康德一再解释道:"这个在人里面的目的,这个作为目的来说终之是通过人和自然的结合而得到促进的目的,究竟是什么呢?如果这个目的是必须在人里面才能找到的东西,那么它必须或者是这样一种的目的,通过自然与其对人类的慈善,人就可以得到满足的,或者是能力的倾向和熟练的技巧对一切目的均可适用,而这些目的都是人可以用而使用在他以内或他以外的自然的。前一种的自然目的就应该是人的幸福,而后一种就应该是人的文化。"③

需要明确指出的是,康德所理解的自然不同于西方思想史对自然的传统理解,具有扬弃性。自古希腊以来,自然在西方思想传统中被理解为两种存在:现象的形而下存在与本体的形而上存在。英国经验主义、法国启蒙主义视自然为与文化、社会、心智相对的存在。自然在他们的思想体系中意味着人所生活其中却与之不同的大自然。自然作为物的存在具体而明晰。自然与人的关系呈示着存在与意识、对象与反映、原本与模仿的基本关系。而自然神论、德国理性主义则相信自然是世界的本体,全部存在的概括,是产生一切实际具体存在之源。在他们的心目中,自然具有本源性、不可经验性和先验设定性。但批判哲学认为,西方思想上对自然的两种截然不同的理解都有着静止不动、坚守结果、忽略过程和视其存在为已成之事的共同特性。这些共同的特性又是拉丁词根 nature 所固有的。而康德对自然的阐释

---

① 康德:《判断力批判》(下卷),韦卓民译,商务印书馆 1985 年版,第 14 页。
② 康德:《判断力批判》(下卷),韦卓民译,商务印书馆 1985 年版,第 31 页。
③ 康德:《判断力批判》(下卷),韦卓民译,商务印书馆 1985 年版,第 93 页。

在保留了拉丁词根的文化底蕴同时又复归了希腊人对自然的理解。自然在希腊词根为 physis,本意为生长。一切在自然中敞开。康德所确立的自然正是含有拉丁词根与希腊词根的双重意蕴。一方面,自然是现象,是我们经验到的万物之在。同时,自然又是本体之在,是"物自体",超验而不可穷尽认识;另一方面,自然生生不息,自然的任何结果都不是已成之物而敞向新的未成过程。正是这一本质,使自然在展开中拥有了显现之特征,使自然可以向人类敞开,使自然的规律与人类的目的契应,使自然成为人类生存、发展的终极参照,使自然成为人类历史的一部分或者说使人类历史成为自然的合理延续与展开。

　　20 世纪德国哲学家海德格尔在康德理论的基础上进一步追寻"自然"的真义。海德格尔认为,在思想开端处,physis 的本真内容绝非自然:"希腊人并不是通过自然过程而获知什么是 physis 的,……physis 原初地意指既是天又是地、既是岩石又是植物、既是动物又是人类与作为人和神的作品的人类历史,归根结蒂是处于天命之下的神灵自身,physis 意指绽开着的强力以及由这种强力所支配的持留。"[1]海德格尔反对把 physis 理解为自然哲学或自然科学意义上客观自在的自然,强调 physis 作为开启式强力包罗万象、集聚天地人神的运作动态,其自身的绽开依赖于内部丰富集存巨大的对抗性张力,而这种绽开的展示进入现象并在现象中凝固居停。如是,"physis 就是既绽开又持留的强力"[2]。海德格尔的"自然"古义考源进一步强化了康德理论中自然与人的本质一体性。

　　康德启蒙的理性自然观思想意义重大,然而现代化进程发展到今天,康德启蒙的理性自然观作为西方启蒙思想的一部分,许多方面遭到了当代思想家的追问、质疑。这种以理性为本质的自然观给当代文化带来了以下三个方面的思想困惑:

　　困惑之一:人与自然是单一关系还是多维关系?康德启蒙的理性自然观表达的是人与自然的单一理性关系。在这种单一关系中,自然在人的理性作用下成为人的客体,并与人构成主客体建构关系。在主客体的建构关系中,人起着决定性作用,人按照自身的需求、愿望、目的建构着自然,赋予自然以人的本质。自然在人的关系中不断地被要求适应人、满足人,造成自然与人的关系日趋紧张,自然被非自然化。霍克海默和阿多诺发现,启蒙的理性自然观的本意是想找到一个自然与人在现代生活中和谐共处的关系,

---

① 海德格尔:《形而上学导论》,熊伟、王庆节译,商务印书馆 1996 年版,第 16 页。
② 海德格尔:《形而上学导论》,熊伟、王庆节译,商务印书馆 1996 年版,第 16 页。

希望通过理性的主动性和创造性来实现这种和谐共处。但是结果恰恰相反，自然与人没能和谐共处，分裂、冲突不断加深，本该向自然交还那属于自然的东西，却在人对自然的建构过程中背叛了自然、取消了自然。霍克海默和阿多诺对启蒙的理性自然观所造成的后果的批判，引起许多当代思想家的共鸣。人们不禁要问，人与自然的主客体建构关系是人所应该理解的人与自然的唯一关系吗？还是应将人与自然的关系理解为多元、多重的关系？

　　困惑之二：人应理性的生活在自然中，还是应诗意的生活在自然中？ 毋庸置疑，人类是借助理性的力量从野蛮的自然中走进文明社会的。理性是人类迄今为止最为强大的历史力量。理性为人类设计社会、筹划理想、实现目标。但是，人在拥有理性的同时，也深深感受到理性对人的支配、强制和压抑。理性是普遍的、规则的、客观的、刚性的。在漫长的文明历程中，特别是近现代以来，理性的支配性渗透到人类生活各个领域、各个角落、各个层面，人类的生活日愈独白化、逻辑化。理性取消了人类的感性价值，遮掩了生活的诗意维度，甚至理性成为人类的崇拜对象，而理性自身有时也显得是如此的武断。就人类的历史和人类的现实两方面看，人类都不仅是理性的产物，也是情感的产物。无论在人类的公共生活中，还是在个体私域生活中，只有当情感找到合适的对象时，人才常常觉得生活是实在的、有意义的。因而，海德格尔晚年针对近代以来理性称霸的人类生活追问道，人究竟应理性的栖居在自然中，还是应诗意的栖居在自然中？ 其实，自现代化以来的数百年中，人类就是以理性的方式生活在自然中。理性地生活在自然中幸福、进步以及悲苦、困苦，人类已切实地经历并深深地体悟，当代的人们应该更多地去思考、体验诗意地生活在自然中的意义。

　　困惑之三：人类对自然的权力究竟是谁给予的？ 当代后现代主义思想家福柯在对启蒙进行批评时指出，启蒙思想在反对传统文化时旨在剥夺传统文化对人类生活的统治权，而在启蒙对传统文化的抗争过程中，启蒙自身成为一种至高无上的权力。启蒙以其理性的力量要求生活中一切承认并顺服它的权力，而且启蒙自觉地将这种权力营造成毋庸置疑的霸权，使启蒙理性在包括自然在内的人类生活中成为不证自明的。人类对自然的统治权最早出现在《圣约·创世纪》中，上帝造人就是让人替上帝管理大自然的一切。上帝赋予人类对自然的权力成为西方现代化进程之前人类统治自然的唯一理由。近代现代化进程之后，启蒙思想颠覆了上帝，自造了人。这个人是具有主体性的人，是神圣的人，是世界上仅有的可以取代上帝的人。按启蒙思想家的理论，被再造的人对自然的权力是天赋的，用康德的话就是先验的。人对自然的权力在此前还有上帝作证，现在则成为了一种绝对的无须证明的权力。人使用这种天赋、先验的权力时也就不用考虑权力使用的合法性与合理性,合法性与合理性已经包含在权力自身中了。自然是人类的母亲,难道自然母亲创造人类就是为了让人类拥有一种绝对的权力来统治她、支配她吗? 或是应该反问人类,人类对自然的权力的合法性、合理性究竟是什么? 权力从哪而来? 人类又该怎样运用这权力?

　　康德启蒙的理性自然观是近代德国启蒙思想中的重要组成部分,为后世思想产生重大积极的影响。同时,康德启蒙的理性自然观也为当今思想带来了许多困惑,因而,应该对康德启蒙的理性自然观进行认真的学理研究和深入的文化批判。

第二节　康德的生态关怀

　　作为生态关怀,自然对人的价值生成,人与自然生命关系的协调、合理发展并不是简单化、平面化的。自然对人的价值意义有时以高扬的方式出现,有时却以压抑的方式展开。在高扬与压抑的矛盾过程中,自然成为人建构主体性的动力,而人也完成了对自然的观照。康德的这种具有辩证意味的生态关怀集中体现在他对崇高和自然美的哲学化理解中。

　　从康德对崇高的构成的独特阐释中可发现,崇高的判断对象与判断主体是对立着的,它们的直接关系就是相互否定。自然对象在感知中摧毁了主体的想象力和知性力的统一,将一种和谐的感觉生命力否定为恐惧与惊吓,使自然对象无法成为人们直接经验的对象,这导致自然对象本身失去其形式性。所以崇高的对象总是无限的大或无限的有力,没有任何具体的有限规定。因而崇高的对象对主体生命力的否定是如此的彻底,以至在否定主体想象力和知性力的同时也将自己的感性存在特征从自身中否定出去,对象的性质与特征最终只能通过主体来给予、规定。对主体而言,在审美判断中,情感的理性功能对对象的统摄亦是否定性的。对象的强暴唤起的理性功能首先便是充分地意识到主体的不可屈服和对感性自然的优越,这是无限空间量或无限强大的力势成为崇高的对象的先决因素。理性自主地担当着想象力和知性力,使想象力和知解力的背反消解在理性之力中,而理性不是将那造成想象力和知性力崩解的对象作为操作对象去实践,而是将它包容在巨大的主体优越之中,使它的无限巨大的空间与力势被扬弃为承载主体理性、显示主体优越和价值的客体。在这种状态下,自然中具有的非人化感性因素完全丧失了,自然在呈示着主体理性观念的过程中表象着自己,自然具有了主体性,自然实现了对自我的超越。由此可见,崇高的对象在康德看来与其说是一个自然现象,不如说是被这个自然现象承载理性观念。而崇高判断的主体完全否定了其判断对象的自然属性,使对象的性质成为主体的。这样在崇高判断中,不仅判断者是主体,判断对象亦是主体的,判断过程则是主体对客体的自然属性的转化、扬弃而获得的对主体的确立、肯定。缘此,崇高的审美享受总是一种对渺小、卑琐的蔑视,一种挣脱感性枷锁的自由喜悦。与对美的判断相比,崇高的这种理性特质使崇高往往具有某种天启的终极性。在崇高的判断中,判断者完全可以领悟到自然的意义、生命的价值、人格的力量,把握到个人存在的无限性、理性价值的自由性。所以康德认为,崇高虽然是一种否定性审美判断,却比肯定性审美判断的美更令人激动、更富有内涵、更积淀着主体对自我确证的意义。事实上,崇高正是摆脱了限制(形式的、认知的)成为最为自由的本体过程。换个角度看,正是自然以其巨大的空间和力量对人的压抑,才召唤出人的主体自由本质。自然用一种否定的方式在崇高中实现了人们的生命价值和理性意义。

如果说,在崇高中,自然以其否定的方式达成人与自然的生存关系的话,那么,在自然美中,自然则以其自身的完善为人类展示了一种天然的魅力,并以此构成人与自然的协调、快活的生存关系,正像康德所说:"自然的美可以正当地称为艺术的类似物,因为以它归之于对象,乃是关于对这些对象的外部直观之反思的。"[1]这种体现在自然美中的人与自然的协调、快活的生存关系就是一种审美关系。它敞开了人的自由,同时也表达了自然自身的合目的性,可以说自然"这种美乃是自然和我们从事于抓住并且鉴定自然所出现的东西的认识能力的自由活跃的一致。因为那时,我们就可以把自己的美看为自然在其整体作为一个系统的一种客观目的性了。"[2]

康德是西方最重要的人本主义美学家,这一点无需争辩,但是他的批判美学思想中确实体现出一种近代独有的生态意识,而这方面却为人忽视。康德的人本主义基本原则和他的思想中蕴含的生态关怀并不矛盾。相反,正是人本主义精神与生态关怀的互渗互补,康德的美学思想才如此博大精深,至今还让后人萦怀不已、孜孜以求。

康德认为,从物种的意义上讲,人与动物都属于自然的一部分,并像所有动物一样,其生命的最一般倾向在于不断要求确定和完善自身的物种属性,这就构成了人作为物种与一般动物的生存目的的一致性或相似性。但与一般动物不同的是,人的物种属性具有其他物种所不具有的开放性质,它

---

[1]	康德:《判断力批判》(下卷),韦卓民译,商务印书馆 1985 年版,第 24 页。
[2]	康德:《判断力批判》(下卷),韦卓民译,商务印书馆 1985 年版,第 30 页。

与自然的关系呈现出极大的可能性特征,这导致了在生存方式上人与其他物种的根本差异。这种差异使人同自然(周围的物质世界和人的本能)始终有一种非常紧张的关系。自然常常成为人的威胁和束缚,人亦感到强烈的被压迫感,所以人需要挣脱自然的束缚。挣离束缚并不是断绝与自然的联系,而是把自然的法则统摄到人的主体活动的超越性之中去,使人在自然中获得属人的优先权。在康德看来,也许文化是唯一能达成这一目的的方式,因为文化是非自然的,却又能介入与干预自然。正是在这介入与干预中,自然才可能成为属人的自然,成为人的生命存在与发展的一部分。康德曾反复强调,在对待外部自然和人的自然属性这个问题上绝不能只把知识、艺术、宗教,甚至技术等文化活动视为单纯地提高人类智力品质的活动,它应是抵御自然、超越自然的战略对策与方法。当人以文化为实践对策,实现了对自然法则和人的本能统摄时,自然对人而言就成为非决定性的,人的活动和人对自身活动的阐释便是人类调整自我构成、指导自身行为的真正尺度,人在肉体和精神两方面的存在和发展就都具有了创造性。正因为如此,人不仅能够创造自己,而且决定着怎样创造自己。文化不仅是人对付自然的生命对策,也是人不再通过生物进化、变种发展自己的基本方式。所有这些,在康德看来,取决于我们如何将自然整合于文化模式之中。当然,整合的方式方法和具体途径复杂万象。不过有一点却不可相异,即作为生命对策的文化绝不意味着反自然和混灭人的天性,超越自然的实现在于使自然法则与人的本能符合人的主体文化目的、成为人的理性价值与自由本质的展开,正像康德所坚信的那样:真正的人道主义应是彻底的自然主义。

由此可见,当康德把挣离自然、超越本能的生命对策界定为文化的赋值与操作时,也就同时将自然视为人类的生存家园了。家园本身就意味着人自己的建造,纯粹的原始自然不会自发地成为人的居地。作为文化成果,成为人类生存家园的自然,既是自然客观的,又是文化属人的。人在这个家园的生存发展直接表现为对家园的建设。康德认为,建设这个家园包含着两个方面的主体任务,其一,要改变自然,使之人化。这又要求人们认识自然,对自然有尽可能广博和深刻的理解与体悟,使人尽量全面地根据这种认识与体悟合目的地改造自然;其二,更为深刻的是保持自然的独立性,使自然永远成为人类生存活动的最有效、直接的参照系。只有在这个参照系中,人才能使用一种有意义的文化方式进行选择和实现自身的生存和发展。否则,人的活动将可能是盲目和偏执的。所以在自然家园中生活,人要懂得关心自然、尊重自然,更多地用静观的态度、对话的方式、合规律的行为去享受自然赐予我们的福祉。为此,康德曾严肃地告诫世人,无论何时何地,人类都要防止用以提升人、解放人的文化异化为危及自然存在、中断人类生存的异己力量,并应视此为超越自然的基本文化对策之一。

海德格尔敏锐地洞察道,"现代哲学不合法地对数学加以模仿,为了让哲学领域找到一个像数学中备受'尊崇'的公理内核,哲学提出了以人的'自我'去充当一切哲学讨论的基础或枢纽这一角色"①。对海德格尔来说,主体性理论固然是现代西方对人的重要理解,但这种理解显出人试图只以自身准则去衡量存在的意义。显然,海德格尔的担忧并非杞人忧天,现代主体主义的核心是主体—客体二分法,由此衍生出人—自然、目的—手段、中心—边缘、征服—被征服等诸多二分法。在其中,主体是活动的源泉、中心、目的、客体则不过是被认识和改造的对象,其存在的价值和意义完全有作为主体的人规定和给予,所以,主体性哲学自在地意味着人类中心主义,这就是对存在物的自立性的忽略。从某种意义上讲,现代性的发展历程是物自身的毁灭历程,人类成了自己欲望的牺牲品,全球性的生态危机——温室效应、大气污染、土地沙化、物种灭绝……人类正在一步步地对自己赖以生存的生态共同体加以破坏。于是,海德格尔提出"理性的神话"、"心智的神话"和"主体的管辖"等批评,他要提醒人们主体中心主义的危险,他要为人类寻找安全的归家之路。海德格尔对主体性哲学的解构,几乎成了他整个哲学体系的基础,他的所有努力,似乎都为了降低人的地位,寻找新的平衡。

海德格尔的学生约纳斯作为哲学生物学的创始人,其理论研究的根本目的就是要消除传统存在论生命与世界、精神与自然的隔绝。他的哲学生物学是一个存在论——生物学的研究,不同于自然哲学领域的,注重实验和证明的生物学研究。以往的大多数哲学都是某种意义上的哲学人类学,即以人为中心和基点的哲学。而约纳斯的哲学则是以有机体,即一切有生命物为中心和基点。实在的本质表现为有机体的有机存在方式,这意味着,以往使人成为宇宙或世界的中心和基点的那些基本特征,也要在自然中找到,否则哲学就不能成立。主体性和自由是自然演化的必然结果,所以人并不具有比非人的有机体更多的特权。人的生命旨趣,即海德格尔在《存在与时间》中说的人对自己的操心,也应该应用于自然。人类为自然操心,因而人类的未来得以保证,这是人类不可抗拒的义务和使命。现代人认识并利用自然的同时,也应该去思考自然本身。

① 关子尹:《康德与现象学传统——有关主体性哲学的一点思考》,见《中国现象学与哲学评论》第六辑,上海译文出版社 2001 年版,第 152 页。

主体一旦被彻底消灭,则人生在世的意义便一同被消除。始于挪威总理布伦特兰的报告《我们共同的未来》,"可持续发展"的概念自 20 世纪 80 年代以来,已广为人知。时至今日,可持续发展的概念几乎成为了世界各国制订发展计划的核心目标,人类终于迎来了"积极性自然主义"的曙光。"积极性自然主义"的目的在于"彻底解放自然,将社会中的关系和人与自然的关系紧密相连。人是自然中积极的行动者,自然是人的创意的宝库。积极自然主义需要持续的政治激情,以公开动员民众,与他们一起进行思考,提倡一种历史自然观。"①在这种"积极性自然主义"的崭新思想中,康德生态关怀的回声清晰可辨。

第三节　康德与"形态学"

在《判断力批判》中,康德对于自然生命的起源与演化展开了富于诗意的形象直观:"从人类追踪到水螅,从水螅追踪到乃至藓苔,到地衣,而最后就到为我们可觉察得到的自然最低级的阶段……在这里,自然考古学家就可自由追溯到自然最早变革所留下来的痕迹……自然考古学家可以设想大地母亲的子宫,在其刚发生时,犹如一个巨大的动物,从它的混沌状态生出种种的活物来,其形态并不显出那么多的终极性……直到这子宫僵化、硬化,把生产局限于确定的、再不能更有变动的种类。而形态的多样化就固定下来。"②康德的这一自然形态论在西方思想史上可以追溯出一条漫长的观念谱系。美国观念史学家洛夫乔伊在名作《存在巨链》中也着重指出,正是亚里士多德"首先对后来的生物学家和哲学家提出一种按照动物完满性的程度把所有的动物安排在一个单一的定好级次的自然等级序列之中的思想"③。亚里士多德认为,自然不做飞跃,自然万物是渐进发展的:"自然由无生物进展到动物是一个积微渐进的过程,因而由于其连接性,我们难以觉察这些事物间的界限及中间物隶属于那一边。在无生物类之后首先是植物类,在这类事物中一者与另一者的差别看在于谁更多地分有生命,整个这一类较之于其他物体差不多显得像是有生命似的,但较之于动物却又像是无

---

① 塞尔日·莫斯科维奇:《还自然之魅——对生态运动的思考》,庄晨燕、丘寅晨译,三联书店 2005 年版,第 14 页。

② 康德:《判断力批判》(下卷),韦卓民译,商务印书馆 1964 年版,第 79—80 页。

③ 洛夫乔伊:《存在巨链》,张传有、高秉江译,江西教育出版社 2002 年版,第 64 页。

生命似的,从这类事物变为动物的过程是连续的。"①在亚里士多德看来,人
与其他动物之间也不存在不可逾越的鸿沟,人不过是动物的自然延续。到
了意大利文艺复兴思想家布鲁诺那里自然的一切造物,从最小的元素原子
到人类,无论是单纯的物体还是复合的物体,也无论是金属、植物还是动物,
都被"世界灵魂"赋予了生机。布鲁诺时常把"世界灵魂"称作"内在艺术
家"——一位不停地工作并将其内在塑造的完满的生活的巨匠。它从种子
中引出植物的存在,"因为它从内部形成物质和形状,好像从种子或根的内
部长出和展现主干,从主干内部长出枝杈,从枝杈内部发出嫩芽,从嫩芽内
部,像出自神经纤维般地形成并长出叶、花和果,并且又以内在的方式,将汁
液从叶、花和果重新引回嫩芽,从嫩芽此回枝杈,从枝杈引回主干,从主干引
回根。"②布鲁诺对植物内在生命形成、发展、壮大的直观想象也是经典的自
然形态论。在 17 世纪德国大哲学家莱布尼茨看来,"宇宙的实质性特征是
充实性、连续性以及线性等级性。存在之链由全部单子所构成,这些单子排
列按照从上帝到最低级的有感觉的生命的等级的连续之中","人和动物连
接在一起,动物和植物连接在一起,植物又和化石连接在一起,它们又依次
和那些我们的感官和想象力向我们描述为绝对无生命的物体相融合……自
然存在物的所有的序列都必然地形成为一个单的链条,在其中各种各样的
等级,就像如此之多的环节一样,被如此紧密地、一个一个地连接在一
起"。③ 这一自然形态论最直接地传递到了康德那里。

　　歌德在《观察判断力》一文中记述了当自己第一次读到康德这段话时
的兴奋之情:"我起初是不经意通过内在冲动而找到了我那通往本初和原
型之起源的道路,我甚至曾经成功地构造了一幅看上去蛮是那么回事儿的
草图。而现在,再也没有什么东西能够哪怕片刻阻拦我去坚定地从事那种
被哥尼斯堡的那位老人称为理性之冒险的事业了。"④在 1827 年 4 月 11 日
与爱克曼的谈话中,歌德讲到了自己的植物变形研究与康德思想的会通:
"康德没有注意到我,尽管我本着自己的性格,走上了一条类似他所走的道
路。我在对康德毫无所知的时候就已写出了《植物变形学》,可是这部著作

① 《动物志》,《亚里士多德全集》第四卷,颜一译,中国人民大学出版社 1996 年版,第
　　270 页。
② G.Bruno,Cause,*Principle and Unity*,translated by *Jack Lindsay*,New York,1964,p.82.
③ 洛夫乔伊:《存在巨链》,张传有、高秉江译,江西教育出版社 2002 年版,第 178—179 页。
④ 歌德:《观察判断力》,转引自卡西尔:《歌德与康德哲学:卢梭·康德·歌德》,刘东译,三
　　联书店 2002 年版,第 87 页。

却完全符合康德的教义。"①康德的自然形态论与歌德的形态学就这样取得了会通。

在1817年完成的《我研究植物学的经过》第一稿中,歌德回忆了自己自幼就与植物结下的不解的情缘:"从孩提时代起,我就习惯于到一个设备很好的花园去观赏郁金香、毛茛和石竹的花朵,而如果在一般的果物之外,还有杏子、桃子和葡萄的话,这就成了老幼全都满意的节日。"②在意大利旅居期间(1786—1788),歌德初次萌发了关于"本原植物"(Urpflanze)的想法,据他本人《意大利旅行》的记载,1787年4月17日清晨,他为了构思有关瑙西卡的诗而到巴勒莫的一家公园散步:"可是,猛然间,另一个老是缠着我的幽灵抓住了我。许多我过去惯于从盆盆罐罐中看到的植物,许多我几乎一年到头总是在温室里观赏的植物,都在这里自由自在地生长在大自然中,而当它们彻底实现了自己的形态之后,也就更易于为我们所理解。这些植物,有的跟我素昧平生,有的跟我似曾相识,名目繁多,琳琅满目,又使我久有的幻想浮现出来:于此森罗万象之中,就不能找到本原植物吗?③ 这时的歌德是把"本原植物"视为可感知的经验现象世界的具体存在的,他追寻着它,并且坚信自己终有一天会发现它。1790年,歌德发表《植物的变形》一文,探讨了植物的个别部分在从一个形态向另一个形态转化的规律,并正式提出了"形态学"(Morphologie)的概念。歌德通过对植物的观察,认为千种万类的植物都是从最早的一个"原形"即"本原植物"衍化出来的,它们一个阶段一个阶段地转变,而且不断提高。法国诗人瓦莱里指出:"歌德热切地关注变形这一概念,他在植物和脊椎动物的骨骼中隐约看见了这一现象。他寻找外形之下的力量,他识别形态上的细微变化,原因的连续性通过结果的时断时续向他显现出来。他发现叶子变成花瓣、雄蕊和雌蕊,在种子和芽之间有着深刻的一致性,他用最准确的语言描绘适应性的效果、支配植物生长的几种趋向性、不同力量之间平衡的建立和重建,他描述在发展的内在规律以及环境和条件的偶然作用下,这些现象时时刻刻发生的变化。歌德是生物变形论的奠基人之一。"④歌德试图在现实的自然世界中寻找

---

① 歌德:《歌德谈话录》,朱光潜译,人民文学出版社1978年版,第131页。

② 歌德:《我研究植物学的经过》,转引自汉斯·尤尔根·格尔茨:《歌德传》,伊德、赵其昌、任立译,商务印书馆1997年版,第173页。

③ 歌德:《意大利旅行》,转引自卡西尔:《歌德与康德哲学:卢梭·康德·歌德》,刘东译,三联书店2002年版,第90—91页。

④ 瓦莱里:《纪念歌德的演讲》,段映虹译,见瓦莱里:《文艺丛谈》,百花文艺出版社2006年版,第101—102页。

"本原植物"的想法遭到了他的朋友席勒的激烈反对,席勒认为,所谓"本原植物"的概念只适用于理念层面而完全不可能在经验层面得到实证,歌德不得不痛苦地面对自古希腊的柏拉图以来就一直困扰着一代代欧洲哲人的难题:"在这里,我们遇到了特别的困难,即在理念和经验之间似乎固有的一道鸿沟,我们的全部力量徒劳地致力于超越它。"①随着思考的深入,歌德越来越明晰地意识到,仅仅囿于经验的层面永远无法真正洞悉自然的本质,正如卡西尔指出的那样:"歌德学会了用别的方法来思考本原植物,他不再企望对它目睹手触。不过,对他来说,他的理论的价值似乎并未因这一层考虑而有减少或被打上问号。现在,他不再反对把本原植物称为理念了,他自己也以此来称谓它,并且运用了另一和真正歌德式的、意味深长的表达方式,他称此为象征。"②

1817 年,歌德提出了著名的植物学叶子理论:"植物必然是从最简单的叶子演变而成的,这种叶子逐步地多样化、减损、增加,并且在演进的过程中,它们总是变得更完美、更细、更轻,最后它们集中到最伟大的花之王国之中,以便它们或者是把种子抖散开来,或者重新开始一种新的生活历程。"③歌德"最简单的叶子"的概念正是在纯粹的本质抽象和感性经验世界之间的一种调和,一方面不具备任何经验证明的条件而弥漫着浓郁的玄想意味;另一方面却又由于其发生学的根本思路完全有别于单纯的抽象而具有直观的实在性,我们不妨借用英国科学哲学家波普尔的说法,称之为体现歌德巨大想象力和创造力的一种理论"猜想"。歌德在他主编的不定期刊物《变形学》论丛中描述了他对于植物形态变化进行想象性直观的情态:"我有这种禀赋,当我闭上眼睛以后,我低头在视觉器官的中央想象出一朵花,这朵花一刻也不保持它的第一种形象,而是在分解,从它的内部展现从彩色的、自然也有绿色的叶簇中探头的新的花朵,这不是天然的花朵,而是想象的花朵,可是它们像雕刻家的玫瑰雕饰一样合乎规则。"④在与爱克曼的谈话中,歌德讲到了自己在植物变形研究方面的宗旨以及在方法论上与分科细密的近代主流自然科学的分野:"我研究植物变形是走自己特有的道路的……

① 歌德:《思考与顺从》,转引自卡尔·洛维特:《从黑格尔到尼采》,李秋零译,三联书店 2006 年版,第 8 页。
② 卡西尔:《歌德与康德哲学:卢梭·康德·歌德》,刘东译,三联书店 2002 年版,第 91 页。
③ 歌德:《论形态学》,转引自汉斯·尤尔根·格尔茨:《歌德传》,伊德、赵其昌、任立译,商务印书馆 1997 年版,第 173 页。
④ 歌德:《变形学论丛》,转引自狄尔泰:《歌德和文学创作的想象》,胡其鼎译,三联书店 2003 年版,第 159 页。

我走进植物学领域是凭实际经验的。现在我才认识清楚这门科学在雌雄性别的形成过程上牵涉到的问题太广泛,我没有勇气掌握它了。这就迫使我用自己的方式来钻研这门科学,来寻求适用于一切植物的普遍规律,不管其中彼此之间的差别。这样我就发现了变形规律,植物学的个别部门不在我的研究范围之内,我把这些个别部门留给比我高明的人去研究。我的唯一任务就是把个别现象归纳到普遍规律里。"①在歌德看似自谦实则自傲的表述中,我们可以看出他探寻整个自然界奥秘的雄心和抱负。

在《意大利旅行》的 1787 年 2 月 19 日部分,歌德这样写道:"我们发现大多数植物已经变绿。遇到这些植物的时候,我关于植物学的奇特想法又强烈起来了。我正在发现新的、美好的关系:大自然这样一个好像一无所有的庞然大物,是如何从简单发展成为丰富多彩的。"②正是在植物变形研究的基础上,歌德提出了他关于"本原现象"(Urphänomen)的构想。歌德认为,大自然的一切都存在着"本原现象",即最本初、形态最为简朴的原型。"对于歌德来说,持续大自然的原型就是大自然的存在,大自然的生灭对他来说表现为同样的东西的变态。"在歌德的思想体系中,"本原现象"已经远远不仅局限于生物学的范围,而是扩大到宇宙论、社会发展论和人生论的范畴中去,冯至对此有一段中肯的论述:"他要在自然中处处遇到他从自然里神悟得来的原始现象:他在高级植物中见到原始植物(叶),在高级动物中看到原始形体(脊椎),在矿物中看到原始石(花岗石),在人的现象之后看见神的、原始的创造力(爱)——从这些原始现象中蜕变出宇宙的万象,这就是歌德的蜕变论。"③大哲学家黑格尔在致歌德的书信中对"本原现象"说大加赞赏:"您把自己非常中肯地称为本原现象的那种单纯的、抽象出来的东西置于首位,然后指出了具体的现象,它们是通过其他作用方式和环境条件的汇合而产生的。您把整个程序安排成从简单的条件向复合的条件前进,使错综复杂的东西清楚明澈地显现出来。搜寻本原现象,把它从其他的、它自己来说偶然的环境中解脱出来,如同我们所说的那样抽象地把握它,我把这看作是伟大的精神性的自然感觉的事情,而把那个进程看作是这个领域内的知识真正科学的东西。"④正如卡尔·洛维特指出的那样:"对于黑格尔来说,歌德的'本原现象'并不是意味着一种理念,而是意味着一种

① 爱克曼辑录:《歌德谈话录》,朱光潜译,人民文学出版社 1978 年版,第 118 页。
② 歌德:《意大利游记》,周正安 吴晔译,湖南文艺出版社 2006 年版,第 186 页。
③ 卡尔·洛维特:《从黑格尔到尼采》,李秋零译,三联书店 2006 年版,第 285 页。
④ 黑格尔:《往来信集》,转引自卡尔·洛维特:《从黑格尔到尼采》,李秋零译,三联书店 2006 年版,第 15 页。

精神——感性的本质,在纯粹的本质概念和感性世界的偶然现象之间进行调和。"①

　　在歌德成熟阶段的"形态学"理论中,"本原现象"就像"本原植物"一样,是一种可以通过直观的方式显现却不会在现实生活中直接出现的象征式本初存在,而且被规定为一种最简单、最朴素、最原始的形态构成。当歌德用"本原现象"来定义"美"的时候,他在相当程度上扬弃了来自植物变形研究的动态性、过程性以及进化性意味,而更倾向于直取普罗提诺"太一流溢"说的内涵,"美乃是原型的观念、永恒的模型、至上之完满与绝对者之显示——这是被普罗提诺、伪狄奥尼修斯以及大阿尔伯特等人所采取的见解"②。源出于这一思路的歌德"美是一种本原现象"命题在关于'美'的形态的规定上也就不像"本原植物"那样局限于最简单、最朴素、最原始的形态构成,而是如行云流水、姿态横生,贯通自然与艺术的一切领域和一切发展阶段,其本身就是最高度的完满性。

　　歌德在其论述中反复强调:"大自然是唯一的艺术家;从最最质朴的材料创作出最巨大的对照物;看不到努力的表象就达到了最宏伟的完善——总是披上柔和的外衣就能达到最明确的坚定。她的每一件创作品都有自己的特性。她的每一种表象都有最孤立的概念,然而一切形成于一,"③"艺术的每种美的整体在微观上是自然在整体上最高级的一种复制。如果我们能瞬间地掌握整体自然界的关联的话,那对我们来说这种关联就是最高级的美"④。在歌德看来,无论在艺术领域还是自然领域,体现为"本原现象"的最高级的美都一定固有一种内在的整一性和单纯性。

　　在1794年8月30日至席勒书信的附页中,歌德表述了他从有机体生物的角度出发对"美"的理解和认识:"一个有机体生物其外表是那样多面,内容是那样多样……我试着说明这个观点:美是可以自由应用到有机体的完善境界的……我们说一个完善的有机体是美的,如果我们在看见它时会想到,只要它愿意,它就能用多种多样的方式自由使用它的全部肢体,所以最高的美感是和信任和希望的感觉联系在一起的。"⑤1872年4月18日,歌

---

① 卡尔·洛维特:《从黑格尔到尼采》,李秋零译,三联书店2006年版,第16页。
② 瓦迪斯瓦夫·塔塔尔凯维奇:《西方六大美学观念史》,刘文潭译,上海译文出版社2006年版,第142页。
③ 歌德:《大自然》,见《歌德绘画》,高中甫编译,人民文学出版社2004年版,第134页。
④ 歌德:《论美的形象的模仿》,见《歌德绘画》,高中甫编译,人民文学出版社2004年版,第256页。
⑤ 歌德:《席勒文学书简》,张荣易、张玉书译,安徽文艺出版社1991年版,第11—12页。

德在与爱克曼谈到美的时候,以橡树和女人的美为例来说明自然中的美的本原:"自然往往展示出一种可望而不可攀的魅力,但是我并不认为自然的一切表现都是美的,自然的意图固然总是好的,但是使自然能完全显现出来的条件却不尽是好的。拿橡树为例来说,这种树可以很美。但是需要多少有利的环境配合在一起,自然才会产生一棵真正美的橡树啊……要达到这种性格的完全发展,还需要一种事物的各部分肢体构造都符合它的自然定性,也就是说,符合它的目的,例如达到结婚年龄的姑娘,她的自然定性是孕育孩子和给孩子哺乳,如果骨盆不够宽大、胸脯不够丰满,她就不会显得美。但是骨盆太宽大,胸脯太丰满,也还是不美,因为超过了符合目的的要求。"①歌德关于自然的意图与现实条件之间关系的论述显然受到柏拉图《蒂迈欧篇》中"理性"与"必然性"合作理论影响,而他关于美的本原在自然事物中就是事物的构造符合它的目的的说法则是与康德的审美"无目的的合目的性"理论一脉相通的。在一封致策尔特的信中,歌德这样写道:"我们的老康德在他的《判断力批判》中成功地把艺术与自然并列到了一起,并赋予这两者这样的行动权利:并无目的的,却又遵循着伟大的原则……自然和艺术是太伟大了,以至于它们不能也不必瞄准什么目的。关系无处不在,而关系便是生命。"②总体看来,歌德"美是一种本原现象"命题中"本原"概念核心并不在于发生学意义上的原初性,而是在于本体论意义上的合目的性和最高度的完善性,在这一点上,他与康德之间又取得了深层的契合。

---

① 参见爱克曼辑录:《歌德谈话录》,朱光潜译,人民文学出版社 1978 年版,第 132—134 页。
② 歌德:《书信集》,转引自卡西尔:《歌德与康德哲学:卢梭·康德·歌德》,刘东译,三联书店 2002 年版,第 81 页。

第十一章　康德的审美与教育关系论

第一节　艺术教育的传统

　　基于对人类精神维度的建构,希腊人高度重视艺术与教育。在追求和获取真理、知识的价值指引下,苏格拉底发现了德行、美、教育的三者关系。柏拉图建立了理念与美的政治理想国。亚里士多德则提出艺术是摹仿,摹仿源于求知本能,摹仿本身就是教育与学习的学说。而贺拉斯的"寓教于乐说"更是理性主义经典。也许是某种机缘,希腊罗马时代的这些思想家们都亲躬于教育。18 世纪在启蒙精神的催动下,审美与教育被提升到空前的高度。审美与教育不仅是改造个体的力量,而且是社会革命的动力和方式。不过,18 世纪之前,囿于对人的生存与发展视野狭隘、定位偏差,审美与教育始终未能在人的全面发展和解放的层面上找到深度结合的契机。

　　希腊从苏格拉底起开始了从探寻自然到思索人本的重大文化转型。如果说,前苏格拉底时期智者哲人们对审美与教育还是经验性注意的话,由于向思索人本价值、追求人生意义转型,审美与教育受到了苏格拉底理性的重视、认真的关怀。黑格尔曾说过:"在苏格拉底那里我倒也发现人是尺度,不过这是作为思维的人,如果将这一点以客观的方式来表达,它就是真,就是善。"①在苏格拉底看来,真、理性是人之为人的根本规定性,因而追求真理成为人生存的终极目的。实现人生终极的主要方式是善行,而善行则须教育、审美来培养、达成。首先,一个人只有用理性对待世界、对待自己,他才能够有正确的行动并在正确的行动中发现真理。而最深刻的真理就是普遍的善,对普遍的善的发现、昭示就是善行。所以,苏格拉底一再教诲人们,生活的意义在于善行,在于不断的道德完善。循此,教育便十分重要。善行可以通过教育培养、训练出来,因为凡是真理,都是知识,通过知识便可掌握真理。教育就是学习知识、掌握知识、运用知识的基本方式和过程。其次,在苏格拉底看来,衡量美的标准是善。他坚持善的即美的,美的一定是善的,掌握美就像掌握知识一样,需要教育的培养和训练。只有在教育中,人

们才能认识到关于美的真理、掌握关于美的知识,实现最大的美——善行。

在希腊罗马的思想大师中柏拉图对艺术与教育的论述最充分、最广泛影响也最大。公元前 387 年柏拉图创建了阿卡德米学园,亲任校长和教师。他创建学园的目的在于通过哲学教育、数学教育、艺术教育培养理想中的国家统治者和管理者。柏拉图对审美、艺术怀有崇高的情感,始终视审美、艺术为洞见真理,发现理念的过程与途径。柏拉图认为对理念的发现就是一种"神灵凭附"、"迷狂出神"的审美至高体验。智慧与快乐的统一便是至善特征之一。他著名的《克拉底鲁篇》将音乐教育看成唯一能够影响灵魂的教育。通过音乐教育灵魂能得到美的洗礼,得到提升。受到良好音乐教育的人可以敏锐地判断出一切艺术作品和自然建构的美与丑。在他晚年的《法律篇》中,集毕生之智慧和经验对情感与善行的关系进行论述,声称善的理念转化为善的行为必须借助理念和痛感。艺术可以使人真正明白快乐与痛感的内涵和功能。如此,艺术实际成为从善到善行的中介。在许多人的记忆中,似乎觉得柏拉图否定艺术,轻视审美教育而重视哲学、数学教育。的确,柏拉图说过艺术是摹仿的摹仿、镜子的镜子,缺乏真理性,他也曾扬言要驱逐艺术家,甚至责骂艺术家伤风败俗,堕落丑陋。其实,在柏拉图心目中有两种艺术:一种是理想的艺术,它是心灵的明灯,理念的洞达,灵魂的福佑;另一种艺术是他所面对的现实艺术。柏拉图始终鄙视当时的流行艺术,指责它们亵渎神明,毫无理性,败坏道德。显然,这种艺术无法对人们实施审美教育,更不能有助于建设精神的理想国,这当然要遭到柏拉图断然否弃和严厉批判。

亚里士多德像他的老师柏拉图一样重视教育和艺术。他曾创办吕昂克学园,后世的人们公认他是职业教师和学者。亚里士多德认为体育教育有助于培养青年人的勇敢和体魄,而艺术教育在提高人们艺术鉴赏力的同时,提高了人们的"高尚情操"并且具有休闲性质。亚里士多德在《政治学》中说艺术教育所实现的生活休闲是人类生活的最自然也是自由的目的、境界。由此可见,席勒的"游戏说"在亚里士多德的理论体系中已出现思想端倪。对于亚里士多德,人们最熟悉的莫过于他的"摹仿说"。亚里士多德指出:艺术起源于摹仿的本源有两点,一是人具有摹仿的本性;二是在摹仿中人们能获得快感。摹仿实质上是一种培养、训练和教育,它是一种实践性的多元教育过程。摹仿的教育过程来源于人的本性、来源于人与生俱来的生命冲动。正是在这一生命过程中,向外,人们获得了关于世界的知识。向内,人们感到了对生命存在价值肯定的满足,产生了快感。在这里,亚里士多德第一次在教育框架中将生命、知识、快感联系起来,使教育、审美不仅像他的前人一样在人的理性、善行层面上得到确证,而且在人的生命存在的层面上发现了责任、教育的意义。从这个角度来审视亚里士多德《诗学》关于悲剧的理论,就会领悟到亚里士多德对悲剧的理解寓含着审美教育的意蕴。在《诗学》中,亚里士多德认为悲剧诗人通过摹仿而引起恐惧与哀怜之情是悲剧虽悲却能吸引观众之本。在亚里士多德看来,悲剧人物不是完美无缺的英雄,也不是罪行累累的恶棍,而是与大多数凡人一样的平常人。悲剧人物由于"过失"而导致的可怕后果必然导致与之相似的观众的悲伤与哀怜,引起他们对自我生活的回忆、体验和反思,最终导致"净化"。这一过程既是审美过程,也是一种典型的教育过程。"净化"(Katharsis)的古希腊词源本意为祛除罪过。悲剧使人"净化"无疑指人通过欣赏悲剧打通艺术悲剧与生活悲剧的隧道,使艺术经验走向生活经历和体验,从而反映生活,接受震撼和教益,从而达到心灵提升、道德净化。可以说,亚里士多德的悲剧理论是另一版本的审美教育理论。

罗马时代的理论家贺拉斯建立了完整的古典主义文学标准,在为文艺功能下规则时,他强调"寓教于乐"。"寓教于乐"一方面保持了自苏格拉底以来经柏拉图、亚里士多德所一直崇尚的关于艺术必须具有社会教育功能的伟大传统;另一方面也表现出他试图纠正希腊人过分重视艺术的教育功能的偏颇,希望求得艺术过程中审美与教育之间平衡的愿望。正是这种努力,"寓教于乐"成为古典主义文艺的基本精神。至贺拉斯后,由于基督教的霸权,审美、教育皆成为神学的附庸,对审美与教育的关系问题的研究基本被取消。而文艺复兴、新古典主义的三百年中,人们对审美与教育的理解从未越出希腊人的诠释。

18世纪,以法国为中心的启蒙运动席卷欧洲。启蒙运动以"平等、自由、博爱"为口号,倡导"理性精神",并以理性、自然、情感启蒙教育,教诲民众。在这声势浩大的社会转型与变革时代,审美与教育受到了空前重视。几乎所有的法国启蒙思想家无一不对审美、教育有过论述,其中对康德最有影响和启发的是卢梭。卢梭相信,与文明人相比,处于原始自然状态中的人更健全、更幸福。原始状态中的人平等、自由而富有才华。而文明人则迫于文明礼俗、社会规则的压抑,不仅失去了平等、自由,而且失去了真实与真挚,矫揉、虚伪、平庸。因而启蒙不单纯是对民众灌注理性,启蒙在更为深刻的方面是培养民众的真实情感,洗涤民众身上的世俗,使民众真正回到平等、自由、真实、真挚的自然状态中,实现从文明人到真正的人的回归。而要实现这一目的,卢梭认为情感教育是关键,只有通过情感教育,培养人们真实纯净的心灵、自然质朴的情感、美好平实的性格,人类才能实现回归。为此,卢梭撰写了《论科学与艺术》、《论人类不平等的起源与基础》、《新爱洛漪论》、《爱弥尔·或论教育》等一系著作、作品,并成为浪漫主义运动和自由主义思潮的先声。由上可知,从古希腊、罗马到 18 世纪启蒙运动,审美与教育始终是思想家们关注的问题。希腊罗马大师通过对审美与教育的诠释试图建立人类的理性精神和知识系统,18 世纪启蒙思想家们则希望在审美、教育中实现人的重塑与社会变革。尽管他们尚未完全找到审美与教育深度结合、统一的契机,但却为康德使审美与教育的相遇创建了理论背景和思考情致,奠定了深厚的基础。

第二节　教育的现代性

既不同于希腊人在人类精神维度建构上理解教育,也不同于 18 世纪启蒙思想家将教育用着为改革民众、变革社会的工具,康德将教育视为人超越自然、获得自由本质的基本过程,把教育阐释为个体人获得道德普遍形式和知识从而认同群体、走向社会的路径。教育也是人类最终实现感性与理性相统一、生理与心理相协调、自然与人文相符合的必由之旅。

在"批判哲学"看来,以生命形式存在着的人本质是自由,是对一切可能的和现实的超越。人永远必须通过自身的努力才能获得真正属于他自己本质特征的存在,教育正是这一努力的重要方面。教育具有双重结构,一方面人是教育的创造者;另一方面教育又塑造了人。教育就是人自身生命的创造,它不断建构人的自由本质和解构人的非人成分并以此实现对自然、人、社会三者关系的合理协调。人在这一历程中不断完善,成为属人的人。正像康德所说:"人类并不是由本能所引导着的,或者是由天生的知识所哺育、所教诲着的;人类倒不如说是自己本身来创造一切的。生产出自己的食物、建造自己的庇护所、自己对外的安全与防御,一切能使生活感到悦意的欢乐,还有他的见识和睿智乃至他那意志的善良——这一切完完全全都是他自身的产品。"①

从物种意义上讲,人与动物都属于自然的一部分,并像所有动物一样,其生命的最一般倾向在于不断要求确定和完善自身的物种属性,这就构成了人作为物种与一般动物的生存目的的一致性或相似性。但与一般动物不同的是,人的物种属性具有其他物种所不具有的开放性质,它与自然的关系呈现出极大的可能性特征,这导致了在生存方式上人与其他物种的根本差

---

① 康德:《历史理性批判文集》,何兆武译,商务印书馆 1990 年版,第 1 页。

异。这种差异使人同自然（周围的物质世界和人的本能）始终有一种非常紧张的关系。自然常常成为人的威胁和束缚，人亦感到强烈的被压迫感，所以人需要挣脱自然的束缚。挣离束缚并不是断绝与自然的联系，而是把自然的法则统摄到人的主体活动的超越性之中去，使人在自然中获得属人的优先权。在康德看来，也许教育是达成这一目的的方式，因为教育是非自然的，却又能介入自然。正是在这介入中，自然才可能成为属人的自然，成为人的生命存在与发展的一部分。康德曾反复强调，在对待外部自然和人的自然属性这个问题上绝不能只把知识、艺术、宗教，甚至技术等文化活动视为单纯地提高人类智力品质的活动，它应是顺应自然、超越自然的基本方式。当人以教育为基本方式实现了对自然法则和人的本能统摄时，自然对人而言就成为非决定性的，人的活动和人对自身活动的阐释便是人类调整自我构成、指导自身行为的真正尺度，人在肉体和精神两方面的存在和发展就都具有了创造性。正因为如此，人不仅能够创造自己，而且决定着怎样创造自己。教育使人不再通过生物进化发展自己。

　　就个体而言，生命存在与自然规则、物种属性难以分离。个体的人在日常生活中既不能脱离自然、经验，又无法借助某种整体性关系来实现生活解放，人的许多类属性在个体的日常生活中似乎都隐藏到个体存在的背后。要想在日常生活中使个体的生活具有普遍的价值意义，只有在生存方式和生活目的两个方面同时获得非日常生活的超越才能实现。这就需要教育。在康德看来，任何一种教育都是对人的培养、训练，融注着道德内容。康德心目中的道德不是人们通过理智的推论或传统习俗所确立的训条戒律，而是以人为目的、以自由为本质、以意志自律为形态的普遍形式。通过教育，以人为目的、以自由为本质的道德成为个体的人生态度、存在使命、生活风范，成为生活具体情致中普遍向善的自我意识，成为生活在不同境遇中的个体发现自己生活意义的源泉。正是教育过程所显现的普遍道德性质，才使受教育的人进入群体，成为社会一员，个体的生活才具有多元和开放的性质。正是在这个层面上，康德说教育"不是教导我们怎样才能幸福而是教导我们怎样才能配得上幸福这样一种科学的入门"。①

　　在康德看来，教育涉及方方面面，从学校的教科书到一系列熟悉的家庭小陈设，其中都包含着对我们的思想、行为产生一定影响的知识内容和启智方式。因而个体应该向生活求知，去获得包括经验的与本体的、理论的与应用的一切知识，从而使这些知识转化为自己独立思想、自主选择、自觉行动

---

①　康德：《历史理性批判文集》，何兆武译，商务印书馆1990年版，第151页。

的能力。这一过程既是人生成的过程,又是知识不断发展的过程。所以"批判哲学"认为,一方面知识是所有文化的基础;另一方面教育又构成知识发展的动力。知识的扩张对象化为技术,而技术的展开又必然形成与道德相关的行为活动。知识本身并不具有道德意义,而求知却能达成道德。求知使个体在掌握自然的同时也体悟到人与自然的质异,产生认同、超越自然的意识,而这种双向特征的求知活动就是教育与学习的过程。不仅要设立道德为个体普遍意义之生存目的,还应高度关注这个目的的具体环节过程,即求知的教育、学习过程。只有目的而无这一现实具体实施环节过程,目的将只能成为一种虚幻的抽象思想、非经验化的意识乌托邦,对人的自由实现和主体解放不起任何功能作用。只有在教育和学习的过程中,个体才有可能使这种以人为目的的普遍道德形式转化为具体的日常生活行为和感性经验,自由才能作为个体的存在目的的同时成为个体的存在方式。一般说来,教育与学习过程大致由两个方面构成:其一,通过教育与学习培养健全的主体认识能力,运用知性去认识自然、掌握自然规律、建立自己的知识结构,最终将知识转化为技术,并通过操作技术实现对自然的控制;其二,通过学习对符号的理解与运用,去阐释和运作群体与周围世界的各种人为规则,从而将个体投入到这个意义世界之中,以此获得存在与释意的优先权。教育与学习过程这两个方面一旦完成,个体将成为文化的人、成为社会的主体,而道德也就不再是一个根据理想来处理现世事务的手段,而是一个不断根据实践目的的现实可能性来检验理想与重建社会的过程。所以教育与学习使个体不仅具有道德的生存模式,而且在他们的生命历程中还能获得新的模式,并可对现有模式加以修正。教育与学习既是新的技能、行为规则的掌握,也是道德、意义和表达的生成。因此,严格地讲,教育与学习不仅为个体实现普遍的生存形式确立了实在性,也为每个人从个体的完善走向群体社会的重构提供了可能性。

思索人类生存、发展的命运,找寻人类自由解放的途径是康德一生的追求。正是在这终生不渝的追求中,康德发现了教育对于每个人的哲学意义,确立了教育的终极使命。教育正是在使人超越自然、使个体认同群体,使日常生活在具有普遍意义的道路上与审美相遇。

第三节　审美能力与审美教育

"批判哲学"诞生之前,人们只在精神维度上考虑美、审美与教育的关系问题。因而美、审美与教育似乎总是关联却又各自独立。康德重构了美与审美的关系,认为美并非客观存在,审美亦非对美的认识、反映。美、审美皆源于审美能力,是审美能力在客观与主观两方面的同时展开。主观范畴无法诠释审美能力,客观范畴也不能解读审美能力。审美能力综合了主客观又超越主客观。与精神现象不同,作为主体能力,审美能力通过教育培养而成。只有在教育的方式中,主体能力才能生成、展开。可以说,教育就是主体能力培养、发展的过程。正是在主体能力的塑造、培养界面上,康德使审美与教育深度相遇并将艺术视为现实人类自由的重要过程。

在解释人与世界的关系时康德遇到了一个无法回避的问题。其原有理论构成中人与世界的建构关系源于人所具有的既非物质存在、又非纯主观意识的知性能力和理性能力。知性能力使人成为认识主体,自然被设定为经验的客观对象,人与世界构成了认识关系。理性能力使人成为意志主体,人的社会活动被视为行为的客体,人与世界构成了实践关系。建构实践关系的理性能力的基本内核是自由意志。康德坚信自由意志是人的存在的终极本体。自由意志无法通过认识来把握,而只有在人的实践活动中实现。因而,人与世界的关系处于认识与实践这两个互不相关的领域中。但是人必须是完整的。人的存在的确有着不同的领域、不同的方式,不同的领域、不同的方式的存在又应该相互联系、互动互补。所以一定有着某种既不属于知性又不是理性,然而能够将这两种能力统一起来,使人类认识活动与实践活动、经验世界与本体世界发生联系的主体能力。康德把这种具有中介功能的主体能力界定为判断力。判断力分审美判断力和目的论判断力。审美判断力具有知性能力和理性能力无法取代的功能。知性能力以一整套主体逻辑框架展开自身。杂多的经验进入知性时,知性能力的逻辑框架使杂多归于统一,建构出系统的认识结果——知识。知性能力用整体统摄个体、普遍包含特殊的方式把握对象。由知性能力构成的人类认识活动实际上是一个以逻辑为中介的分析综合过程,并被严格地限定在经验界。认识活动一旦超越经验界就会导致认识的"二律背反",认识结果将失去真理性。理性能力为主体建立理念原则,提供的是以自由为底蕴的道德律令和伦理法则。理性能力和知性能力都不能在特殊中显现普遍,在现象中包孕本体。相反,介于知性能力和理性能力之间的判断力却可以做到这一点。"一般判断力是把特殊思考为包含在普遍之下的能力。"①审美判断力不能像知性能力那样提供概念,也不能像理性能力那样生产理念,却能在特殊与普遍之中达成现象与本体、认识与实践的通联,并在特殊的事物中找寻普遍规律。

① 康德:《判断力批判》,邓晓芒译,杨祖陶校,人民出版社2002年版,第13页。

审美判断力是产生美的最初基源,它在个别现象中寻找普遍本体时首先面对的是经验现象,审美判断力必须通过感性经验的建构来昭示理性的本体。所以,审美判断力一定先于经验而存在。先验并非超验,审美判断力只有回到经验中,通过对经验的判断,才能将认识与实践统一起来。同时这还意味着在审美判断力中,特殊与现象符合着普遍与本体的存在目的。审美判断力的这些特性都在一系列主体功能中介下达成了美的现实存在。

　　康德在《判断力批判》中将"通过以理性为其行动的基础的某种任意性而进行的生产称为艺术"①。根据康德批判哲学的阐释话语,理性在认识论中意为对感性与知性的限制,在本体论中理性是人所以为人的本质规定。康德又将理性称为自由。当自由以主体理性能力展开为行为时便是意志活动。显然,康德将艺术界定为通过以理性为基础的意志活动时,是在本体论层面使用理性这一概念的。如此,艺术是以自由的意志活动方式存在着,艺术活动是美的本质展开的审美过程,艺术的根本属性是美,而美的本质的基因是自由。在此,康德揭示了美的本质、艺术、自由三位一体的关系,即自由是美的本质和艺术的核心,美的本质规定着艺术,使之为特殊的自由活动。美的本质则在艺术这一审美活动中现实地存在着。就这种三位一体的关系而言,谈论艺术的实质就是在诠释美的本质,艺术将未成之物生成为已成之在,将有限之在创生为无限之有。当人们居于艺术之中,人便挣离了把握与占有对象的狭隘,超越了对象的物性而直接以主体情感直观的方式对自由加以呈现,既确证了个体的生存价值,又体现了人类作为世界意义之本的目的性与普遍有效性。而所有这一切正是对美的本质最现实、最深切的实现。

　　基于美的本质、艺术、自由的三位一体,康德在《判断力批判》一书中对艺术活动的诸方面进行了深入探究。

　　作为美的本质展开的艺术活动另类于人类的认识活动。就主体而言,认识活动基于主体的感性能力与知性能力。感性能力把握客观对象并呈现为现象,而知性能力通过对现象的建构,产生符合对象的客观规律、揭示对象存在真理的知识。认识活动的核心是真,主体存在的合理性表现为对客观对象的确切而真实的描述与展现。主体越是避免情感、想象的过程参与,认识中的主体性就越得到充分的发挥。相对于认识活动,作为美的本质存在方式的艺术活动需要情感与想象。情感与想象的和谐统一是在对象上发现美和创作艺术作品的基本动力。艺术的真理在主体情感与想象力和谐统一并推动艺术家从事艺术作品创作的过程中生成。艺术家在多大程度能调

①　康德:《判断力批判》,邓晓芒译,杨祖陶校,人民出版社2002年版,第146页。

动情感与想象力参与创作过程,艺术作品就在多大程度上昭示艺术真谛、表现美的价值。认识活动与艺术活动还有一种内在关系。认识活动可以独立于艺术活动之外,而艺术活动则常常离不开认识活动。康德说:"对于在其全部完满性中的美的艺术而言,要求有许多科学,例如古代语言知识,对那些被视为经典的作家的博学多闻、历史学、古典、知识等。"①教育就是求知过程,是认识转化为知识并实现传播的活动。教育完全可以为美的艺术创造活动提供大量知识,培养艺术感知、艺术情感、艺术灵感、艺术想象、艺术技巧等全方位休养和能力。可以说,教育过程常常也是艺术创造活动。艺术活动成功与否取决于此前的教育活动是否有效、成功。

艺术亦不同于实践活动,尽管在本质上美和实践都以自由为根本,艺术创作与实践活动都建立于理性的平台之上。但是,作为美的本质存在方式的艺术囿于人类情感世界,活动于此岸世界与彼岸世界之间,在有限中展开无限,在感性中生成理性,在个体中含纳群体。而实践活动则坚守人类彼岸世界,处于纯然超验状态,并以存在的超验性来实现自由的本性。在谈到艺术另类于实践之时,康德还敏锐地发现艺术与手工艺之间的区别。在"批判哲学"中,手工艺是日常生活的一部分,与人类实践活动风马牛不相及,因为实践活动属于非日常生活内容。艺术界于日常与非日常之间,在经验中似乎与手工艺很相近,但其本质完全不同。艺术虽显现于日常经验之中,根基却是非日常的理性自由。而手工艺则以日常生活为直接目的,其制作过程本身是不愉快的、艰苦的,只有在手工艺品通过交换获得报酬时,主体才能获得愉快。这种愉快与审美愉悦不同,是功利的、有限的、私有的、个人的,缺乏普遍有效的自由性质。正是在这一点上,康德认为艺术更像游戏,其意义生成于活动过程本身而不在结果,它所获得的快感是想象的、非功利的、非生理的。和游戏一样,艺术的真理发生并呈现于艺术的过程之中,而当过程结束之时,真理也将结束,只有它进入另一个新的审美或创作过程中它才以另一种方式继续呈现,这也是艺术之真理得以永恒的奥秘所在。在此,艺术活动便有一种深刻的人文教育意义。艺术活动可以养成人们高尚境界和脱俗的生活方式,使人的生存方式不仅具有日常生活的根据,也具有非日常的现实性。

发现审美能力是产生美和审美、艺术的本源使康德真正揭示了审美、艺术与教育的内在联系。教育培育、发展了审美能力、艺术修养,教育就是审美和艺术能力的生长温床,而审美、艺术本身对人也起着重大的教育作用。

① 康德:《判断力批判》,邓晓芒译,杨祖陶校,人民出版社2002年版,第148页。

审美、艺术过程就是使人受教育的过程。康德真正将审美与教育统一起来。

康德以"批判哲学"的视野和方法昭示了审美与教育在哲学层面的内在关系,指出审美与教育的相遇本质是人类与实现人类自由解放之路途的相遇。但是,康德并未在此方向上展开更多的论述和阐释,他的许多观点还不够系统、全面。但这种理论的敞开状态给席勒以及其他后人留下了探寻审美教育的广阔天地。今天,我们正在康德的启示下在人类健全发展和自由解放的广阔天地中继续着这一伟大的探寻。

第十二章　康德与审美与政治张力问题

第一节　德意志启蒙中的"文化与政治"
问题及审美现代性问题

　　启蒙时代的德意志与文艺复兴时代的意大利有着极其相似的政治形态,即同一语族联合体下的松散而分裂的邦国群体。18世纪的德意志帝国神圣罗马帝国表面上维系着各个德意志邦国的政治集团性,实际上已名存实亡,与英、法、西班牙等现代意义上的统一民族主权国家完全不可同日而语,因此,1806年,神圣罗马帝国的正式解体对当国的德意志基本政治格局并未产生多大的影响。"神圣罗马帝国在名义上表示着德意志民族的存在,但是并没有提供一个国家主权作为核心使之统一起来。德意志民族的统一走了一条特殊的、不同于其他欧洲民族的文化统一的道路。启蒙运动就是德意志民族文化实现统一的过程。"①也就是说,德意志启蒙的意义在于它是一次重大的文化事件而非政治事件。"德意志启蒙运动是一场政治色彩很淡的思想运动,它关注的焦点并不是政治问题、更不是政权问题,非政治性是它的一大特点。"②文化与政治的分裂构成了德意志启蒙的特殊民族性张力,"作为政治的民族,德意志民族的散裂一直持续到19世纪中叶德意志第二帝国诞生;作为文化的民族,德意志民族在神圣罗马帝国解体前夕就完成了统一"③。

　　德意志启蒙中的"文化与政治"问题同样可以在马丁·路德的宗教改革中寻得其根源所在。马丁·路德的宗教改革共时性地导向了一个文化上趋于统一的德意志和一个政治上走向解体的德意志,一方面,"德意志民族最开始的统一是跨地域的语言与文化的统一,而这一统一正是通过路德采用德语的布道宣讲,宣传册、《圣经》翻译、赞美诗和教义问答手册来展开的"④;另一方面,"宗教改革和随之发生的战争不但未能对缔造一个更强大

---

　　① 刘新利:《德意志历史上的民族与宗教》,商务印书馆2009年版,第440页。
　　② 范大灿:《德国文学史》第二卷,译林出版社2006年版,第3页。
　　③ 刘新利:《德意志历史上的民族与宗教》,商务印书馆2009年版,第335页。
　　④ Steven Ozment, *A New History of the German People*, Harvard University Press, 2004, p.88.

而统一的德意志有所裨益,相反,却加速完成了它的解体过程"①。

宗教改革使德意志成功地脱离了罗马教会的控制,也使德意志人更加明确地意识到自别于其他民族的文化一体性,而语言问题在这文化一体性的身份认同中尤其占据着核心地位。在从古日耳曼人部落迁移集结、形成德意志民族初始形态的时期,德意志语言就已经成为德意志人最重要的认同因素,只有明确了这一点我们才能够真正懂得马丁·路德的《圣经》德译对于德意志文化统一的里程碑式意义。在马丁·路德之前,即使在文字产生以后,也一直没有真正形成统一的书面德语,路德的伟大功绩在于他的德语书面表达既贴近大众,又去粗取精,逐渐起为联系德意志各个领域、各个阶层人民的纽带。马丁·路德对德语的规范和统一为德意志文化统一奠定了坚实的精神基础,堪称德意志启蒙的有力先导。

宗教改革的巨大浪潮极大地推进了德意志神圣罗马帝国与罗马教会分离的进程,而失去了罗马教会的大背景,德意志神圣罗马帝国对于德意志民族的精神凝聚力自然一落千丈,事实上,宗教改革已经在精神上肢解了这一名义上的德意志民族的帝国,德意志政治上的分崩离析的状况无疑被进一步加剧了。宗教改革没有作出致力于德意志政治统一方面的任何努力,其立场是属于超政治性的,或者说,非政治性的。路德意义上的德意志人以及整个德意志民族被设定在了一个超政治或非政治的命运语境当中,即便在德意志启蒙时期也不例外。

威尔·杜兰这样描述了马丁·路德在整个日耳曼人历史上的超级重大意义:"在日耳曼人中,路德的言说论著被广为引用的程度无人堪与匹敌,涌现出许多思想家及作家,不过,若要谈及日耳曼人心灵气质的影响,路德绝对是首屈一指。在日耳曼民族历史上,路德第一人的位置不可动摇。……他比一切日耳曼人都更具有日耳曼性。"②对于马丁·路德所代表的日耳曼性的本质,黑格尔精辟地概括为"日耳曼民族的纯粹内在性"③。黑格尔在比较德意志启蒙与法兰西启蒙的重大分野时提出了这样的问题:"为什么法兰西人能够从理论之维迅速转入实践之维,日耳曼人却总是沉醉于理论的抽象观念呢?"④"日耳曼民族纯粹的内在性"便是这一问题最恰当的答案。

德意志启蒙在"纯粹的内在性"这一核心气质方面完全承传了马丁·

①　Liah Greenfeld, *Nationalism: Five Roads to Modernity*, Harvard University press, 1992, p.284.

②　Will Durant, *The Reformation*, Simon &Schuster, 1957, p.433.

③　Hegel, *The Philosophy of History*, translated by J.Sibree, London: Colonial, 1900, p.392.

④　Hegel, *The Philosophy of History*, translated by J.Sibree, London: Colonial, 1900, p.427.

路德的民族传统。狄尔泰高屋建瓴地指出:"德意志特殊的社会和政治环境使我们的思想家和作家的道德素质具有独特的性质。自路德的宗教热忱以来,德意志人思考方式特有的基本特色是道德意识的内在性,仿佛宗教运动回归到自身之中——确信生命的最高价值不在外部的事业而在思想品质中。民族的四分五裂、有教养的市民阶层对政府毫无影响,都加重了这一特色。作为市民生活坚定基础的新教国家的纪律,曾维持正直诚实、履行义务、主体对良知负责的拘谨意识的有效性,而启蒙运动则仅仅使道德意识摆脱了曾经使其与超验世界发生关系的基督教教义,由此更加强了那种拘谨的坚定性。德意志启蒙运动最重要的人物都这样地在全世界面前坚持他们个人的独立价值……逃避到道德原则的抽象世界中去。"①马丁·路德的"纯粹内在性"的信仰在德意志启蒙那里的世俗化变体就是"纯粹内在性"的"教化"(Bildung)。

阿伦·布洛克认为:"德意志人把人文主义与'教化'(Bildung)等同起来,这样做的缺点是,个人可能只顾自己而不关社会和政治问题。"②这种观点中存在着一个比较严重的误解,从宗教改革到德意志启蒙,德意志主流思想家一以贯之的超政治性或非政治性绝非不关心社会和政治问题,而是倾向于把社会和政治问题置换为思想文化问题。在马丁·路德那里,宗教上的革命自然寄寓着社会和政治的理想,那是一种非常近似于奥古斯丁'上帝之城'式的宗教政治学。在德意志启蒙思想家那里,文化上的启蒙的强势的确使政治色彩显得很淡,政治问题也的确并未成为其焦点所在,但对于德意志社会和政治现实的逃避本身其实是出于一种反向的政治介入,即对于理想社会和政治状态指向过去的想象性追忆和指向未来的想象性建构。对于这个关键性的问题,弗里德里希·迈内克有着鞭辟入理的精彩阐述:"在这令人痛苦的形势中,德意志知识分子面前只剩下两条路可走:一是最终将德意志知识分子的命运与德意志国家的命运分开,在一个人自己内心的宁静圣地中寻求避难所,以便建设一个纯精神、纯思想的世界;另一是在这思想世界与现实世界之间创造一种明智和谐的关系,同时也进而寻求实际存在的国家与理性理想之间的统一纽带,成功地做到这一点,理性与现实之间就必然出现一种至此为止梦想不到的全新关系。"③绝大多数德意志思想家选择了上述两条道路并行的方式,一方面沉浸于纯粹思想的世界;另一

---

① 狄尔泰:《体验诗学》,胡其鼎译,三联书店 2003 年版,第 55—56 页。
② 阿伦·布洛克:《西方人文主义传统》,董乐山译,三联书店 1997 年版,第 151 页。
③ 弗里德里希·迈内克:《马基雅维利主义》,时殷弘译,商务印书馆 2008 年版,第 489—490 页。

方面幻想着理性与现实政治交汇的种种美好可能性。

德意志启蒙把基督教时代的"上帝之城"转换成为现代意义上的政治乌托邦,这种政治乌托邦对现实政治状况的变革产生的作用微乎其微,事实上是把社会和政治问题统统归并入文化问题的界域之内,游离于现实之外而仅仅关涉于理想之维,我们可以称为"政治想象"。在法兰西启蒙中,哪怕政治乌托邦的想象在思想界也普遍存在,但法兰西启蒙精神中强烈的现实感和政治介入气质使得启蒙思想对于社会和政治的现实变革产生巨大的影响和推动力,文化启蒙同时意味着政治启蒙。反观德意志,当文化启蒙已然实现之际,政治启蒙却依然遥远,文化与政治如同马丁·路德的时代一样,悲剧性地分裂着。

德意志启蒙指向德意志文化的统一。如果延续马丁·路德的思路,德意志文化统一的支点在于语言之维,但是,由于马丁·路德的《圣经》德译已经在大原则上实现了德语的统一,这就迫使新时代的文化启蒙必须寻找到语言之维之外的新的支点所在。温克尔曼在德意志启蒙中的重大意义正在于,他以艺术史家的身份奠定了这一运动的新的支点——审美之维。

温克尔曼建构的希腊世界是一个审美本位的世界,或者说,是一个审美乌托邦。根据马泰·卡林内斯库的说法,"同基督教传统地位衰退直接相联系的是乌托邦主义的强力登场,这也许是现代西方思想史上独一无二的最重要的事件"①。"乌托邦主义"中与进步观念密切相关的未来性指向占据主导,其主旨是对相对于古代和过去的现代的肯定,关于未来理想文明形态存在的构想立足于现代性原则之上,"古今之争"中英、法启蒙现代一方的明显上风标志着这两个国家总体文化格局的现代性定位。"乌托邦主义"的另一变体指向古代和过去,把理想文明形态的存在设定于某一历史时段,或明或暗地蕴含着历史退化论的立场,"古今之争"中德意志启蒙古代一方的明显上风标志着在这里总体文化格局的现代性批判定位。从西方思想的传统来看,在文学艺术的审美的历史文化领域,退化论远比进步论深入人心,"近不及古"的价值批判在绝大部分的历史时期成为主流。温克尔曼的希腊审美乌托邦建构鲜明地体现了德意志启蒙现代性批判的整体导向。

不过,吊诡的是,与理性批判之为广义理性主义的情况相仿,现代性批判同样也是广义现代性的内在组成部分。德意志启蒙与英、法启蒙共同汇

---

① 马泰·卡林内斯库:《现代性的五副面孔》,顾爱彬、李瑞华译,商务印书馆2002年版,第71页。

聚为启蒙现代性,启蒙的基点就在于"现代性",即便是现代性批判或"古今之争"中的复古派,仍然无可逃避地以对现代之实存和现代人身份的自我认定为理论前提。正如哈贝马斯指出的那样,所谓现代性就是启蒙以来一个尚未完成的巨大工程,而且,"现代首先是在审美批判领域力求确证自己的"①。审美乌托邦建构是启蒙现代性工程内在组成部分,温克尔曼把希腊作为审美理想存在的审美现代性批判既然秉承着启蒙主题,那么,其实质就依然是审美现代性。事实上,所谓启蒙现代性与审美现代性的二元对立并不存在,准确地说,审美现代性乃是强调审美之维的启蒙现代性。

在英、法诸国的启蒙现代性规划中,审美现代性并未被放置在显要位置上,重要的启蒙思想家中也绝不包含温克尔曼这样艺术史家身份的人士,这是由于在这些国家,制度与社会形态转型的现实之维远比审美之维更具意识形态建设的急迫性。德意志启蒙文化与政治分裂的特殊状况决定了其乌托邦主义的非政治性,即便存在着政治乌托邦想象,也不同于英、法政治乌托邦想象强烈的现实意向性,而是指向文化之维,尤其是文化之维中作为核心的审美之维,导致了政治审美化的思想倾向,这样,政治从属于审美的结果便是政治乌托邦成为审美乌托邦的附属品。在温克尔曼那里,对希腊政治与希腊艺术关系的处理便体现了典型的德意志启蒙特色。

温克尔曼提出:"从希腊的国家体制和管理这个意义上说,艺术之所以优越的最重要的原因是有自由……在自由中孕育出来的全民族的思想方式,犹如健壮的树干上的优良的枝叶一样……享有自由的希腊人的思想方式当然与在强权统治下生活的民族的观念完全不同。"②表面看来,温克尔曼对政治自由的赞颂似乎与法国启蒙思想家无异,但是,弗里德里希·梅尼克在《历史主义的兴起》一书中却作出了这样的判断:"事实上,他把政治自由赞颂为所有崇高思想、真实的卓越非凡和伟大艺术的源泉的观点,反映了一个极为非政治化人物的态度。"③我们只要进一步联系温克尔曼关于政治自由表现形式的相关说法,就可以确认以上判断的正确性。"在希腊,人们从青年时代起就享受欢乐和愉悦,富裕安宁的生活从未使心情的自由受到阻碍。"④很明显,温克尔曼所谈及的希腊政治自由几乎完全回避了希腊城邦建制的立法性,将其与享乐主义几乎完全等同起来,政治自由的政治第一性已被剥离殆尽。

---

① 哈贝马斯:《现代性的哲学话语》,曹卫东译,译林出版社 2004 年版,第 9 页。
② 温克尔曼:《论古代艺术》,邵大箴译,人民大学出版社 1989 年版,第 135—137 页。
③ 弗里德里希·梅尼克:《历史主义的兴起》,陆月宏译,译林出版社 2009 年版,第 263 页。
④ 温克尔曼:《论古代艺术》,邵大箴译,人民大学出版社 1989 年版,第 30 页。

温克尔曼的自由观颇为契合于意大利文艺复兴作家薄伽丘《十日谈》中描述的生活世界。德意志宗教改革的事件极大地延缓了意大利文艺复兴展开的对基督教禁欲主义的反拨和现世享乐主义的个体生活自由的复苏，当法、英启蒙已经从这一阶段跃进到集团性体制自由探索阶段的时候，温克尔曼却仍要返回到薄伽丘时代的意大利，把文艺复兴个体生活自由观念植入后马丁·路德时代的德意志精神中去，而这一态度在整体上的确是非政治化的。

第二节　康德美学的政治之维

彼得·盖伊发现了启蒙运动中美学与政治关系的一个有趣的吊诡："启蒙运动的美学和启蒙运动的社会与政治思想是一致的，但想要达到这个目标，它又非把自己分离于社会与政治思想不可。"①康德美学最为典型地体现了这一启蒙运动所特有的现象。在《判断力批判》中，我们无法找到直接关于政治哲学问题的讨论和关于社会与政治现实问题的阐述，有关审美判断力和目的论问题的考察看起来的确是在"分离于社会与政治思想"的情况下展开的，然而，在这样的表象之下，康德美学中的政治之维却以一种隐性的方式悄然存在。20世纪德国哲学家汉娜·阿伦特是康德美学政治之维最伟大的揭示者。

汉娜·阿伦特认为，《判断力批判》"包含着康德政治哲学中最伟大和最有独创性的思想"②。在1961年刊发的题为《自由与政治》的文章中，汉娜·阿伦特第一次提出了康德政治哲学在《实践理性批判》与《判断力批判》中存在两种形态的观点："康德阐述了两种截然不同的政治哲学：第一种是在《实践理性批判》里广为接受的那种；另一种则包含在《判断力批判》之中。《判断力批判》的第一部分实际上是一种政治哲学，这一事实几乎未曾在康德的著作中被提起，但是综合考察康德全部的政论，可以看出，对他而言，'判断力'这一主题要比'实践理性'这一主题分量重得多。"③汉娜·阿伦特晚年精心撰写了三卷本巨著《心智生活》，在生前只完成了前两卷，未竟的第三卷成为思想史上永远的遗憾。根据她遗留的部分残稿，研究者

---

① 彼得·盖伊：《启蒙运动》（下），梁永安译，台北立旭文化2008年版，第377页。

② Hannah Arendt, *Between Past and Future: Eight Exetcises in Political Thought*, New York: Viking press, 1968, p.219.

③ Hannah Arendt, *Freedom and Politics*, *Freedom and Serfdom: An Anthology of Western Thought*, edited by Hunold, University of Chicago Press, 1968, p.207.

们发现,"判断"这一主题主要是根据《判断力批判》来阐发和深化康德政治哲学的。罗纳德·贝纳尔将汉娜·阿伦特晚年关于康德美学政治之维研究的授课讲稿编辑集结,汇为《康德政治哲学讲稿》一书,成为这一研究领域最重要的文献之一。"汉娜·阿伦特盛赞康德粉碎了这样的偏见。品位之判断因仅仅与审美有关,所以出于政治领域之外(也就是处于理性范围之外)。她主张,声称品位具有主观任意性,这冒犯的并不是康德的审美感而是他的政治感。她断言,正是因为康德意识到了美的公共秉性以及美的事物的公共相关性,他才坚称品位之判断是容许讨论并接纳争议的。"①汉娜·阿伦特指出,审美判断和政治判断的共通点都是在作出决定,判断诉诸"在场"下判断的人,而这些在场的、下判断的人正是判断对象得以展现的公共领域中的成员,审美活动与政治活动恰恰都是公共领域中的现象,因此,审美判断和政治判断实际上共同指向了公共政治空间,康德美学的政治之维就是依据这样的内在逻辑而存在的。汉娜·阿伦特同样是通过对海德格尔思想的批判来展开她的政治哲学理论的"她在这里全部批判之要点就在于指出海德格尔通过将自我现象学化、也就是空心化后,使人与自己的世界真正疏离,更不会去关心现实的公共的事物。海德格尔政治上的愚蠢,当与此有关。与现实世界的疏离、将日常生活视为非本真使他不可能对现实政治有真确的判断"②。正如菲利普·汉森指出的那样:"汉娜·阿伦特对现代文化的批判源于一个主题,即共同体,人类团结和多样性的衰落。"③

阿伦特所理解的"本真政治"(authentical politics)标示着一种人类群体公开地就公共事务言说、交流、争执的状态,每一个体参与政治就是尽可能明晰地展开自己的独特意见和立场,但是同时又尽可能充分地理解他人在同一世界中所具有的各种意见和立场。阿伦特本真政治意义上的自由建立在个体与他人共在的复数性和多样性的根本前提之上,人的行动无时无刻不关涉到个体与他者的共在。行动者的这种聚集就具有了阿伦特所说的权力(power),她把权力不仅与个人力量(strength)而是与工具性的暴力(violence)或强力(force)明确地区分开来,这一理论无疑是与康德的自由观念相合的。

"面对现代性的主题化/主观化压力,汉娜·阿伦特要设法捍卫'公共

---

① 罗纳德·贝纳尔:《汉娜·阿伦特论判断》,见汉娜·阿伦特:《康德政治哲学讲稿》,曹明、苏婉儿译,上海人民出版社 2013 年版,第 154 页。

② 张汝伦:《莱茵哲影》,上海人民出版社 2005 年版,第 109 页。

③ 菲利普·汉森:《汉娜·阿伦特:历史、政治与公民身份》,刘佳林译,江苏人民出版社 2007 年版,第 99 页。

性'这一理念或者说'生活的主体间（intersubjective）经验'这一理念，康德在《判断力批判》里处理的问题，直接关系到汉娜·阿伦特自己的核心关切：如何才能确保一个有种种共享的外观和主体间判断所组成的可能的公共领域，以此来对抗主体化的威胁。"①汉娜·阿伦特面临着一个难题，康德关于审美"公共性"的阐述存在着先验论和经验论的共在视角，她的理论重心应如何确定？

我们先来看一下《判断力批判》中关于审美"公共性"的先验论说法："鉴赏判断就愉悦而言是带着要每个人都同意这样的要求来规定自己的对象（规定为美）的，好像这是客观的一样………人们必须把 sensus communis（共通感）理解为一种共同的感觉中的理念，也就是一种评判能力的理念，这种评判能力在自己的反思中（先天地）考虑到每个别人在思维中的表象方式，以便把自己的判断仿佛依凭着全部人类理性，并由此避开那将会从主观私人条件中对判断产生不利影响的幻觉。"②下面我们再来看一下《判断力判断》中关于审美"公共性"的经验论说法："美的经验性的兴趣只在社会中；而如果我们承认社会的冲动对人来说是自然的，因而又承认对社会的适应性和偏好，也就是社交性，对于作为被在社会性方面规定了的生物的人的需要来说，是属于人道的特点，那么，我们就免不了把鉴赏也看作对我们甚至能够借以向每个别人传达自己的情感到东西的评判能力，因而，看作对每个人的自然爱好所要求得东西加以促进的手段。流落到一个荒岛上的人独自一人既不会装饰他的茅屋也不会装饰他自己，或是搜寻花木，更不会种植他们，以便用来装点自己；而是只有在社会里他才想起他不仅是一个人，而且还是按照自己的方式的一个文雅的人（文明化的开端）；因为我们把一个这样的人评判为一个文雅的人，他乐意并善于把自己的愉快传达给别人，并且一个客体如果他不能和别人共同感受到对他的愉悦的话，是不会使他满意的。"③康德在列举了这个"鲁宾逊"情境的例证之后，马上补充说："这种间接通过对社会的爱好而与美关联着的、因而是经验的兴趣，在这里对我们没有什么重要意义，即那种我们必须只在有可能哪怕间接与先天的鉴赏判断发生关系的东西上看出的意义。"④很明显，康德坚持先验层面的审美共通感才是真正有意义的和本真性的，而社会经验层面的审美共通感会不可

① 罗纳德·贝纳尔：《康德政治哲学讲稿中文版前言》，见汉娜·阿伦特：《康德政治哲学讲稿》，上海人民出版社 2013 年版，第 4 页。
② 康德：《判断力批判》，邓晓芒译，杨祖陶校，人民出版社 2002 年版，第 123 页。
③ 康德《判断力批判》，邓晓芒译，杨祖陶校，人民出版社 2002 年版，第 139 页。
④ 康德《判断力批判》，邓晓芒译，杨祖陶校，人民出版社 2002 年版，第 140 页。

避免地带有社会契约的他律性,因此在先验人类学的立场下没有重要意义。汉娜·阿伦特认为,尽管康德在这个问题看似表现出了蔑视"社会性"的强硬先验人类学姿态,但是,在《判断力批判》一书中,"社会性"的问题却实际上处在一个关键性的位置之上,康德在理论上确认:"没有人能够独自生活,人们不只在需要和照应方面是相互依存的,而且在他们的最高官能即人类心智方面也是相互依存的,离开人类社会,人类心智便毫无用武之地。"①汉娜·阿伦特倾向于对康德美学作出去先验化处理,强调实存的世界经验的第一性地位,主张审美判断和政治判断均首先建立于社会基础之上,这也正是他与康德思想之间的重大分歧所在。

在对法国大革命的现实关注中,康德申明自己关注的焦点并非落在政治行动者,而是投射到了那些旁观者身上,认为他们普遍地具有一种参与的渴望却并不真正介入,情绪亢奋,心系同情,却仍然保持旁观的态度②。在这里,汉娜·阿伦特敏锐地发现,康德是在现实经验层面上谈论政治判断的"普遍性"和"无利害性"规定性,而这两大规定性也正是他在先验层面上界定审美判断的要点,这样,旁观者身份的审美判断者和政治判断者完全可以在康德美学中获得现实公共空间的存在共通性。汉娜·阿伦特洞察到了康德囿于其先验人类学哲学立场而未能自我省察的"社会性"关注,康德美学的政治之维由此而得以真正开启。

第三节　康德与席勒的审美乌托邦
政治现代性话语重建

席勒在《审美教育书简》的第一封信中,就开宗明义地指出本书的看法,"大多是以康德的原则为依据"③。康德在《判断力批判》中提出的一系列命题,诸如审美判断的非道德实践性、想象力和知性的自由游戏等,都深深地渗透进了《审美教育书简》的总体创作思路之中。依照康德的哲学,席勒设定出一个独立于政治和道德的独立审美王国:"在力量的可怕王国的中间以及在法则的神圣王国的中间,审美的创造冲动不知不觉地建立起第三个王国,即游戏和外观的快乐的王国。在这个王国里,审美的创造冲动给人卸去了一切关系的枷锁,使人摆脱了一切称为强制的东西,无论这些强制

---

① 　汉娜·阿伦特:《康德政治哲学讲稿》,曹明、苏婉儿译,上海人民出版社 2013 年版,第 21 页。

② 　Immanuel Kant, *On History*.edited by Lewis white Beck, Bobbos-Merrill, 1963, pp.145-146.

③ 　席勒:《审美教育书简》,冯至、范大灿译,北京大学出版社 1985 年版,第 10 页。

是身体的、还是道德的。如果说在权力的动力王国里,人与人以力量相遇,人的活动受到限制,而在义务的伦理王国里,人与人以法则的威严相对立,人的意愿受到束缚,那么,在美的交际范围内、在审美王国里,人与人就只能作为形象来互相显现,人与人就只能作为自由游戏的对象面面相对。通过自由来给予自由,是这个国家的基本法则。"①这里所谈到的审美王国中的自由,或者说自由游戏,严格区分于启蒙传统中以政治自由为核心的自由概念,"根据席勒的看法,思想、想象力和情感的自由的游戏,可以治疗由制造碎片的分工,纯理性的文化,放纵的兽性需要的阴郁世界给现代人造成的伤口"②。

席勒想象中的"古典希腊"正是这样一个自由游戏的审美王国:"只有当人是完全意义上的人,他才游戏;只有当人游戏时,他才完全是人……以这一命题的真理为指导,希腊人既让凡人的面颊皱纹纵横的严肃和劳作、也让使空空的脸面露出光泽的无聊的快乐都从幸福的群神的额头消失,他们使永远知足者摆脱任何目的、任何任务、任何忧虑的枷锁,使闲散和淡泊成为值得羡慕的神境的命运(命运只是为了表示最自由最崇高的存在而用的一个更合人性的名称)。不管是自然法则的物质压迫,还是伦理法则的精神压迫,都由于希腊人对必然有更高的概念而消失了,这个概念同时包括两个世界,而希腊人的真正自由就是来自这两个世界的必然性之间的统一。在这种精神鼓舞下,希腊人在他们理想的面部表情中既不让人看到爱慕之情,同时也抹去了一切意志的痕迹,或者更确切地说,使两者都无法辨认,因为他们懂得把这二者在最内在的联系中结合在一起。"③这样一幅"古典希腊"图像堪称康德审美理论与温克尔曼"希腊想象"范式的完美混合,也就是说,席勒把温克尔曼范式中享乐主义的、宁静超脱的希腊人肖像用康德式的理论话语重新着色润饰,使其更趋立体饱满。

耐人寻味的是,席勒在《审美教育书简》中所运用的康德审美自由游戏理论并非是康德自由观的全部内容,康德在道德领域和美的领域之间所设置的鸿沟使二者之中分别出现的自由概念存在着截然不同的内涵,在《实践理性批判》的道德哲学语境中,康德将自由理解为实践理性的应用,而这种应用的必然产物便是道德的判断。在1784年撰写的《答复这个问题:什么是启蒙运动》一文中,康德强调指出实践理性意义上的自由在启蒙运动

---

① 席勒:《审美教育书简》,张玉能译,译林出版社 2009 年版,第 95 页。
② 吕迪格尔·萨弗兰斯基:《席勒传》,卫茂平译,人民文学出版社 2010 年版,第 379 页。
③ 席勒:《审美教育书简》,冯至、范大灿译,北京大学出版社 1985 年版,第 80—81 页。

中的核心性:"启蒙运动就是人类脱离自己所加之于自己的不成熟状态……要有勇气运用你自己的理智!这就是启蒙运动的口号……只有少数的人才能通过自己精神的奋斗而摆脱不成熟的状态,并且从而迈出切实的步伐来。然而公众要启蒙自己,却是可能的,只要允许他们自由,这还确实几乎是无可避免的。"①康德的这种实践理性自由观显然与马丁·路德新教伦理的自由意志论说有着渊源承传关系,"席勒对于康德的过分严肃的伦理学是不满意的"②,在他看来,"只有审美趣味才能够把和谐带入社会之中……只有美的传达才能够使社会联合起来"③,在康德那里自由概念审美之维与道德之维的张力状态被彻底打破了。

　　席勒清楚地意识到,他对于审美之维的极度关注同启蒙运动道德与政治诉求紧迫性之间存在着一定的矛盾:"当今,道德世界的事务有着更切身的利害关系,时代的状态迫切地要求哲学精神探讨所有艺术中最完美的作品,即研究如何建立真正的政治自由。在这种情况下,为审美世界寻找一部法典,是不是至少说有点不合时宜呢?"④席勒的回答是:"人们在经验中要解决的政治问题必须假道美学问题,因为正是通过美才可以走向自由。"⑤按照席勒的思维逻辑,政治自由的经验性性质意味着它应以先验性的审美自由游戏为先决条件,现代人之所以要复返古希腊,正是因为那个世界已被设定为曾经的审美自由游戏实现的审美王国。"席勒当然知道,希腊古代的实际并不与审美的世界状况的幻想一致,但是他关心的不是对一个无法挽回的已逝历史时代的具体描写,而是一个一个可供选择的世界理解的基本模式……他幻想古希腊的象征世界,为的是拓展思维空间。"⑥

　　哈贝马斯说席勒的《审美教育书简》是"现代性的审美批判的第一部纲领性文献"⑦,更确切地说,席勒美学借助审美批判,揭示了审美与政治现代性话语的关系,引起政治现代性话语的自我反省,造就了道德政治理论和政治大众化的交往方式,使政治现代性话语走向生活世界,设计了政治自由的制度化与政治活动中人与自然和谐的公共性生活理念。可以说,席勒美学是一种政治哲学的现代性话语重建。正如哈贝马斯所言:"现代性的特征

---

① 康德:《历史理性批判文集》,何兆武译,商务印书馆1991年版,第22—23页。
② 张玉能:《席勒美学论稿》,华中师范大学出版社2009年版,第53页。
③ 席勒:《审美教育书简》,张玉能译,译林出版社2009年版,第95—96页。
④ 席勒:《审美教育书简》,冯至·范大灿译,北京大学出版社1985年版,第12页。
⑤ 席勒:《审美教育书简》,冯至·范大灿译,北京大学出版社1985年版,第14页。
⑥ 爱克曼辑录:《歌德谈话录》,朱光潜译,人民文学出版社1991年版,第256页。
⑦ 哈贝马斯:《现代性的哲学话语》,曹卫东等译,译林出版社2004年版,第52页。

在于主体具有一种自相矛盾和人类中心论的知识型。而主体是一个异常复杂的结构,虽然有限,却又向着无限超越。"①席勒更穿透性地看到了政治现代话语的主体自身存在着感性与理性的强烈分裂,并认为,这种分裂最终将会导致主体的破裂、政治现代性话语的崩溃。面对政治现代性话语的内在危机,席勒选择了审美批判,因为"艺术作为面向未来的和解力量"②,可以运用其独有的感性力量与自由性质消除政治现代性话语主体的内在冲突,使感性与理性统一和谐起来。也许是看到了席勒采用审美批判方式解决政治现代性话语的内在矛盾,哈贝马斯在《现代性的哲学话语》一书中才肯定地说现代性的哲学话语与现代性的美学话语在许多方面是联系在一起的,"现代首先是在审美批判领域力求明确自己的"③。

在席勒的心目中,理想的国家不是暴力强权的自然国家而是人性至上的伦理国家,"一个国家机构的哲学家和立法者所仅能提出的最高和最终要求,是提高普遍的幸福。使肉体生命得到延续的东西,将永远是他的第一个目标;使人类在其本质之内高尚化的东西,将永远是他的最高目标"④。审美批判力量推动新的政治现代性话语的重建并最终实现伦理国家的建成需要艺术活动参与。席勒在谈到剧院的政治意义时就指出,剧院能使人们了解人类命运,使人们有效的对抗不幸的命运,甚至"剧院比起其他任何公开的国家机构,更多的是一所实际生活经验的学校,一座通向公民生活的路标,一把打开人类心灵大门的万无一失的钥匙"⑤。席勒强调,文学艺术事业的内在价值在于给政治创立者以勇气和力量,使人性化的国家制度得以实现。为此,席勒在《审美教育书简》中评价了两种艺术家。一种艺术家被席勒称为机械的艺术家,这种艺术家只关心自己,不关心生活;另一种艺术家叫着美的艺术家,虽关心生活却主要地关心自己。在席勒看来,这两种艺术家都不是完美的,真正完美的艺术家关心政治和教育,这种艺术家被席勒誉为国家的艺术家。其实,席勒本人的艺术创作也力主表现社会政治生活,表达人道主义的政治现代性话语,《强盗》、《阴谋与爱情》就是范例。马克思曾称席勒创作是"传声筒",作为人道主义的政治现代性话语的传声筒,马克思对席勒的评价也应该说是中肯的。

建立伦理国家须要拆解传统社会,即席勒所说的自然国家。拆解就是

① 哈贝马斯:《现代性的哲学话语》,曹卫东等译,译林出版社2004年版,第308页。
② 哈贝马斯:《现代性的哲学话语》,曹卫东等译,译林出版社2004年版,第37页。
③ 哈贝马斯:《现代性的哲学话语》,曹卫东等译,译林出版社2004年版,第9页。
④ 席勒:《秀美与尊严》,张玉能译,文化艺术出版社1996年版,第9页。
⑤ 席勒:《秀美与尊严》,张玉能译,文化艺术出版社1996年版,第15页。

解除自然国家合法性概念意义和功能,颠覆这些概念的中心地位,剥夺它们的统治权。本质上,拆解自然国家是一个解中心的过程。这个解中心过程一方面为伦理国家的建立提供了认知世界的方法,构建了人际关系的新的法律制度和道德准则;另一方面解中心过程提升了个体化的公共需求,私人借助反思性与交换性的各种公共活动实现了社会化,社会文化与个人行为逐渐在大众生活层面上和谐起来。在拆解自然国家、建立伦理国家的解中心过程中,审美有着独特的批判性作用。席勒在《论悲剧中合唱队的运用》一文中要求艺术设立严肃的、具有提升人性意义的社会目的以实现解中心过程中的审美批判性,"真正的艺术之目的不仅仅在于一种短暂的游戏,它的严肃目的在于,不仅使人进入自由的瞬间梦境,而且使他在活动中实际上得到自由,而达到这个目的的手段是,它在他身上唤醒、训练和提升一种能力"①。由审美批判介入的解中心行为首先体现在对传统宗教的破除上。传统宗教是传统政治话语合理性所在。席勒本人自幼受传统宗教的摧残,对传统宗教的教义教规压迫人性深恶痛绝。席勒认为,传统宗教的普遍有效性并非来于公众生活的自觉意愿和实践需要,而源于公共生活之外并强加于公共生活的政治暴力和文化奴役。自然国家的专制政治给传统宗教以合法性权力,而传统宗教则又成为自然国家专制政治的合理性根据,这是德国乃至欧洲长期政治动荡、民不聊生的根本原因,因此,席勒断言:"正是宗教必定给国家造成的这种政治法律的摇摆性质。"②另外,审美批判介入的解中心行为还体现在对历史的期望和对未来的设计上。传统宗教中心的拆解预示着传统政治话语的消除,也说明新的政治现代性话语的合理性需要确立,否则,传统宗教不可能被彻底拆解,传统政治话语依然不死。席勒著名的《论素朴的诗与感伤的诗》一文谈论的是对古希腊诗歌创作与现代欧洲诗歌创作中人与自然关系的差别,但是,从政治哲学维度上看,席勒通过对古希腊人与自然关系的追问,为政治现代性话语的建立找寻合理性,正像哈贝马斯引述本雅明的话那样:"一切过去都具有一种无法实现的期待视野,而现在在面向未来的时候所承担的使命在于:通过回忆过去而得知,我们可以用我们微弱的弥赛亚主义的力量来实现我们的期待。"③通过对历史的重释,在一种审美批判中建立政治现代性话语,席勒是首创。此后的黑格尔、马克思、法兰克福学派都坚持了这一思想传统,形成了西方政治现代性

---

① 席勒:《秀美与尊严》,张玉能译,文化艺术出版社1996年版,第351—352页。
② 席勒:《秀美与尊严》,张玉能译,文化艺术出版社1996年版,第11页。
③ 哈贝马斯:《现代性的哲学话语》,曹卫东等译,译林出版社2004年版,第17页。

话语的特色之一。

　　席勒美学对政治现代性话语的重建不仅在于审美批判对传统政治合理性的拆解,而且还在于对政治现代性话语中理性失范的调整。理性是现代启蒙运动中最宏大的主题,是现代性最具特征的属性,也是现代社会转型的基本价值取向。理性的内涵复杂多样,包括了近代以来人们对社会生活世俗化后的全部自我理解。人们对不同特征、功能和样态的理性偏好不同、选择不同,也就产生了对不同理性的评价不同。在席勒看来,现代社会生活中有工具理性、审美理性和道德理性三大类理性。三类理性既是价值取向、文化精神,又是社会生活中的客观力量,不以个人的爱好、情趣为转移,是现实物质文明发展与社会制度演进的必然产物,正是它们构成了现代性话语中理性的主要内容。工具理性、审美理性和道德理性的功能、作用不同,社会生活对它们的需要也不完全一样。在席勒的美学中,审美是一种和解力量,它以其个体的现象自由恢复被边缘化后的审美理性和道德理性的功能,并在人性的和解中将道德理性确证为社会生活的一种普遍的公共机制和制度,根本上纠正理性失范问题,最终建成席勒政治现代性话语中的伦理国家。

　　然而,现实中的政治状况却让席勒失望,专制、奴役、腐败、黑暗成为现实政治的代名词,自然国家的传统政治如何才能转换为伦理国家的道德政治呢? 席勒想到了艺术。哈贝马斯深刻地发现艺术具有"公共机制的特征,并释放出修复大众的道德总体性的力量,"①席勒更是相信艺术可以通过审美的力量修复伦理、标举道德,实现政治转型。他说:"在人间的法律领域终止的地方,剧院的裁判权就开始了,"②艺术的政治公共权力甚至能够取代法律的失缺:"法庭审判对之保持沉默的千百种美德由剧院来荐举。"③由此可见,在席勒美学重建的政治现代性话语中,艺术"这些生动图景最终与普通人的道德融为一体"④,艺术促成了道德,道德改变了政治,最终就实现了传统政治向道德政治的转换。正是在这个维度中,席勒领悟到艺术"主要对道德和启蒙起作用"⑤的真谛。基于此,席勒明确地对政治提出自己的要求,即政治的目的是实现人性高尚化,政治运行方式则与保持人格纯洁的艺术有关,艺术家在实现道德政治建立伦理国家的事业更有着倡

　　① 哈贝马斯:《现代性的哲学话语》,曹卫东等译,译林出版社 2004 年版,第 102 页。
　　② 席勒:《秀美与尊严》,张玉能译,文化艺术出版社 1996 年版,第 12 页。
　　③ 席勒:《秀美与尊严》,张玉能译,文化艺术出版社 1996 年版,第 13 页。
　　④ 席勒:《秀美与尊严》,张玉能译,文化艺术出版社 1996 年版,第 13 页。
　　⑤ 席勒:《秀美与尊严》,张玉能译,文化艺术出版社 1996 年版,第 19 页。

导理想、张扬高尚的历史责任；"诗人的一个首要条件是理想化、高尚化，没有这个条件，他就再也不能获得他的名声"①。

在席勒重建的政治现代性生活中，艺术以何种方式、通过怎样的途径来提升人性道德、最终实现道德理性、建立伦理国家这是席勒需要回答的。席勒对这样一个重大理论性同时又极具实践性问题的解答颇为现代。他以为，艺术是通过教育、鉴赏、娱乐等行为与人发生联系，发生联系的双方均具有主体性质，其联系的方式、功能、结果都带有现代哲学所讲的主体间性的特征。用一种后现代的话语来说，席勒将艺术视为一种实现道德政治、建立伦理国家的交往行为。按照哈贝马斯的理解，所谓交往行为是以语言为中介的互动。在互动过程中，交往的参与者通过语言行为所追求的是以言行事的目的，而且只有这个目的。席勒的艺术介入道德并通过这种介入实现改变政治的目的和过程却包括教育、审美、游戏等话语行为，这些行动在主体之间发生，产生的结果绝非主客体关系中主体建构客体、主体改造客体式的革命，而是主体间的相互作用与影响，正如哈贝斯所说："席勒把艺术理解成了一种交往理性，……实现想象成遭到破坏的同感的复兴；它不能单独从自然和自由任意一个领域中形成，而只应出现在教化过程当中"②。在这种由艺术参与其中以实现道德政治的交往行为中，一方面涉及的是交往行为者用教育、审美、游戏、娱乐等话语表达的意义追求；另一方面通过教育、审美、游戏、娱乐等话语，交往行为者所表达的意义追求与道德、法律、政治的世界建立起联系，产生互动的效果，语话的意义与话语意义诉求的世界形成了一致的立场，可见"席勒把艺术理解为交往理性的真正体现"③。

在席勒重建政治现代性话语中，通过艺术的介入，在审美批判的作用下实现道德政治的建构是在专制与自由、贵族与大众二元对立的背景下展开的。因而，席勒需要在大众审美文化与现代政治理念和制度设计之间建立合理性，用席勒的话来说就是"使理智的教育和心灵的教育与最高尚的娱乐结合起来"④，这种合理性既表现为充满自由意志和解放意识的审美交往实践，又体现为一个合乎历史趋势和现实要求的政治改革行为，不仅使生活关系审美化，而且使政治行为人性化。值得注意的是，与传统理论不同，席勒并未像柏拉图等人在一种形而上图景中谈论艺术与政治的关系，而是在日常生活的现实层面中实际地求证交往行为中审美如何为政治生活释放革

---

① 席勒：《秀美与尊严》，张玉能译，文化艺术出版社1996年版，第29页。
② 哈贝马斯：《现代性的哲学话语》，曹卫东等译，译林出版社2004年版，第52—55页。
③ 哈贝马斯：《现代性的哲学话语》，曹卫东等译，译林出版社2004年版，第56页。
④ 席勒：《秀美与尊严》，张玉能译，文化艺术出版社1996年版，第11页。

新的能量,道德、法律如何在审美的交往过程获得全新的再生产的。也就是说,审美主体和政治主体之间在生活世界中如何营造了它们共同的生活语境和价值立场的。这是一种真正的人际关系的考虑与设计,在这种考虑与设计中,审美主体与政治主体产生沟通,在相互理解的基础上使各自的行为协调起来,达成了一致的语境与明确的意义。

　　审美批判促进道德政治的形成的一个重要标志就是在艺术的参与下,政治与艺术一道走进生活世界。生活世界是人们文化关系的总和,表现为人们对生活的所有意义解释,这所有的意义解释又构成了生活世界中每一个成员理解生活世界的知识。审美批判下的道德政治在艺术的教育活动、鉴赏活动、娱乐活动中成为大众的行为方式,变成民众熟知并参与其中的知识和权力,成为生活世界的内容和大众理解生活世界的方式。正是如此,在生活世界中,道德、法律、政治与艺术一样,成为生活的基本视域,提供了生活世界中文化的自明性,为生活世界中的每一位成员塑造了认知生活、控制生活、发展生活的共同范式。哈贝马斯在评价马克思时说,理性一旦回归生活世界就具有一种解放的力量。至少,可以断言,审美与政治的交往行动只有在生活世界中才能真正实现,交往行为中产生的共识只有在生活世界中才免遭强权统摄,具有公共的真理性。所以席勒说:"美的理想应用于现实生活。"①在席勒美学中,审美与政治走入生活世界意义重大。首先,审美与政治进入生活世界后极大地丰富了生活的文化价值,艺术、科学、哲学、法律、道德不仅拥有了一种感性的活力和自由,而且在制度上保障了民众享受艺术、科学、哲学、法律、道德的权力,这是席勒在《审美教育书简》和《论素朴的诗与感伤的诗》中一直期望的感性与理性统一的实际成功。很明显,审美参与下的政治走进生活世界具有很强烈的启蒙性和现代性;其次,审美参与下的政治走进生活世界使得人们的日常生活具有了一定的反思性。日常生活长期被传统生活意义和生活制度统治着,缺乏终极关怀。反思性的出现促使日常生活发生分化。适应大众人性发展的普遍价值、规范和法律保障使个体生活逐渐向私人化与公共化两个向度发展,个体化的过程同时成为社会化的过程,个人成为历史的一部分而历史正是在个人的生活中运行的。席勒这个观点后被马克思在其"对象化"理论中发展为社会存在,成为个体发展的确认,而个体发展又是社会进步的积极肯定的思想。可以说,审美参与下的政治走进生活世界使得人们的政治生活、审美生活成为人们此在的基本标志之一,使生活成为对每一个人的关怀。

----

　　① 席勒:《秀美与尊严》,张玉能译,文化艺术出版社 1996 年版,第 318 页。

　　席勒美学打造政治现代性话语是自启蒙运动以来在康德批判哲学现代性观念基础上的政治哲学思想的一种尝试。运用审美批判,在艺术的参与下实现道德政治、建立伦理国家,席勒开启了政治现代性话语的更加人性化、生活化的合理性。合理性是判断一种思想或行为对世界的理解是否具有真理性和适用性的尺度。合理性无法用逻辑学、语义学的内涵来解释,它也与个人认知水平的高低无关,合理性只能是社会生活在最为广大的民众生活交往行为中获得选择和确立。韦伯在分析现代社会的转型时指出,现代社会的合理性与现代性社会生活经验知识的增加、社会政治的理性化、私人生活受法律保护、公共事业普及并且受到有效的控制、社会文化力量具有反思能力和诊断能力等有关。关于对合理性的看法席勒比韦伯更明朗,在席勒美学中,政治现代性话语的合理性取决于是否在认识中获得了自由、是否在现象中获得了自由、是否在本体中获得了自由。席勒美学中认识的自由是理性,现象的自由是审美,而本体的自由是道德。理性、审美、道德就是政治现代中话语合理性的根本所在。依照席勒的对合理性的理解,席勒重建的政治现代性话语在审美与政治自由、审美政治公共化、审美与政治中人与自然的统谐等方面具有深刻的合理性。

　　合理性在生活世界中体现为现实的秩序。如果一种秩序为主体认可并具有约束力,就成为生活的规范,拥有了合法的有效性。道德政治要想获得合理性,道德就不能单纯地以意识的方式存在于个体的精神状态中,仅仅作为理想,起某种憧憬的作用,道德政治合理性必须现实化为民众的生活规范。这就要求道德自身成为追求自由的广大民众生活所依据的秩序。在席勒看来,作为生活秩序的道德应为民众自愿而不能强加,道德政治合理性的基本保障就在于其为民众的自主选择和认同,对此席勒阐释道:"当道德的人不服从肉体的人,而不允许状态有对思想的因果性时,就是消极的;或者,当道德的人给肉体的人提供法则,而思想保持着对状态的因果时,就是积极的。"①如果道德能够成为人类普遍进步的秩序和规范的话,那么,什么才能使道德的秩序和规范实现了呢? 席勒认为审美教育能够实现道德的秩序化、规范化,从而实现道德政治、建立伦理国家。在席勒美学中,传统政治的奴役和现代工具理性的失范造成了人的感性与理性的分离、对抗,人性处在一种异化的分裂状态之中,这是自然国家人的此在生存的典型状态。改变这种生存状态的唯一办法就是为在生活世界中生活的人找到自由,通过自由,恢复人性,实现道德政治,建立伦理国家。而在现实的自然国家的生活

---

　　①　席勒:《秀美与尊严》,张玉能译,文化艺术出版社 1996 年版,第 170 页。

世界中只有审美具有自由的性质,除此无自由可言。审美正像康德所说的
那样,不是认识趋于认识,无功利而趋于功利,无目的又合于目的,不受自然
的强迫,也不受肉体驱使,不受理智干涉,也不受意志的催逼,是感性与理性
完全统一的自由自在的活动。席勒说艺术就像游戏,是日常生活中人们唯
一能够拥有的自由,人们如果要实现道德政治,就必须经历艺术活动,在审
美活动中使自己的感性与理性统一起来,而感性与理性的统一正是席勒所
理解的道德的基本性质。可以说,艺术是生活世界中的自由游戏,更是恢复
人性、实现道德制度化、建立伦理国家合理性的秩序化过程。因而艺术是一
个审美、理性、道德三位一体的行为,它在实现现象自由的同时实现了认识
的自由和本体的自由,达成了道德政治、伦理国家的建设。席勒曾举例说明
艺术对道德政治的促进,如他认为戏剧艺术就"发表了人民斥责国家制度
和统治者的不少意见。"[1]要知道,在 18—19 世纪里,德国知识分子最大的
政治心愿就是拥有社会的言论自由权。在席勒看来,日常生活中的审美活
动使民众真正有了平等、自由的公民意识和权力:"在审美的世界里,每一
个自然产品都是自由的公民,他同最高贵的公民拥有相同的权利,而且甚至
为了整体也不应该受到强制,而是应该与一切相一致。"[2]人们在日常生活
中享受到的政治平等和自由是在审美中,所以"审美判断使我们自由,而且
使我们高尚和振奋"[3]。席勒是一位艺术家,深知艺术不仅是被动的享受,
更是主动的创造,因而艺术参与下的自由是一种极为自主积极的制度建设,
这种制度建设的"第一条法则是:请维护别人的自由;第二条法则是:请自
己表现自由"[4],而这种由审美参与下的制度建设目的就是,建立真正的政
治自由。

　　政治话语的合理性总和公共性相联系。古希腊城邦民主制中就存在政
治公共性,但是古代的公共领域是少数具有所谓公民权的权贵的权力运作
空间。现代公共领域产生于市民社会的兴起后而出现的广大民众对普遍的
政治权力和国家使命的诉求。18 世纪中末期,欧洲特别在德国出现了有一
定规模、富有批判功能的公共领域,它在媒介方面表现为公众舆论开始大规
模的参与社会生活,影响社会的价值判断;在法律方面,强烈要求言论自由
和出版自由权力,抵制检查制度;在艺术方面,"趣味无争辩"使艺术走向日
常生活,审美成为民众生活一部分从而摆脱宫廷对艺术的垄断。所有这些

---

① 席勒:《秀美与尊严》,张玉能译,文化艺术出版社 1996 年版,第 18 页。
② 席勒:《秀美与尊严》,张玉能译,文化艺术出版社 1996 年版,第 68 页。
③ 席勒:《秀美与尊严》,张玉能译,文化艺术出版社 1996 年版,第 174 页。
④ 席勒:《秀美与尊严》,张玉能译,文化艺术出版社 1996 年版,第 72 页。

都是以人性的名义,打着道德的旗号锻造政治现代性话语合理性的重要内容。众所周知,现代公共领域建立在大多数社会成员参与下,为某专门主题而进行的阐释、提议和认同、和解的基础之上的,现代公共领域使多数人的意志和意见制度化。在传统公共领域中,权力者与民众没有共同语言,民众是传统公共领域的他者,处于边缘化状态。现代公共领域使市民变成国家公民,广大民众的个人私权具有了普遍有效性,国家成为社会生活的经营体,法律成为民众的服务保障,公共领域真正使道德政治获得了合理性存在。这种合理性在意识形态中表达为具有普遍意义的人道主义理想和自我理解,尊重人性、倡导主体理性、追求民主意识和自由观念;在现实生活中,这种合理性则体现为公共领域的政治行为与制度为每一个肉身的个体的生命需要提供了广阔的实现空间,私人生活获得充分地满足,私人成为具有法律权力和理性人格的标准人,并以制度的方式被注入了社会学和政治学意义。所以,在康德、席勒那里公共性是政治制度合理性的标志和建立法律秩序的原则。这其中,艺术成为建立公共领域的参与者,它为众民提供了日常生活合法性的经验,以一种审美与娱乐的方式将世俗化、大众化的价值输入到政治公共领域之中,使政治成为真正的公共事业。一言以蔽之,审美与政治的结合塑造了现代生活的公众,他们以博爱、自由、民主为其人性的符号,使政治成为一种公共的道德活动,就如席勒在谈到剧院与政治的关系时所形容的那样:"剧院是公共的渠道,智慧的光芒从善于思考的部分人之中照进剧院,并且以柔和的光线从这里照彻整个国家。"①审美参与下的政治公共性的实现引起人与自然关系发生变换。在席勒政治现代性话语中,人与自然的紧张关系通过审美参与下的道德政治和伦理国家的建立逐渐缓解,最终人与自然在理性、自由、道德的三维高度中如古希腊一样,再度统谐起来。

由于工具理性的失范,人们对外在自然的超越是通过征服行为实现的。在这个征服行为中,人的自大和对自然的藐视使人与自然对立、冲突,其结果一方面是自然的非社会化,自然远离人的生活,成为人类异己的存在;另一方面则使人类生活偶然化,人类失去了天然的家园,人的历史成为席勒所说的冲突史:"世界,作为历史的对象根本不是别的,而是自然力量的彼此冲突和自然力量与人的自由的冲突,而历史就给我们报告这种斗争的结果。"②席勒极为痛心人类的这种对抗自然的此在状态,这种表面文明实则

①　席勒:《秀美与尊严》,张玉能译,文化艺术出版社 1996 年版,第 232 页。
②　席勒:《秀美与尊严》,张玉能译,文化艺术出版社 1996 年版,第 210 页。

摧残人性的此在状态是对人自身和谐的最大否定。人与自然的关系是总体性的关系,具有形而上相互关怀的内涵,人与自然的存在都以对方的存在为前提,人与自然的对立、冲突就意味着人的对立、冲突,而人与自然的和谐也就意味着人自身的和谐。席勒认为,人与自然关系从对抗到和解的转变只有依靠审美参与下的道德政治和伦理国家的建立才能实现,审美在提升人的道德时"使激烈的紧张情绪下降为缓和的和谐心境"①,艺术"才是把分离的精神能力重新结合起来的活动,才是把头和心、机智和诙谐、理性和想象力和谐地联结起来的活动,才可以说是在我们心中重新创造完整的人的活动"②。艺术促成的这种和谐是人与自然的真正统一,是人类按其人性本质状态感受自然、拥有自然的基本方式。换一句话说,通过这种实现人与自然的和谐、人自身和谐的审美活动,道德政治才真正拥有了合理性,伦理国家才是"合目的和合规律的地方"③。

席勒美学政治现代性话语在日后的历史发展中并没有获得完全的实现。究其本质而言,这种审美参与下的道德政治是一种政治乌托邦。然而,作为一种面向生活的理论设计和思想追求,席勒美学政治现代性话语则有着巨大的实践性,对当代社会抵御技术理性、反抗政治暴力、提高人性品质、重释生活意义有着重大的影响。马克思汲取了席勒审美批判思想,继续了审美参与下的政治现代话语。不同的是,马克思将这种政治现代性话语融入了实践的维度,使之在变革社会、改换历史进程中成为人类实践活动对象化和本质复回的一种现实力量。马克思这一伟大思想后由卢卡奇等人发扬光大。叔本华、尼采则大力标榜席勒审美批判的和解性,在放弃审美改造政治的前提下,突出了审美对生活的改良和对人性和解的功能,为西方当代人本主义哲学提供了美学新坐标。20世纪中期,以马尔库塞为代表的福兰克福学派可以说是席勒美学政治现代性话语的直接传人,他们面对当代政治官僚化、理性技术化、生活商品人的现实,将审美批判作为诊疗社会的主要手段,坚持席勒审美自由和道德政治信念,在当代西方文化发展中独树一帜,至今仍有强劲的影响力。

---

① 席勒:《秀美与尊严》,张玉能译,文化艺术出版社1996年版,第11页。
② 席勒:《秀美与尊严》,张玉能译,文化艺术出版社1996年版,第21页。
③ 席勒:《秀美与尊严》,张玉能译,文化艺术出版社1996年版,第232页。

第十三章　康德与西方现代艺术的"抽象化"转型

"西方现代主义艺术和审美的主导趋势,就是走向'抽象'(abstraction)。它构成了20世纪西方现代主义艺术和审美的根本特性,从现代主义到后现代主义,'抽象'是其艺术语言的根本的'语法'。"①在西方现代艺术的"抽象化"转型过程中,康德思想直接或间接的渗透和影响经常起到至为关键的作用。康德思想与西方现代艺术,两个看起来风马牛不相及的领域,它们究竟是如何发生关联的呢?法国文论家贡巴尼翁一语道破了这其中的玄机所在:"放弃形象艺术是一个如此彻底又如此重要的选择,因此不得伴之以奇特的美学思辨和形而上学思辨,以便维护这一选择。"②其实,尽管现代艺术的"抽象化"转型完成于20世纪,可是其潜流早已在19世纪风景画领域的嬗变革新中酝酿许久,而康德思想与这一领域之间也早就产生了微妙的"亲和力"。

第一节　康德与19世纪西方风景画的"抽象化"潜流

从希腊、罗马的古典时代开始,一直到18世纪启蒙时代,在两千多年的西方艺术史上,人像从来都占据着绝对主流的位置,西方艺术的写实传统和模仿再现理论也在人像领域确立了牢固的统治性。在文艺复兴时代的意大利和北欧绘画中,作为人物画背景的风景描绘开始逐步争取自己的独立地位,到了18世纪与19世纪之交,以风景描绘为中心的风景画在西方世界,尤其是在英国发展迅速,这一时期英国的两位风景画大师康斯太勃尔和透纳代表了两种截然不同的风景画流派创作理念。

"康斯太勃尔采取一种'自然主义'的态度来对待风景画……他的目标是发展出一种'自然绘画'(natural paiture),即忠实地再现英国的乡村。"③

---

① 牛宏宝:《西方现代美学》,上海人民出版社2002年版,第349页。

② 安托瓦纳·贡巴尼翁:《现代性的五个悖论》,许钧译,商务印书馆2005年版。

③ 曲培醇(Petraten-Doesschate Chu):《十九世纪欧洲艺术史》,丁宁等译,北京大学出版社2014年版,第188页。

也就是说,康斯太勃尔所代表的风景画流派创作理念完全是西方艺术写实传统和模仿再现理论的一脉嫡传。

透纳的风景画热衷于表现暴烈和强戏剧性的自然现象或事件场景,手法上也更趋于写意化。让我们先来看一下艺术史家贡布里希对于透纳代表作《暴风雨中的汽船》(1842)的精彩解读:"他给予我们的仅仅是黑暗的船体和勇敢地飘扬在桅杆上的旗帜这么一个印象——一个同狂风怒涛搏斗的印象。我们几乎感觉到狂风在疾吹,波涛在冲击。我们根本没有时间去寻求细节,它们已经被吞没在耀眼的光线和阴云的暗影之中。"①根据另一位艺术史家曲培醇的考察,"在他生命的最后几年里,透纳的兴趣越来越集中于把风景简化为水、光线、大气等基本元素,他的作品就抽象程度而言已开始跟 20 世纪的非具象绘画相似"②。相对于人物画,风景画显然蕴藏着更多摆脱具象和写实规定性的"抽象化"的契机。"面对着没有任何可分辨的物质特征的景色所产生的空虚体验带有一种释放的感觉,它几乎使正在感受着它的人也丧失了其物质形态……崇高之景,其重点在于模糊、空虚和不确定性,它造成了不稳定和迷失方向的感觉。"③透纳风景画的抽象化走向显然与他对"崇高之景"的迷恋存在着内在的联系。

1757 年,英国哲学家博克发表了《对我们崇高和美的观念的起源的哲学探究》一文,从心理学的角度出发,考察了崇高的性质问题。博克认为:"任何适于激发产生痛苦与危险的观念,也就是说,任何令人敬畏的东西,或者涉及令人敬畏的事物,或者以类似恐怖的方式起作用的,都是崇高的本源,即它产生于人心能感觉的最强有力的情感。"④在博克看来,从对象的形式来看,崇高之景的特征是巨大、模糊、粗粝、坚厚,从主体心理来看,崇高感以痛苦为基础,以惊愕为主干。博克对"惊愕"的解析相当精彩:"由自然中伟大与崇高产生的情感,当这些原因起有力的作用时,是惊愕。惊愕是一种带有某种程度恐怖的精神状态。在这种情形中,心灵完全被其对象所占领,以至于不能接受任何其他对象,因而也不能就那个占领它的对象进行推理。所以崇高的巨大力量的产生,不但不是由推理引起的,而且还预先防止我们

①　贡布里希:《艺术的故事》,范景中译,杨成凯校,广西美术出版社 2008 年版,第 493—494 页。
②　曲培醇(Petraten-Doesschate Chu):《十九世纪欧洲艺术史》,丁宁等译,北京大学出版社 2014 年版,第 186 页。
③　马尔科姆·安德鲁斯:《风景与西方艺术》,上海人民出版社 2014 年版,第 181—182 页。
④　博克:《崇高与美——博克美学论文选》,李善庆译,上海三联书店 1990 年版,第 36 页。

的推理,并以不可抗拒的力量驱使我们。"①博克把恐怖事物视为令人产生崇高感的首要事物,而如果某个事物显得恐怖,模糊总是必需的要素,面对模糊的景象,我们很容易失去视觉和智力上的控制力。

博克的崇高考察在相当程度上为透纳一派的风景画创作奠定了理论基础,"在他的《雨、蒸汽、速度》中,透纳表明,即使是平淡无奇的蒸汽火车,在某种条件下也能产生博克定义为崇高的那种令人愉快的恐怖"②。透纳笔下具有空前视觉冲击力的"崇高之景"显然有着来自博克的直接理论启示。

然而,博克最为赞赏的崇高并非基于视觉意义上的自然的崇高。而是词语的崇高,在他看来,词语的崇高脱离自然的崇高,脱离我们对恐怖危险物体的直觉机械反应,因此只有这种崇高才是适度的,因为它给激情设置了一条界线。博克崇高理论的这一要义被康德相当彻底地放弃了,康德坚决反对在任何意义上把崇高与适度联系起来,并坚持崇高的视觉第一性原则。康德对博克崇高理论的重大修正的确点中了后者首施两端、概念游移的要害,康德的崇高理论通过英国浪漫主义诗学的译介进入英国,对博克崇高理论的词语崇高之维形成了合理的遮蔽。在这层意义上,透纳接受并应用于其风景画中的博克崇高理论其实是康德的修正版本,正是康德使得"崇高"这一范畴实现了彻底的视觉中心。

博克的崇高理论将崇高对象,即崇高之景与主体心理建立为崇高根源的因果关系,康德从主体性哲学出发,对这一立场作出了又一重大修正,在他看来,崇高感的根源并不在于对象,而是在于主体自身,对象所引起的只是一种恐怖的痛苦,崇高感源于主体的理性对这种痛苦的克服,理性将人的心灵提升到了一个令人崇敬的高度,因此,崇高感的来源不是崇高之景,而是人的理性,是人意识到自己是人时所体现的那种自我尊严。博克从主体心理方面倾向于把崇高感说成是一种"自我保存"的情感:"涉及自我保存的情感,主要指向痛苦或危险。痛苦、疾病与死亡的观念,以强烈的恐惧情感充斥心灵;但生命与健康不能以单纯的享受产生这种印象,尽管它们能够使我们感到快乐。因此,有关个体保存的情感主要指向痛苦和危险,它们是一切情感中最强有力的情感。"③博克的人的"自我保存"与康德的人的"自我尊严"显然成为崇高感认识的两极,那么,在这二者之间,透纳的选择又会是怎样的呢? 透纳于 1842 年在英国皇家艺术院展出的一幅名作有着一

---

① 博克:《崇高与美——博克美学论文选》,李善庆译,上海三联书店 1990 年版,第 42 页。
② 曲培醇(Petraten-Doesschate Chu):《十九世纪欧洲艺术史》,丁宁等译,北京大学出版社 2014 年版,第 187 页。
③ 博克:《崇高与美——博克美学论文选》,李善庆译,上海三联书店 1990 年版,第 41 页。

个极长的标题:《暴风雪——离开港口的汽船在浅水中发出信号,在引导下前行。作者在阿里尔号离开哈维奇港的夜里经历了这场暴风雪》。正如马尔科姆·安德鲁斯指出的那样,"透纳考虑将自己置入自然暴力活动的体验,并让那个体验指导风景图像构建的形式,是一种艺术家与自然世界之间关系的新发展"①。可以看出,透纳本人的崇高美学与康德的人的"自我尊严"论何等契合,与博克的人"自我保存"论又是何等疏离。透纳风景画的"抽象化"面貌更多来自博克崇高理论"模糊美学"的启示,而其主体性精神指向则更多地由康德思想所规定。

19世纪后期,法国的两位现代主义艺术巨匠莫奈和基尚在晚期创作中都将各自的重心落到了风景画上面,"对莫奈,尤其对塞尚来说,艺术再现也包含有抽象和非写实,这一思想如同闪电般贯穿影响了之后整整一百年的绘画艺术"②。

"在19世纪80年代里,莫奈的艺术手法从绘画的客观性发展到主观性。一直以来,他的兴趣点都在描绘他看到的世界,而非他知道的世界,但是从19世纪80年代开始,他逐渐把注意力转移到他个人对现实的观察,想必是要告知观者可知的现实并不存在,现实的表象既取决于外在的环境,如光线和大气,也取决于观者的感知能力。"③创作于1890年到1891年的"干草垛"系列是莫奈晚期风景画的经典之作,这一系列中的每幅画都描绘了一个圆锥形的干草垛,而经过强化而突出的颜色和笔触的变调却显示出作者的兴趣并非在纪实层面,"在他这样的眼睛注视下,大自然终于在色彩质地中作出了回应,而这种质感仅仅运用媒介的自主法则就可以在画布上得到安排——也就是说,大自然成了一种近乎抽象的艺术的跳板"④。

莫奈笔下的"干草垛"已接近了康德在《判断力批判》中所说的"纯粹形式"或"自由美"的意义。1891年5月,莫奈的画商杜兰—鲁埃在他的画廊展出了"干草垛"系列中的15幅作品,"按照它们在杜兰—鲁埃画廊里的陈列,这些画不再是需要个别关注的一件件独立作品,它们成为一种装饰,用

① 马尔科姆·安德鲁斯:《风景与西方艺术》,上海人民出版社2014年版,第219页。
② 理查德·布雷特尔:《现代艺术:1851—1929》,诸葛沂译,上海人民出版社2013年版,第214页。
③ 曲培醇(Petraten-Doesschate Chu):《十九世纪欧洲艺术史》,丁宁等译,北京大学出版社2014年版,第416页。
④ 克莱门特·格林伯格:《艺术与文化》,沈语冰译,广西师范大学出版社2009年版,第46页。

变化的颜色和质感为墙面增彩。这种着重形式和质地、弱化内容和意义的做法代表了绘画艺术领域的一个重大转折,为20世纪的非具象艺术铺设了道路"①。晚年的莫奈在风景画创作中对于绘画与音乐相似性的兴趣日益浓厚,他的"干草垛"系列很像是同一主旋律在不同的变奏里重复出现的乐章。莫奈在他以干草垛为主题的不同版本变体的画作里,变换着颜色、笔触和质感,就如同一个作曲家可以在变奏里改变基调、拍子、节奏和力度。通过他的"干草垛"系列,莫奈表达了对来自德语世界的"一切艺术皆趋向于音乐"命题的认同,这或许是受到他的朋友惠斯勒的影响,后者经常用音乐命名自己的画作。莫奈后期风景化的"形式化"和"抽象化"趋向是汉斯立克形式主义音乐美学在绘画领域的一种折射,由于汉斯立克音乐美学与康德美学之间的渊源关系,我们可以说,莫奈的这一创作理念的变迁存在着康德思想间接影响的作用。

塞尚被称为西方现代艺术之父,他的创作,尤其是在风景画领域,极大地推进了西方现代艺术"抽象化"转型的进程。不妨先来看一下艺术史家理查德·布雷特尔对塞尚名作《瓦河上欧威边的房屋》的解读:"既没有建筑看点,也没有人们感兴趣的人物形象,更没有古树,没有丰收的景象,简言之,作为一个风景画主题,它毫无趣味……实际上,他的许多笔触所具有的强烈表现力已经超出它们在艺术表现中对风景进行勾勒的作用……它们不代表任何事物,只是一种绘画符号。"②19世纪80年代后期,塞尚深深地投入到对艾克斯附近耸立着圣维克多山脉的那部分乡野的研究,他的《圣维克多山》系列组画最典型地体现出了"抽象化"的趋势,"他不再像过去那样从大自然中接受精确的指示,而是接受其变调的暗示,然后根据他感知范围的延伸,再将它们描绘下来"③。塞尚对西方传统绘画的空间观进行了一场革命,"很少有人意识到塞尚在表现空间方面的尝试彻底打破了文艺复兴以来的透视规则……与塞尚同时期的人认为他的画奇怪地扭曲着,他们都太习惯于传统的透视,以至于无法认识到这些画需要用一种新的方法来看。要想真正欣赏塞尚的作品,观者的眼睛必须像艺术家的眼睛扫视现实一样地在画面上游移。塞尚通过使用多视点,让时间成为观看他画作的一个必

① 曲培醇(Petraten-Doesschate Chu):《十九世纪欧洲艺术史》,丁宁等译,北京大学出版社2014年版,第416页。
② 理查德·布雷特尔:《现代艺术:1851—1929》,诸葛沂译,上海人民出版社2013年版,第214页。
③ 罗杰·弗莱:《塞尚及其画风的发展》,沈语冰译,广西师范大学出版社2009年版,第177页。

要条件,我们甚至可以说他为作品增加了一个'第四维'"①。在塞尚这里,空间和时间成为绘画中主体建构的形式范畴,和康德在《纯粹理性批评》中所建立的空间范畴和时间范畴异曲同工,塞尚在未曾主动接受康德思想的情况下,近乎无意识地在绘画领域移植了康德主体性革命的哲学成果。

第二节　康德与西方抽象艺术的发生

"在艺术中摇摆不定的那条抽象和模仿的分界限,被威廉·沃林格尔于1908年确定了,在《抽象与移情》一书中,他对艺术抽象的心理动力作了生动的解释,给第一代抽象画家留下了持久的印象……在某种创作形式里,在每幅绘画中,的确,在整个艺术史上,都存在着两极(再现与非再现,或者换一种说法,模仿和抽象)引力的相互吸引和相互排斥。当沃林格尔和在他之后不久的康定斯基注意到了这种戏剧性的巨大张力之后,现代艺术便越来越靠近抽象的那一极"。② 沃林格尔的《抽象与移情》(1908)概括了艺术意志的两种类型——移情冲动与抽象冲动。按照沃林格尔的说法,移情冲动是属于古希腊和文艺复兴古典写实艺术的艺术意志,而艺术开始于具有抽象装饰的创造物,抽象冲动在艺术的起点已经表现出来,它构成了艺术真正本质之所在。也就是说,抽象冲动是比移情冲动更本真、更具源发意义的艺术意志。"沃林格尔的抽象与移情的对立,使我们首先想到了康德的崇高与优美对立。移情冲动所达成的生气灌注的美、比例美、有机体的美,与康德的对象之客观和目的性所产生的优美相一致;而抽象冲动所产生的结晶质的美、绝对美,则部分的与康德的主观合目的性的崇高相连"。③ 沃林格尔移植并转移了康德的美学范畴,他所说的抽象冲动所产生的结晶质的美与康德的"纯粹形式"或"自由美"理论更有着直接的关联。

1910年,康定斯基创作出了第一幅正式意义上的抽象绘画,他也被公认为是西方现代艺术抽象主义的创始人,康定斯基创建抽象艺术理论,在很大程度上借鉴了好友沃林格尔《抽象与移情》的理论体系。康定斯基用"点·线·面"指称艺术构成的本质形态,这显然也是与康德的"纯粹形式"或"自由美"理论一脉相承的,他的方法是将汉斯立克的形式主义音乐美学移植和嫁接到造型艺术的领域。

---

① 曲培醇(Petraten-Doesschate Chu):《十九世纪欧洲艺术史》,丁宁等译,北京大学出版社2014年版,第426—427页。
② 阿尔森·波里布尼:《抽象绘画》,王端廷译,金城出版社2013年版,第21、24页。
③ 牛宏宝:《西方现代美学》,上海人民出版社2002年版,第178页。

　　在《论艺术里的精神》一书中,康定斯基指出:"向抽象和非物质努力的种子几乎在于每一种具体表现形式里……一个画家如果不满意于再现(不管是否有艺术性),而渴望表达内心生活的话,他不会不羡慕在今天的艺术里最无物质性的音乐在完成其目的时所具有的轻松感。他自然要将音乐的方法用于自己的艺术。结果便产生了对绘画韵律、数学和抽象的结构、色彩的复调、色彩的运动的现代愿望。"①康定斯基强调,"抽象艺术是一种'纯粹'的艺术(正如'纯粹'音乐)"②,这是康德艺术自律论在 20 世纪的升级版。杜夫海纳深刻地阐述了抽象艺术创生时之所以伴随自律原则的内在动因:"绘画的功能也不是逼真地去画某一事物,而是创造一个本身具有价值的图画对象。正是这个要求引导某些画家走向了抽象。他们绘画的主要动机,事实上就是肯定绘画的自律。在他们眼里,绘画史就好像绘画自己意识到自己的缓慢过程,这一过程是从两个方面进行的:一是社会方面,绘画逐渐摆脱艺术事业的资助者或学院派的这些势力的权威;二是美学方面,绘画逐渐摆脱主题的专利……绘画想建立一个排除对可模仿的现实有任何参照的对象,它想成为这种自身含有自己的意义、自身就是自己的目的的纯粹语言。绘画的语言不过就是图画对象本身。"③不过,吊诡的是,康定斯基仿造和引用音乐的原则来建立绘画纯粹化和抽象化的图像自治,将音乐与绘画的美学原理同一化,这恰恰与汉斯立克的各门艺术本质不可通约性原则相背反,也就同康德的学科自治理论拉开了一定距离,在康定斯基的理论体系中,绘画事实上成为音乐的附庸和奴仆。

　　康定斯基的抽象艺术理论诞生于 19 世纪末、20 世纪初德国的青春风格运动和表现主义运动兴起的大背景之下。青春艺术风格是 19 世纪起源于英国的新艺术运动在德国的变体,莫里斯领导的新艺术运动倡导从大自然植物的藤蔓枝叶中获取灵感,创作出抽象而非现实的装饰性工艺作品。在德国,青春风格运动经历了从"花饰图饰"风格向"抽象"风格转变的过程。康定斯基在慕尼黑见证并介入了青春风格运动的整个过程,"康定斯基 1901 年离开学院时,是心甘情愿地屈服于青年风格的影响下的,他的招贴画不折不扣地追随着当代的风格。他设计出'改良过的'服装、具有穿带衬架长裙女人纹样的壁挂、缀有饰珠的绣品和手袋的图案"④。青春风格运动对于康德美学中"自由美"与"附庸美"关系的创造性"误读"也就自然地

①　康定斯基:《论艺术里的精神》,吕澎译,上海美术出版社 2014 年版,第 24—25 页。
②　康定斯基:《艺术与艺术家论》,吴玛悧译,重庆大学出版社 2011 年版,第 147 页。
③　杜夫海纳:《美学与哲学》,滕守尧译,中国社会科学出版社 1985 年版,第 220—221 页。
④　沃尔夫-迪特尔·杜贝:《表现主义艺术家》,张言梦译,三联书店 2005 年版,第 94 页。

延伸到了康定斯基这里。至于德国艺术的表现主义运动,参与艺术家人数众多,艺术宗旨和风格也并不统一,而且具象艺术仍占有明显优势,不过,在两个基本原则上,这一运动一直保持着统一性,"这代人为一种新型艺术的产生要求自由,也为一种新型人类的象征和表现要求自由……他们的注意力聚集在把各种艺术统一起来的基本原则之上,而不是放在他们的差异和分歧上"①。作为德国表现主义运动的重要一员,康定斯基完整地贯彻了自由和综一的基本原则,对于他的抽象艺术理论同康德美学、汉斯立克美学之间的离合张力,当我们将其置放于这个大背景之下时,也就可以获得更好地理解了。

蒙德里安是与康定斯基比肩的另一位抽象艺术大师,蒙德里安主导的新造型主义极力剔除德国表现主义的抒情或情感色彩,其抽象方式可称作几何式抽象或构成性抽象,"他不认为康定斯基所谓的'内在需要的原则'和表现是有效的,而是追求艺术要摆脱艺术家个人的内在需要,摆脱所谓情感表现,而去创造一种既不指称外部世界、也不表现艺术家自我内部世界的纯艺术,即所谓'纯构图'"②。蒙德里安的抽象艺术美学以反主观性或反主体性为宗旨,看起来与康德的主体性哲学针锋相对。西方现代艺术"抽象化"转型过程中所出现的"艺术的去人性化"现象也在蒙德里安派几何抽象主义中臻于极致。西班牙批评家奥尔特加·伊·加塞特深刻地指出:"新式美术都对有生命的形态或是生物表现出了一种真正的厌恶……从广义上来说,新艺术风格就是要剔除'人性化的、太过人性化的'元素,而只留下纯艺术的本质。"③抽象艺术的这一意向性显然是同康德的启蒙人文主义背道而驰的。然而吊诡的是,根据德国学者胡戈·弗里德里希的考察,奥尔特加·伊·加塞特所指出的"艺术的去人性化"现象,其背后的理论支撑却恰恰是康德的审美无目的论④。抽象主义尤其是蒙德里安派抽象主义无限放大了康德"纯粹形式"论与毕达哥拉斯派数理形式"论的契合点,试图以宇宙论淹没人论,实现了对康德美学的又一次创造性"误读"。

无论康定斯基派抽象艺术,还是蒙德里安派抽象艺术,都是以康德的审美无利害性理论作为观念始基的,康定斯基"从否定形式的功利目的起步,以追求纯粹的绘画表现(纯粹的形式与色彩),而在他否定了形式的功利性

---

① 沃尔夫-迪特尔·杜贝:《表现主义艺术家》,张言梦译,三联书店2005年版,第14—15页。
② 牛宏宝:《西方现代美学》,上海人民出版社2002年版,第364页。
③ 奥尔特加·伊·加塞特:《艺术的去人性化》,莫娅妮译,译林出版社2010年版,第38、44页。
④ 胡戈·弗里德里希:《现代诗歌的结构》,李双志译,译林出版社2010年版,第156页。

后，又自动地重新赋予这些形式一层特定的象征含义"①。蒙德里安提出，"在艺术和游戏之间存在着相类似之处，当人成熟的时候，这两者都必须被进一步地内在化"②，在这里，显然流露出康德审美自由游戏理论的回声。

第三节　康德与美国抽象表现主义

1945 年之后，西方艺术的中心从巴黎转移到了纽约。抽象表现主义作为美国画坛首次推出的大型流派引领了 20 世纪中叶的西方艺术潮流。"美国抽象表现主义的绘画是象征自由的符号"③，体现出鲜明的美国多元化的文化特征，五花八门、异彩纷呈。比利时抽象艺术理论大师苏福把美国抽象表现主义的绘画风格分为九大类，分别为野兽派抽象主义、几何抽象主义、印象派抽象主义、半抽象主义、超现实抽象主义、由超现实衍生的抽象主义、东方抽象主义、立体派抽象主义、印象派的具象倾向。然而，以上这个分类仍然无法容纳美国抽象表现主义的全部内容，像以波洛克为代表的行动绘画就被不恰当地遗漏掉了。抛开艺术宗旨和理念上的具体分歧不谈，我们发现，美国抽象表现主义在作品形式感上还是存在着普遍性取向的，那就是热衷于巨大的尺幅，而这正同康德的崇高理论关联密切。

在所有美国抽象表现主义艺术家中，纽曼的理论修养和理论表达能力首屈一指。纽曼对于康德的崇高理论极度关注，他与康德崇高理论之间的对抗性对话构成了一道极具意味的"误读"风景。

"纽曼拒绝了蒙德里安的核心术语'造型性'，转而高举指称崇高范畴的'原生性'，的确很有康德哲学意味。"④不过，在他著名的文章《崇高即现在》中，纽曼却明确表示出对康德崇高理论的排斥态度，认为只有博克才表达出了关于崇高的一些本质性的东西。纽曼认为，康德错误地把崇高和美混为一谈，只有博克对二者作出了区分。事实上，康德《判断力批判》中的崇高与美的范畴二分至为清晰，纽曼对康德的指责没有任何根据，似乎是在有意地以这样一种无中生有的挑衅方式对抗康德的崇高理论。那么，纽曼最不满意的康德崇高理论中的关键点究竟在哪里呢？对于这一问题，保罗·克劳瑟的解释较为明确："康德和纽曼确有分歧，至少在一个方面是很

---

① 李黎阳：《德国现代美术史》，人民美术出版社 2013 年版，第 76 页。
② 蒙德里安：《蒙德里安艺术选集》，徐沛君译，金城出版社 2014 年版，第 100 页。
③ 陈正雄：《抽象艺术性论》，清华大学出版社 2005 年版，第 46 页。
④ Mark A Cheetham, *Kant, Art, and Art History: Moments of Dicipline*, Cambridge University Dress, 2001, pp.16-17.

明显。康德提出,崇高境界不宜于做艺术的主要内容,因为艺术作品必须受制于'客观自然情境'。纽曼担心,强加于崇高境界的艺术之上的自然情境一定会有不良效果。纽曼更引人关注的地方在于,他提出了克服康德的受自然束缚的途径,这一途径就是把崇高境界的最纯粹表达和非几何抽象相联系。这一理论指出,这种形式的艺术作品可以和受制于'与自然媾和'划清界限。"①纽曼真正反对的是康德以自然为中心的"反艺术"的崇高观,他所理解的崇高,首先是存在于艺术之中的。纽曼认为:"欧洲艺术之所以无法达到崇高境界,就是因为他们盲目地渴望存在于感觉的现实之中(比如客观的世界,无论扭曲的还是纯净的),而且渴望建立在纯造型结构之内的艺术(比如希腊美的理想,无论这种纯造型结构是一个浪漫的活泼外表,还是一个古典的稳定外表。"②纽曼批判从古希腊到蒙德里安的欧洲艺术都仅仅是停留在单纯造型性的"美"的境界之上,缺乏对客观感觉现实的超拔之力。纽曼以美国式的豪迈高声宣称:"我们在重新表明人类对崇高境界的自然欲求和对高级情感关系的关注……我们正在解放自我,脱离曾经作为欧洲绘画题材的来自记忆、交往、怀旧、传奇和神话的羁绊。不是在创造基督大教堂,来膜拜人或神,我们存在于我们自己,创造我们自己的感觉。"③纽曼提出了一种新艺术的可能性,它使人想到是"原生性"的"崇高"而不是"造型性"的"美",它的古代模版是哥特艺术和巴洛克艺术而不是古典艺术,在这种新艺术中"形式可以是无形式"。有趣的是,纽曼关于新艺术"无形式"崇高表现形态的说法竟完全借自他激烈抨击的康德崇高理论,纽曼加大作品尺幅的理念也来自康德"数的崇高"的阐发。我们可以说,康德的崇高理论之于纽曼产生的是一种哈罗德·布鲁姆所说的"影响的焦虑"。

　　艺术批评家格林伯格是美国抽象表现主义的首席理论推广人。格林伯格对康德推崇之至,认为"有关艺术的思考,康德的贡献无人能及"④,在他的《现代主义绘画》的序言中,康德被尊奉为"真正的现代主义的第一人",因为正是康德首次提出了学科自治的观念。

---

①　保罗·克劳瑟:《20 世纪艺术的语言:观念史》,刘一平等译,吉林人民出版社 2007 年版,第 155 页。

②　Barnett Newman, *The Sublime is Now*, from *Abstract Expressionism: Creators and Critics*, edited by Clifford Ross, Harry N. Abrms, Inc, Publishers, New York, 1990, p.129.

③　Barnett Newman, *The Sublime is Now*, from *Abstract Expressionism: Creators and Critics*, edited by Clifford Ross, Harry N. Abrms, Inc, Publishers, New York, 1990, p.129.

④　Clement Greenberg, *The Collected Essays and Criticism*, Volume2, Chicago University Press, 1990, p.66.

　　"康德哲学总是涉及划定疆界及建立领域合法性的问题。"①卡尔·波普尔甚至把科学划界问题直接称为"康德问题",认为康德认识论的中心问题就在于此。在《学科间的纷争》中,康德在确保哲学中理性对诸种学科领域支配权的前提下,强调了学科纯粹独立性的重要性,认为一旦允许两种不同的学科相融合,就会产生丧失其各自作为独立学科所具有的特征的危险。康德进一步指出,学科纯粹独立性的达成也是理性建立起清晰学科疆界并对其进行有效管理的前提,也就是说,二者在理论逻辑上是互为前提和因果的。正如奇泰姆所言,"康德哲学意欲界定并合理安排学科之疆界,令各学科之间彼此制约且互相依赖"②。

　　艺术史作为一个学科在大学和博物馆的专业化,在德语世界是从19世纪中叶开始的。1844年,柏林大学设立了德语世界第一个艺术史教席,由瓦根执掌。1873年,第一届世界艺术史大会在维也纳工艺美术博物馆举行,标志着艺术史学科专业意识日趋清晰。到了19—20世纪之交,德语世界的艺术史家"更为明确地将自己的工作性质及范围与哲学、美学、考古学区分开来,强调艺术史学科的自主性,他们强烈地意识到自己所从事的是艺术科学(Kunstwissenschaft)"③。作为造型艺术研究的学科独立是德语世界艺术史学现代转型的重大标志,艺术史学一方面从文献学、考古学中独立出来,另一方面也从艺术哲学、美学中独立出来。艺术史家德索尔明确宣称:"普通艺术科学的责任是在一切方面为伟大的艺术活动作出公正的评判。美学,倘若其内容确定而独成一家,倘若其疆界分明的话,便不能去越俎代庖。我们再也不应该不诚实地去掩饰这两个领域之间的差别了;反之,我们须通过越来越精细的划分,使两者极为鲜明起来,从而献出他们所实际呈现的联系。"④这段艺术史学的"独立宣言"正是"康德问题"的有力回声。

　　格林伯格将德语世界艺术史学的独立宣言引进了美国,把美国的抽象表现主义艺术标举为艺术学科自治与艺术家自由的现代典范,从而完成了美国艺术界的"独立宣言"。

---

① Geoffey Bennington, *Legislations*: *The Dolitics of Deconstruction*, London and NewYork: Verso, 1994, p.261.

② Mark A.Cheetam, *Kant*, *Art*, *and Art History*: *Moments of Discipline*, Cambridge University Press, 2001.p.22.

③ 陈平:《里格尔与艺术科学》,中国美术学院出版社2002年版,第42页。

④ 德索尔:《美学与艺术理论》,兰金仁译,中国社会科学出版社1987年版,第4页。

第十四章　康德与中国美学的现代转型

明末清初,在西学东渐的热潮中,康德思想被引入中国后带动起文化思想史持久的研究热情和兴趣。汉晋之际,佛典入华未久,译介者热衷于以中国思想固有的术语和概念比附佛教名相概念,使其中国化,以便于中国人接受和理解,这一译介方式叫作"格义"。"格义"之法在印中两种异质文化交流初期起到了迅速顺通的作用,但对印度思想过分"中国化"解读的代价却一定是误读,千载之后,康德思想入华早期,"格义"式的译介方式也一度占据着主导地位。

梁启超是最早引进康德思想的中国学者之一,于 20 世纪之初发表了《近代第一大哲康德之学说》的长文。认为"以康德比诸东方古哲,则其言空理也似释迦,言实行也似孔子,以空理贯诸实行也似王阳明"[1]。梁启超尤其喜欢联类康德与王阳明,在《论私德》一文中指出:"以良知为本体,以慎独为致之之功,此在泰东之姚江,泰西之康德,前后百余年间桴鼓相应,若合符节,斯所谓东海西海有圣人,此心同,此理同。"[2]梁启超主要根据中国的王阳明派心学传统,称康德哲学之本为"道学",用"以良知说本性,以义务说伦理"来概括其基本精神,将康德思想"中国化"比附误读的痕迹非常明显。青年毛泽东在阅读新康德主义者泡尔生的《伦理学原理》时所作的批语中,也有"康德之意见……吾国先儒之说亦然"[3]的判断,可见当时康德解读的流行风气。

不过,"格式"式译介和解读在近现代的中国文化思想界基本上只是针对着康德哲学中的道德哲学部分,对于康德哲学中的认识论部分和美学部分,很难找到中国固有的思想资源与之对位。康德认识论引进中国是在五四之后,介绍和评论康德认识论的郑昕、金岳霖、张东荪等学者基本上是在纯粹西方哲学研究的学理背景上介入这一问题的,其影响力也就局限于西方哲学研究的专业小圈子范围之内,未能形成辐射整个文化思想界的主流

---

① 梁启超:《近世第一大哲康德之学说》,葛懋春、蒋俊编选:《梁启超思想论文选》,北京大学出版社 1984 年版,第 153 页。
② 梁启超:《论私德》,葛懋春、蒋俊编选:《梁启超思想论文选》,北京大学出版社 1984 年版,第 202 页。
③ 毛泽东:《伦理学原理批注》,《毛泽东早期文稿》,湖南出版社 1990 年版,第 148 页。

话题。与康德认识论引进中国曲高和寡的情况相比,康德美学的东渐完全是一番相反的光景。在 20 世纪入华的诸多西学门类之中,"任何一个新学科都没有如美学那样格外地受到重视,其思想传播和学术研究,都远不如美学那么发展迅速,卓有成效"①。美学成为现代中国的显学,毫无疑问得益于现代中国对美育的旺盛需求,作为现代西方美学的始基性本源,康德美学成为中国美学现代转型最核心思想资源和理论基石当然顺理成章。现代中国引进康德美学的王国维、蔡元培、朱光潜诸家不约而同地采取了一个策略:将康德美学与另一相关西方现代美学家的理论体系合成会通。王国维的策略是康德美学与叔本华美学一体化,蔡元培的策略是康德美学与席勒美学一体化,朱光潜的策略是康德美学与克罗齐美学一体化。耐人寻味的是,在这三位学者共通的"康德+1"模式中,每人取法的理论重心都在于后者,对康德美学的理解、诠释和批评也都是在将其与后者一定程度上作类同化处理后的前提下展开的,王国维笔下的康德美学是叔本华化的,蔡元培笔下的康德美学是席勒化的,朱光潜笔下的康德美学是克罗齐化的,这样,便出现了形形色色的有意味的"误读"景观。另一位中国现代美学大家宗白华的康德美学接受情况相对特殊,尽管"康德思想的影响始终伴随了宗白华一生的学理追问"②,但他于西方现代思想倾心所在实为法国哲学家柏格森的生命哲学,并与中国传统的《易大传》一路生命哲学相印证,在德国文化巨匠中,其思想取向更近于歌德而非康德。在《易大传》、柏格森、歌德思想合同的背景下,宗白华与康德美学展开了一场若即若离的对话,他的"误读"也成为一种别样的有意味的景观。

第一节　王国维的康德美学接受

在 1904 年发表的《孔子之美育主义》一文中,王国维明确指出:"美之为物,不关于吾人之利害。德意志之大哲汗德(按:即康德),以美之快乐为不关利害之快乐。"③王国维对康德的审美无利害性概念几乎不加任何批判地全盘接受,并以此作为准则对中国传统文化尤其是美术展开猛烈抨击:"呜呼! 我中国非美术之国也! 一切学业,以利用之大宗旨贯注之,治一学,必质其有用与否。为一事,必问其有益与否。美之为物,为世人所不顾

---

① 聂振斌:《中国近代美学思想史》,中国社会科学出版社 1991 年版,第 221 页。
② 王德胜:《宗白华美学思想研究》,商务印书馆 2012 年版,第 248 页。
③ 王国维:《孔子之美育主义》,《王国维文集》第三卷,中国文史出版社 1997 年版,第 155 页。

久矣！故我国之建筑、雕刻之术,无可言者……故一切美术皆不能达完全之
领域。"①彭锋在比较分析王国维与康德的审美无利害论的时候,发现了一
个非常重要的分别:"在康德那里,无利害的美的典型是自然而不是艺术,
这是康德与一般西方现代美学家非常不同的地方。王国维显然忽略了康德
的这种特殊性,而采取了叔本华同时也是一般西方现代美学的观念,将艺术
视为无利害性审美对象的典型。"②在康德那里,审美无利害性绝不等同于
艺术无利害性,而到了叔本华那里,二者已没有分别,王国维在这个问题上
显然是用叔本华的理念置换了康德的理念。

　　对于王国维而言,康德的先验人类学以及审美理论在这一框架体系内
的功用问题是极为陌生而难理解的分别并无必要,他更为关注的显然是历
史和现实经验之中艺术与人生的关系问题,叔本华思想恰好在这个问题上
提供了一个极富诱惑力的解说方案。在 1904 年发表的《红楼梦评论》中,
王国维采用了叔本华的说法,将生活本质等同于欲望和痛苦,而解脱之道则
唯有艺术:"兹有一物焉,使吾人超然于利害之处,而忘物与我之关系。此
时也,吾人之心无希望,无恐怖,非复欲之我,而但知之我也。然物之能使吾
人超然于利害之外者,必其物之于吾人无利害而后可;易言以明之,必其物
非实物而后可。然则非美术何足以当之乎……故美术之为物,欲者不观,观
者不欲;而艺术之美所以优于自然之美者,全存于使人易忘物我之关系
也。"③在对叔本华审美与艺术相等同的理念加以认同的前提下,王国维引
入了康德的"美"与"崇高"这对概念,称其为"优美"与"壮美":"美之为物
有两种:一曰优美,一曰壮美。苟一物焉,与吾人无利害之关系,而吾人之观
之也,不观其关系,而但观其物也,不视为与我有关系之物,而但视为外物,
则今之所观者,非昔之所观者也。此时吾心宁静之状态,名之曰优美之情。
若此物大不利于吾人,而吾人生活之意志为之破裂,因之意志遁去,而知力
得为独立之作用,以深观其物,吾人谓此物曰壮美,而谓其感情曰壮美之
情……其快乐存于使人忘物我之关系,则固与优美无以异也。"④王国维略
依康德"美"与"崇高"之说,点出"优美"与"壮美"在性质上存在的差异,但
他的理论重心却仍落到了指认二者的共同特征之上:"夫优美与壮美,皆使

---

① 王国维:《孔子之美育主义》,《王国维文集》第三卷,中国文史出版社 1997 年版,第
　158 页。
② 彭峰:《中国美学通史·现代卷》,江苏人民出版社 2014 年版,第 105 页。
③ 王国维:《红楼梦评论》,《王国维文集》第三卷,中国文史出版社 1997 年版,第3—4 页。
④ 王国维:《红楼梦评论》,《王国维文集》第三卷,中国文史出版社 1997 年版,第 4 页。

吾人离生活之欲,而入于纯粹之知识者。"①可见,王国维是将"优美"和"壮美"视为美或艺术的两种对立统一的形态,认为它们的共同特征就是使人们超越作为生活本质的欲望和痛苦,忘物我利害之关系。

王国维的"优美"与"壮美"范畴论对于康德"美"与"崇高"关系理论的误读是非常严重的。根据康德的先验人类学原理,美表现出的是游戏中的自由,崇高则上升到了自由的道德性质,崇高比美更直接地和道德性相关联,在从认识到道德的过度的阶梯上,崇高的层次比美更高。王国维完全没有领会到康德理论中的审美与道德张力的及目的论指向,从艺术独立的立场出发,混合了经验论层面的艺术风格学和艺术心理学,他的"优美"与"壮美"范畴只是在形貌上与康德的"美"与"崇高"范畴存在一定的相似度,其骨相实更近于中国传统美学的"阴柔"、"阳刚"论,而精神实质则归源于叔本华式的审美或艺术无利害论。

撰作于 1907 年的《古雅之在美学上之位置》一文是王国维试图悬置叔本华理念、直入康德美学堂奥的一次理论尝试。这篇三千多字的短文涉及诸多重大美学理论问题,并且有意识地运用康德理论解释中国传统特有的文艺现象,显示出强烈的理论建构欲望和惊人的理论冒险精神,不过,由于王国维对康德美学的理解和掌握仍处于相当粗疏的初级阶段,故运用康德理论时重大误读和概念错乱的情况比比皆是,中国美学现代转型的巨大勇气和无尽艰辛尽显于此。

在《古雅之在美学上之位置》的开篇,王国维开宗明义,直入主题:"美术者天才之制作也。"此自汗德以来百余年间学者之定论。然天下之物,有决非真正之美术品而又决非利用品者,又其制作之人决非必为天才,而吾人之视之也者与天才所制作之美术无异者。无以名之,名之曰古雅。"②这里将"古雅"定义为非天才所制作而在鉴赏者看来又似乎并不逊色于天才之作的"美术",可见王国维的关注点在于艺术问题,而与康德的先验人类学无涉。

接下来王国维引入了"形式"的概念来论证"古雅"的性质:"一切之美,皆形式之美也。就美之自身言之,则一切优美皆存于形式之对称变化及调和。至宏壮之对象,汗德虽谓之无形式,然以此种无形式之形式能唤起宏壮之情,故谓之形式之一种,无不可也。……除吾人之感情外,凡属于美之对

①　王国维:《红楼梦评论》,《王国维文集》第三卷,中国文史出版社 1997 年版,第 4 页。
②　王国维:《古雅之在美学上之位置》,《王国维文集》第三卷,中国文史出版社 1997 年版,第 31 页。

象者,皆形式而非材质也。而一切形式之美,又不可无它形式以表之,惟经过此第二之形式,斯美者愈增其美,而吾人之所谓古雅,即此第二种之形式故。即形式之无优美与宏壮之属性者,亦因此第二形式故,而得一种独立之价值,故古雅者,可谓之形式之美之形式之美也。"①这里的关键在于"第二形式"或"形式之美之形式之美"的说法,康德美学中并无此类概念,此说无疑属于王国维本人的创造。按照敏泽的解释,"王国维把美的一般形式或自然形式称之为'第一形式',艺术美之形式称之为第二形式,或'形式之美之形式之美也',这也就是'古雅'"②。彭锋的说法是:"王国维把适合自然的优美与宏壮称为第一形式,而将适合于艺术的古雅称为第二形式,简而言之,艺术就是以第二形式表示第二形式……艺术美(第二形式)具有独立于自然美(第一形式)的价值。"③以上二说均倾向于把所谓"第一形式"与"第二形式"的分别解作"自然"与"艺术"或"自然美"与"艺术美"的分别,实在与王国维的原意相去甚远。

我们不妨看一看王国维所举的例证:"给画中之布置,属于第二形式。凡以笔墨鉴赏于吾人者,实赏其第二形式也。以此低度之美术(如书法等)尤甚。三代之钟鼎、秦汉之摹印、汉魏六朝唐宋之碑帖、宋元之书籍等,其美之大部实存于第二形式。"④很明显,在康德那里至为关键的自然美与艺术美的比较辨析,在本文语境中根本不曾存在,王国维所关注的是且仅仅是艺术问题。王国维区分"第一形式"与"第二形式"的标准恰恰在本文开篇所提出的"天才"与"古雅"之分,天才之力,出乎自然,故有一种自发的造型能力,体现在绘画之中,便是无所依傍,独立为所画物象赋形布局的能力,王国维所说的"绘画中之布置,属于第一形式"即指此而言,只是表述含混不当,易滋误解。王国维所说的绘画中的第二形式乃谓笔墨工夫和笔墨意味,此与所画物象无涉,意近于克莱夫·贝尔所谓"有意味的形式",因此王国维举书法笔墨为例说明。书法和绘画的笔墨工夫可由模仿训练而得,即使并非出于天才,经后天之苦学和修养亦可达成良好的笔墨意味,逊色天才自然独立创作之作无多。至于王国维所举说明"第二形式"的"三代之钟鼎"、"宋元之书籍"诸例,其意在于从鉴赏的角度考察形式问题,当我们以审美

① 王国维:《古雅之在美学上之位置》,《王国维文集》第三卷,中国文史出版社1997年版,第32页。
② 敏泽:《中国美学思想史》第三卷,齐鲁书社1989年版,第581页。
③ 彭峰:《中国美学通史·现代卷》,江苏人民出版社2014年版,第115页。
④ 王国维:《古雅之在美学上之位置》,《王国维文集》第三卷,中国文史出版社1997年版,第32页。

的态度面对这些文物时,其原本的烹饪或阅读的实际功用或"内容"都变得无关紧要,吸引我们凝神观照的只在于其"有意味的形式"而已。

事实上,王国维在《古雅之在美学上之位置》中所探讨的中心问题与本土文化渊源甚深,是刘勰《文心雕龙·才性》以来中国传统文论中天赋予学力关系问题讨论的延续和深化,当王国维结合具体例证而非以康德式抽象思辨和概念演绎方式来阐述这一问题的时候,其主旨就变得显豁鲜明许多:"古雅之性质不存于自然,而其判断亦但由于经验,于是艺术中古雅之部分,不必尽俟天才,而亦得以人力致之。苟其人格诚高,学问成博,则虽无艺术上之天才者,其制作亦不失为古雅。而其观艺术也,虽不能喻其优美及宏壮部分,犹能喻其古雅之部分。若夫优美及宏壮,则非天才殆不能捕擸之而表出之。今古第三流以下之艺术家,大抵能雅而不能美且壮者,职是故也。若宋之山谷,明之青邱、历下,国朝之新城等,其去文学上之天才盖远,徒以有文学上之修养故,其所作遂带一种典雅之性质。而后之无艺术上之天才者亦以其典雅故,遂与第一流之文学家等类而观之,然其制作之负于天分者十之二三,而负于人力者十之七八,则固不难分析而得之也。"①王国维试图以康德的"形式"概念作为论证"古雅"问题的切入点,却并未领会康德先验形式论的精义,"第一形式"、"第二形式"、"形式之美之形式之美"之类的概念创造生硬牵强,徒增了这样惨痛的代价,王国维换来的是中国古典文学和美学艰难的叙述话语和理论形态的现代转型,而在当时的历史情况下,这一转型是必须作出的。

在《古雅之在美学上之位置》的结尾处,王国维最终表露了他揭出"古雅"范畴的真正意图:"至论其实践之方面,则以古雅之能力,能由修养得之,故可为美育普及至津梁。虽中智以下之人,不能创造优美及宏壮之价值者,亦得于优美宏壮中之古雅之原质,或于古雅之制作物中得其直接之慰藉。故古雅之价值,自美学上观之诚不能及优美及宏壮,然自其教育众庶之效言之,则虽谓其范围较大而成效较著也。"②王国维显然化用了康德《判断力批评》中鉴赏力与天才重要性比较的论题,对康德启蒙理想的心契使他无愧于中国现代美学奠基人这一崇高的身份。

---

① 王国维:《古雅之在美学上之位置》,《王国维文集》第三卷,中国文史出版社 1997 年版,第34 页。

② 王国维:《古雅之在美学上之位置》,《王国维文集》第三卷,中国文史出版社 1997 年版,第34 页。

第二节 蔡元培的康德美学接受

1908—1911 年,蔡元培在德国莱比锡大学哲学系注册学习,根据他自述,此数年间"于课堂上既常听美学的讲演,于环境上又常受音乐、美术的熏习,不知不觉的渐集心力于美学方面,尤因冯德教授讲哲学史时,提出康德关于美学的见解,最注重于美的超越性与普遍性,就康德的原书详细研读,益见美学关系的重要"①。在 1921 年的《美学讲稿》中,蔡元培高度评价了康德美学在哲学思想史上的杰出贡献:"自有康德学说,而在哲学上美与真、善有齐等之价值,于是确定,与论理学、伦理学同占重要的地位,遂无疑义。"②正如彭锋所说,"蔡元培对美学的引进不是出于狭隘的学术动机,而是出于一种社会责任感,即要通过美学教育改造旧中国教育思想,培养适应现代社会需要的新青年"③。强烈的"现实感"和经世致用的传统儒家精神使得蔡元培不可能与康德美学先验人类学的抽象性和纯粹思辨性取得深度契合,蔡元培热爱和关注艺术,精通美术、音乐和文学作品的鉴赏之道,这也和康德对艺术实践的冷漠态度相去径庭。在蔡元培和康德美学之间,需要一个有力的中介和桥梁,实现有效的沟通,蔡元培敏锐地把握住了这个可以将康德美学加以现实化转化的关键点,那就是席勒和他的审美教育论。

席勒第一次使用"美育"这个概念,把审美活动看成是走向政治自由、改造社会的唯一途径,认为经过教养的鉴赏力通常是同知性的明晰和行动的庄重联系在一起的,审美能力和科学理性道德意志不但并不对立,还能为二者提供推动。致力于弥合康德哲学知、情、意分立的格局。蔡元培在现代中国倡导美育,提出"以美育代宗教"的口号,强调美育体现着知、情、意全面发展的人道理想,使人"知识以外兼治美术"④,这一思路显然是师法席勒的。

蔡元培以席勒的审美教育论为支点,返回康德的审美无利害说:"美术的教育提起一种超利害的兴趣,融合一种划分人我之偏见,保持一种永久和平的心境。"⑤将康德的审美无利害说与"永久和平论"合二为一,蔡元培凭

① 蔡元培:《自写年谱》,见高叔平编:《蔡元培年谱》,中华书局 1980 年版,第 23 页。
② 蔡元培:《美学讲稿》,见《蔡元培全集》第四卷,浙江教育出版社 1996 年版,第 432 页。
③ 彭锋:《中国美学通史·现代卷》,江苏人民出版社 2014 年版,第 156 页。
④ 蔡元培:《华法教育会之意趣》,见《蔡元培全集》第二卷,浙江教育出版社 1996 年版,第 382 页。
⑤ 蔡元培:《文化运动不要忘了美育》,见《蔡元培全集》第三卷,浙江教育出版社 1996 年版,第 739 页。

借席勒思想的助力,洞察到了康德思想中审美与政治之间的互动关系,而这恰恰是全力关注艺术独立的王国维一路康德美学接受者未达一致的关键点。在五四时代的康德美学接受者中,蔡元培唯一关注到了康德"美是道德的象征"这一命题,在他看来:"照这种理论,人类彷徨于两种冲动中间,美的功用,就是给人类超出官觉的世界而升到超官觉的世界,就是道德的世界。所以这一派的美学哲学,就是以美为善的象征;就在这上面证明超个人的普通性,是在感情的游戏。"①由此可见,蔡元培"用以代替宗教的美育在功能上仍然指向道德"②。凭借席勒思想的助力,蔡元培又洞察到了康德美学的终极道德指向问题,而这也是坚持审美目的的王国维一路康德美学接受的一个接受盲点。

　　蔡元培有时也试图否置席勒审美教育论,直接引入康德式的概念思辨,像下面申述康德"普遍性"和"共通感"理论的例子:"纯粹之美育,所以陶冶吾人之感情,使有崇高纯洁之习惯,而使人我之见、利己损人之思念,以渐消沮者也。盖以美为普遍性,决无、人我差别之见能参入其中。食物之入我口者,不能兼果他人之腹;衣服之在我身者,不能兼供他人之温,以其非普遍性也。美则不然。即如北京左近的西山,我游之,人亦游之;我无损于人,人亦无损于我也。隔千里兮共明月,我与人均不得而私之。中央公园之花石,农事实验场之水木,人人得而赏之。埃及之金字塔,希腊之神祠,罗马之剧场,瞻望赏叹者若干人,且历若干年,而价值如故……美之普遍性可知矣。且美之批评,虽间亦因人而异,然不曰是于我为美,而曰是为美,是亦以普遍性为标准之一证也。美以普遍性之故,不复有人我之关系,遂亦不能有利害之关系。"③在这里,蔡元培暴露出五四时代中国康德美学接受者的普遍历史局限性,即不具备理解康德先验人类学整体思路的能力,将康德先验论的"普遍性"概念作出了经验论的引申,这是相当严重的误读。我们可以比较一下经邓晓芒精确解读的康德学说的原意:"康德的'共通感'的理论依据仍然要借重于认识上的'健全理智'(普通知性)才能获得其先天的普遍必然性证据,而摆脱经验性的心理学解释。但康德强调的是这种必然性只是一种情感上的'主观必然性,它在某种共通感的前提之下被表象为客观的,换言之,鉴赏判断仿佛对于一个客体的判断那样要求每个人必然赞同,其实乃是出于一个共通感的理念,它不是在事实上假定每个人将会同意我的判断,

---

①　蔡元培:《简易哲学纲要》,见《蔡元培全集》第五卷,浙江教育出版社 1996 年版,第231 页。

②　单世联:《中国现代性与德意志文化》(下),上海人民出版社 2011 年版,第 810 页。

③　蔡元培:《以美育代宗教说》,见《蔡元培美学文选》,北京大学出版社 1983 年版,第 70 页。

而是从情感上要求每个人应当同意,这就是美的'对象性'或'客观性'的实质。但康德又认为,这种共通感仍然还只是一种主观的推论,一种对人人在情感上一致可能性的假设。"①正如单世联所指出的那样,"侈谈康德''竞言认识论'的中国哲学家没有接受康德先验论立场,而是不约而同地走上了经验主义的立场,现代中国认识论基本上是非康德式的"②。蔡元培从经验论的立场论证审美普遍性,无论如何也是难以自圆其说的。

第三节　朱光潜的康德美学接受

　　1936年,朱光潜在《文艺心理学》一书的"作者自白"中谈到:"我对于美学的意见和四年前写初稿时相比,经过一个很重要的变迁。从前,我受从康德到克罗齐一线相传的形式派美学的束缚,以为美感经验纯粹地是形象的直觉,在聚精会神中我们观赏一个孤立绝缘的意象,不旁迁他涉,所以抽象的思考、联想、道德观念等都是美感范围以外的事。现在,我觉察人生是有机体;科学的、伦理的和美感的种种活动在理论上虽可分辨,在事实上却不可分割开来,使彼此相互绝缘。因此,我根本反对克罗齐派形式美学所根据的机械观。和所用的抽象的分析法。"③这段话中透露出了三个关键信息:其一,朱光潜对康德美学和克罗齐美学做了类同化理解,强调二者之间是"一线相传"的;其二,朱光潜把康德美学和克罗齐美学共同归入形式美学的范畴,概括其要义为美感经验的孤立性和纯粹直觉形态;其三,朱光潜对康德、克罗齐美学有一个从被动接收到主动扬弃的认识转变过程。

　　在1964年出版的《西方美学史》(下卷)中,朱光潜对前期的部分观点进行了修正,认为康德美学中存在着形式主义与道德主义的矛盾,不同于克罗齐美学的纯粹形式主义立场,而且"在德国古典美学里,理性与感性的统一是一个基本观点,克罗齐继承康德和黑格尔的唯心主义的传统,却放弃了这个基本观点,把直觉或形象思维提到独尊的地位,把理性和概念因素就一笔勾销掉了"④,也就是说,用直觉说统摄康德、克罗齐美学其实是很成问题的。朱光潜在美学上的长期论战对手蔡仪在1947年的《新美学》中已经指出:"康德而后的美学家,虽然承受了康德美学思想的大部分,可是抽去了

---

①　邓晓芒:《冥河的摆渡者——康德的判断力批判》,武汉大学出版社2007年版,第44页。
②　单世联:《中国现代性与德意志文化》(下),上海人民出版社2011年版,第779页。
③　朱光潜:《文艺心理学》,《朱光潜全集》第一卷,安徽教育出版社1996年版,第1—2页。
④　朱光潜:《西方美学史》(下卷),人民文学出版社1964年版,第650页。

成为这美学思想之脊梁的判断力,而换上了直觉。"①蔡仪一语点中了康德美学与克罗齐美学的核心分歧,而 20 世纪 30 年代的朱光潜对此却不但全无意识,反而把克罗齐的直觉说作为美学真谛和衡量尺度,据之来批评康德的"判断"概念用词不当:"康德把套论美学的一部著作叫作《判断力批判》,又铸了'美感判断'一个名词来称呼美感观照,酿成后来学者的许多误会。美感观照是一种极为单纯的直觉活动,对于所观照的现象并不加以肯定或否定,所以不用判断。判断或者批评是名理活动,是以理智去判断是非美丑,与直觉有别。"②可见,此时的朱光潜对康德美学仍处于浅尝阶段,对于像"判断力"这样基本概念的理解甚至尚未入门,从而导致了不可思议的重大误读。正如单世联所说:"每次提到康德,朱光潜总是原则肯定,具体批评,而其批评通常建立在误解的基础上。"③

朱光潜在《文艺心理学》中说:"以往的美学家大半心中先存一个哲学系统,以它为根据,演绎出一些美学原理来。本书所采用的是另一种方法,它丢开一切哲学成见,把文艺的创造和欣赏当作心理的事实去研究,从事实中归纳出一些可适用于文艺批评的原理。"④朱光潜致力美学研究的最初动因是对文学艺术作品的兴趣,加之他在欧洲接受的哲学与心理学训练也几乎全为经验主义一路,这使得他对于康德纯粹思辨的先验论人类学立场相当隔膜,不得其门而入亦属自然。相比于康德对具体文学艺术上作品的无知和冷漠,克罗齐对欧洲文学艺术史的博通和精鉴无疑会更会朱光潜产生契合感,尽管克罗齐美学也是哲学体系化和演绎式的,但其先验论色彩较之康德美学已大大淡化,而且便于应用于具体文艺现象的解说实践之上,这一点当然也对朱光潜产生了巨大的吸引力。

1927 年,正在欧洲游学的朱光潜撰写了《近代三大批评学者(三)——克罗齐》,第一次为中国文化思想界译介克罗齐美学,认为"以第一流哲学家而从事文艺批评者,亚里士多德以后,克罗齐要算首屈一指"⑤,将克罗齐在批评史上的地位与亚里士多德并尊,显然是揄扬太过,而立之年的青年朱光潜对克罗齐美学的无比倾心表露无遗。克罗齐美学的核心是"直觉"说,这一理念对朱光潜建立自己的文艺心理学来说,是最重要的思想启蒙。

① 蔡仪:《新美学》,《蔡仪美学论著初编》(上卷),上海文明艺出版社 1982 年版,第 260 页。
② 朱光潜:《文艺心理学》,《朱光潜全集》第一卷,安徽教育出版社 1996 年版,第 275 页。
③ 单世联:《中国现代性与德意志文化》(下),上海人民出版社 2011 年版,第 819 页。
④ 朱光潜:《文艺心理学》,《朱光潜全集》第一卷,安徽教育出版社 1996 年版,第 97 页。
⑤ 朱光潜:《近代三大批评学者》,《朱光潜全集》第八卷,安徽教育出版社 1996 年版,第 229 页。

从克罗齐的"直觉"说出发,朱光潜界定了美感经验的性质:"美感经验是
一种极端的聚精会神的心理状态。全部精神都聚会在一个对象上面,所
以该意象就成为一个独立自主的世界……艺术所摆脱的是日常繁复错杂
的实用世界,它所获得的是单纯的意象世界。意象世界尽管是实用世界
的回光返照,却没有实用世界的牵绊,它是独立自主,别无依赖的。"①在
《近代美学与文学批评》一文中,朱光潜又说明道:"'美感经验为形象的
直觉'是克罗齐的说法。我以为这个学说比较圆满,因为它同时兼顾到美
感经验中'我'与'物'两方面。就'我'说,美感经验的特征是直觉,就
'物'说它的特征是形象。"②循着克罗齐美学的标准和思路,朱光潜批评
康德美学的标准和思路,朱光潜批评康德美学的美感经验分析尚不完善,
认为"康德对于美感经验中心与物的关系似仍不甚了解……把美感经验
中的心看作被动的感受者"③。在康德那里,审美作为诸认识能力的自由
协调的游戏活动而引起了愉快,朱光潜所谓"被动的感受"的解说实在与其
原意南辕北辙。

抛开误读的问题不谈,朱光潜毕竟借助克罗齐美学,上溯到了康德美学
那里,从而在王国维以来中国现代美学建构以康德主义为正统的谱系中占
据了重要位置。"朱光潜对左翼革命文学的批评是中国康德主义美学坚决
反对文艺的政治化、工具化的典型,"④在他看来,艺术首先是自由愉悦的审
美行为,那种以文艺寓道德教训或为政治服务的观点是将艺术他律化了。
朱光潜把康德美学称作形式派美学的开山鼻祖,把克罗齐美学视为这一派
的集大成者,把审美自律当成这一派的金科玉律,对于他所认为的一脉相承
的康德—克罗齐形式派美学表示出信服,却又提出了怀疑:"我们相信形象
直觉、'意象孤立'以及'无所为而为地观赏'诸说大致无可非难,但是,根本
问题是,我们应否把美感经验划为独立区域,不问它的前因后果呢?"⑤其
实,无论是康德,还是克罗齐,的确都为审美划定了独立的区域,但在他们各
自的整体哲学规划中,审美区域与其他区域却也都存在着微妙的张力和共
在关系。1947 年,研治克罗齐美学多年的朱光潜终于在《克罗齐哲学述评》
中对克罗齐的思辨方式有所领悟:"克罗齐只在分清艺术与其他心灵活动

①　朱光潜:《文艺心理学》,《朱光潜全集》第一卷,安徽教育出版社 1996 年版,第 212 页。
②　朱光潜:《近代美学与文艺批评》,《朱光潜全集》第三卷,安徽教育出版社 1996 年版,第
　　409 页。
③　朱光潜:《文艺心理学》,《朱光潜全集》第一卷,安徽教育出版社 1996 年版,第 346 页。
④　单世联:《中国现代性与德意志文化》(下),上海人民出版社 2011 年版,第 837 页。
⑤　朱光潜:《文艺心理学》,《朱光潜全集》第一卷,安徽教育出版社 1996 年版,第 314 页。

的界限，并非说艺术与其他心灵活动可由完全脱节。一般人单看克罗齐的第一部著作《美学》，或不免误解他把艺术的独立自主性说得太过火，以为他把整个人格割裂开来了（作者自己从前就有这个误解，所以写出《文艺心理学》第十一章批评克罗齐的机械观那一段错误的议论）。其实这种看法与克罗齐的哲学系统全体相连。他固然着重每一阶段心灵活动的整一性，却也看重全体心灵活动的整一性：直觉、概念、经济、道德四阶段虽各有别，却相互影响，循环生展。"①令人遗憾的是，朱光潜未能将有关克罗齐美学认识的洞见贯通于对康德美学的认识，完全忽略了康德"美是道德的象征"这一重要命题，"断定康德否认艺术与道德的关系，进而强调艺术与人生的联系以纠正康德的抽象性"②。晚年朱光潜夫子自道："我的美学观点，是在中国儒家传统思想的基础上，再吸收西方的美学观念而形成的。"③儒家传统思想的文化背景使得朱光潜在误读康德的同时又在人道主义实践理性方面殊途而同归。

第四节　宗白华的康德美学接受

　　1919 年，宗白华撰写了人生中第一篇康德专论《康德唯心哲学大意》文中特别强调了指出了康德哲学与以往欧洲唯心主义哲学的区别："昔之唯心家以宇宙是形而下心之思想，故全同幻梦。康德哲学则以宇宙形而上心之现象，故于形而下心仍是真境。昔之唯心家以身心外之世界为空华水月，全无实际，而执内心，思想实有，且长存不灭。康德哲学则以外界物象与内界心同一真实无妄，同一生灭无常，然以理推求，心物皆非宇宙实相，皆是唯心假相所见，取此内心外物之心，假名为形而上心，形而上心之有无，皆不可说。以有无名言，但可用于形而下器界中。至于形上之真，则不可说也。"④宗白华礼赞性介绍康德哲学的名词话语多取自佛学、魏晋玄学、宋明理学，属于"五四"时期流行的"格义"式作风，浮泛悬空，未中肯綮。

　　20 世纪 60 年代，宗白华推出了康德《判断力批判》（上）的首部中译

① 　朱光潜：《克罗齐哲学述评》，《朱光潜全集》第四卷，安徽教育出版社 1996 年版，第 341—342 页。
② 　单世联：《中国现代性与德意志文化》（下），上海人民出版社 2011 年版，第 836 页。
③ 　朱光潜：《答香港中文大学校刊编者的访问》，《朱光潜全集》第十卷，安徽教育出版社 1996 年版，第 653 页。
④ 　宗白华：《康德唯心哲学大意》，《宗白华全集》第一卷，安徽教育出版社 1994 年版，第 13 页。

本,并发表了《康德美学思想评述》一文,本文对康德美学采取批判立场,"毫不留情地指责康德美学把审美的人从整个人的活动、人的经济的社会的政治的生活里抽象出来,成为一个纯粹静观的人,把艺术从其丰富的生活内容极其深刻动人的社会价值、政治价值、教育价值等中抽象了出来,成为一种单纯的形式"①。宗白华把康德美学定性为"纯形式主义"美学:"损之又损,纯洁又纯洁,结果只剩下花边图案、阿拉伯花纹是最纯粹的、最自由的、独立无靠的美了。剩下来的只是抽空了一切内容和意义的纯形式。"②对于《判断力批判》中心"自由美"与"附庸美"划分以及"美是道德的象征"的命题,宗白华都将其概括为康德美学体系的内部矛盾。宗白华这篇措辞严厉的康德美学批判明显带有特定时代的意识形态话语痕迹,不过,从"纯形式主义"的角度来理解、接受并批评康德美学却的确是宗白华一生漫长美学研究生涯一以贯之的立场。

宗白华的美学立场与西方形式主义美学中的克莱夫·贝尔一路颇为相契,热衷于鉴赏并揭示具体艺术作品中的"有意味的形式","美在形式"的理念是宗白华美学思想的生命线。在 1933 年发表的《哲学与艺术——希腊大哲学家的艺术理论》一文中宗白华提出:"艺术的过程终归是形式化,是一种造型。"③在 1934 年发表的《论中西画法之渊源与基础》一文中,宗白华进一步阐明:"世界上唯有最抽象的艺术形式……如建筑、音乐、舞蹈姿态、中国书法、中国戏面谱、钟鼎彝器的形态与花纹……乃最能象征人类不可言不可状之心灵姿势与生命的律动。"④在宗白华那里,艺术形式的特征现在比例、节奏等"抽象"因素方面,而其本体则在于生命的表现和律动,这一思想的本土渊源可以追溯到以《易大传》为核心的传统生命哲学。宗白华指出:"凡一切生命的表现,皆有节奏和条理,《易》泾谓太极至动而有条理也,艺术之形式即此条理,艺术内容即至动之生命。至动之生命表现自然之条理,如一伟大艺术品。"⑤按照宗白华的思路,"美在形式"与"美在生命"其实是一体两面,互为通转的。

宗白华在西方生命哲学中对法国哲学家柏格森的思想情有独钟,他于1919 年发表《谈柏格森"创化论"杂感》一文,称颂"柏格森的创化论中深含

---

① 王德胜:《宗白华美学思想研究》,商务印书馆 2012 年版,第 257—258 页。
② 宗白华:《康德美学思想评述》,《美学散步》,上海人民出版社 1981 年版,第 219 页。
③ 宗白华:《哲学与艺术——希腊大哲学家的艺术理论》,《新中华》1933 年第 1 卷第 1 期。
④ 宗白华:《论中西画法之渊源与基础》,《文艺丛刊》1934 年第 1 卷第 2 期。
⑤ 宗白华:《艺术学——讲演》,《宗白华全集》第一卷,安徽教育出版社 1994 年版,第 548 页。

着一种伟大入世的精神,创造进化的意志,最适宜做我们中国青年的宇宙观。"①在德国文化巨匠中,宗白华独标歌德为完美体观生命哲学的人生启示明灯,认为歌德"对流动不居的生命与圆满谐和的形式有同样强烈的情感"。宗白华从歌德这里看到了"'生命本身价值的肯定',看到个人人格生命就建立在生命永恒变化的信仰之中,在人的有限生命的整体与永久,生命整体即在永恒运动之中;艺术意境正在那如梦如烟。变幻无常的象征背后隐伏着宇宙生命永久深沉的意义"②。与王国维、蔡元培、朱光潜相比,宗白华所受康德美学的影响要小得多,对康德美学理解的深度也逊色许多,将其定性为"纯形式主义"美学更是相当严重的误读,但是,在"误读"康德"形式"概念且对其先验形式论隔膜尤深的情况下,在形式问题上与康德展开的对话和对抗还是显示出了中国现代美学史上罕见的思想力量。

　　事实上,无论是柏格森的哲学启示,还是歌德的艺术与人生启示,对于宗白华而言,其主要意义都集中在他"生命美学"思想发生和形成的早期阶段。在宗白华思想的成熟阶段,《易大传》一系中国传统哲学和美学逐渐成为他建立自己美学体系的本体,并时时在与西方毕达哥拉斯派形式美学相互映衬比较中取得民族自信。宗白华指出,西方美学的毕达哥拉斯派传统"唯注意物质结构之比例关系及伦理世界之和谐秩序,以物质结构、数学天文出发,非从生命出发,故其秩序偏于理数。中国人从生命出发,故其秩序升入中和之境……中国之'数'为生成的变化的,象征意味的………中国之'数',遂成为生命变化妙理之'象'矣"③。宗白华把中国传统生命美学高抬于西方传统数理形式美学之上,扬中抑西的态度异常鲜明。同中国艺术相比较,宗白华认为西方艺术空间感型的审美特征,因其所依据的是科学的数理空间表现,没有中国艺术那种有阴阳虚实所谱写出来的生命节奏与和谐,全然致力于模仿自然之"真"即和谐、比例、平衡、整齐的形式美,即"以目睹的具体实相融合于和谐整齐的形式"④,其境界和审美意味也就远不及重在"生命"的中国艺术那般高远深邃。在他思想的成熟阶段,对于西方毕达哥拉斯派数理形式美学传统,宗白华的贬抑和批判立场是一以贯之的,他把康德美学定性为"纯形式主义"美学,的确从一个视角揭示出了康德美学

---

① 宗白华:《谈柏格森"创化论"杂感》,《宗白华全集》第一卷,安徽教育出版社 1994 年版,第 79 页。

② 宗白华:《歌德之人生启示录》,《歌德之认识》,南京钟山书局 1933 年版,第 9 页。

③ 参见宗白华:《形上学——中西哲学之比较》,见宗白华:《中国美学史论集》,安徽教育出版社 2000 年版,第 228—232 页。

④ 宗白华:《论中西画法之渊源于基础》,《文艺丛刊》1934 年第 1 卷第 2 期。

与毕达哥拉斯派数理形式美学传统的谱系传承关系,他的重大理论失误在于对二者的类同化理解,未能体察康德美学的现代性特质和人本主义旨归。宗白华的康德美学批判形成了一种积极性和建设性的"误读","给予我们的重要启示就在于:眼光朝外,通过返身向内的资源开发和利用,通过深入中国文化、中国美学和艺术实践的深厚历史,充分体现理论的现代形态与思想的历史体系之间的内在关联,积极实现本土思想、文化资源向现代理论成果的形态转换,进而走出西方话语的'单极世界',形成真正'世界的'眼光和胸怀,实现中国美学在世界美学格局中的学术推进"①。

---

①　王德胜:《宗白华美学思想研究》,商务印书馆 2012 年版,第 200 页。

参 考 文 献

[1]康德:《判断力批判》,邓晓芒译,杨祖陶校,人民出版社 2002 年版。

[2]康德:《判断力批判》,韦卓民译,商务印书馆 2000 年版。

[3]康德:《实践理性批判》,关文运译,商务印书馆 1964 年版。

[4]康德:《实践理性批判》,韩水法译,商务印书馆 1999 年版。

[5]康德:《未来形而上学导论》,庞景仁译,商务印书馆 1978 年版。

[6]康德:《纯粹理性批判》,关文运译,商务印书馆 1982 年版。

[7]康德:《道德形而上学》,邓晓芒译,上海世纪出版集团 2005 年版。

[8]康德:《对美感和崇高感的观察》,曹俊峰等译,黑龙江人民出版社 1990 年版。

[9]康德:《法的形而上学原理》,沈叔平译,商务印书馆 2005 年版。

[10]康德:《康德经典文存》,瑜青主编,上海大学出版社 2002 年版。

[11]康德:《康德书信百封》,李秋零编译,上海人民出版社 1994 年版。

[12]康德:《历史理性批判文集》,何兆武译,商务印书馆 1990 年版。

[13]康德:《逻辑学讲义》,许景行译,商务印书馆 1991 年版。

[14]费希特:《对德意志民族的讲演》,梁志学、沈真、李理译,辽宁教育出版社 2003 年版。

[15]费希特:《激情自我——费希特书信选》,洪汉鼎、倪梁康译,经济日报出版社 2001 年版。

[16]费希特:《极乐生活指南》,李文堂译,辽宁教育出版社 2003 年版。

[17]费希特:《伦理学体系》,梁志学、李理译,商务印书馆 2007 年版。

[18]费希特:《论学者的使命人的使命》,梁志学、沈真译,商务印书馆 1997 年版。

[19]费希特:《全部知识学的基础》,王玖兴译,商务印书馆 1997 年版。

[20]费希特:《现时代的根本特点》,沈真、梁志学译,辽宁教育出版社 1998 年版。

[21]费希特:《自然法权基础》,谢地坤、程志民译,商务印书馆 2004 年版。

[22]弗·谢林:《艺术哲学》(上),魏庆征译,中国社会出版社 1996 年版。

[23]弗·谢林:《艺术哲学》(下),魏庆征译,中国社会出版社 1996 年版。

[24]黑格尔:《法哲学原理》,范扬、张启泰译,商务印书馆 1982 年版。

[25]黑格尔:《精神现象学》(下卷),贺麟译,商务印书馆 1979 年版。

[26]黑格尔:《精神现象学》(下卷),贺麟译,商务印书馆 1979 年版。

[27]黑格尔:《美学》,朱光潜译,商务印书馆 1979 年版。

[28]黑格尔:《小逻辑》,贺麟译,商务印书馆 1982 年版。

[29]黑格尔:《哲学史讲演录》第二卷,贺麟、王太庆译,商务印书馆 1978 年版。

[30]马克思:《1844 年经济学—哲学手稿》,人民出版社 1979 年版。

［31］《马克思恩格斯论艺术》，商务印书馆1965年版。

［32］哈贝马斯：《后形而上学思想》，曹卫东、付德根译，译林出版社2001年版。

［33］哈贝马斯：《认识与兴趣》，郭官义、李黎译，学林出版社2003年版。

［34］哈贝马斯：《现代性的哲学话语》，曹卫东等译，译林出版社2004年版。

［35］哈贝马斯：《重建历史唯物主义》，郭官义译，社会科学文献出版社2000年版。

［36］海德格尔：《谢林论人类自由的本质》，薛华译，辽宁教育出版社1999年版。

［37］海涅：《论德国宗教和哲学的历史》，海安译，商务印书馆1982年版。

［38］罗素：《西方哲学史》，马元德译，商务印书馆1976年版。

［39］《席勒精选集》，张黎编选，山东文艺出版社1998年版。

［40］《俄国形式主义文论选》，方珊编译，三联书店1989年版。

［41］克罗齐：《美学原理·美学纲要》，朱光潜、韩邦凯等译，外国文学出版社1983年版。

［42］卢卡奇：《历史和阶级意识》，杜章智等译，商务印书馆1999年版。

［43］卢卡奇：《社会存在本体论导论》，沈耕、毛怡红译，华夏出版社1989年版。

［44］卢卡奇：《审美特性》，徐恒醇译，中国社会科学出版社1986年版。

［45］席勒：《秀美与尊严》，张玉能译，文化艺术出版社1996年版。

［46］A.赫勒：《日常生活》，衣俊卿译，重庆出版社1990年版。

［47］R.W.巴雷特：《康德传统》，普林斯顿大学出版社1964年版。

［48］阿尔森·古留加：《康德传》，贾泽林、侯鸿勋、王炳文译，商务印书馆1981年版。

［49］阿尔肯：《思想体系的时代》，纽约1956年版。

［50］巴格比：《文化：历史的投影》，夏克等译，上海人民出版社1987年版。

［51］比尔兹利：《美学：从古希腊到现代》，阿拉巴马大学出版社1975年版。

［52］别林斯基：《别林斯基全集》，苏联科学院出版社1962年版。

［53］丹纳：《艺术哲学》，傅雷译，人民出版社1985年版。

［54］施太格缪勒：《当代哲学主流》，王炳文等译，商务印书馆1986年版。

［55］汤因比：《历史研究》，曹未风译，上海人民出版社1966年版。

［56］尧斯：《审美经验与文学解释学》，弗赖堡1987年版。

［57］朱光潜：《西方美学史》（上卷），人民文学出版社1982年版。

［58］朱光潜：《西方美学史》（下卷），人民文学出版社1981年版。

［59］梁志学主编：《费希特著作选集》，商务印书馆2000年版。

［60］蒋孔阳：《德国古典美学》，商务印书馆1997年版。

［61］温纯如：《康德和费希特的自我学说》，社会科学文献出版社1995年版。

［62］王玖兴：《费希特评传》，《哲学研究》1985年第10期。

［63］B.Croce：The Essence of a esthetic，London，1979.

［64］Kemal Salim：Kant and fine artan essay on Kant and the philosophy of fine art and culture，1986.

〔65〕Platt Peter G：Wonders，marvels，and monsters in early modern culturet，1999.

〔66〕Baumgardt David：Das Möglichkeitsproblem der Kritik der reinen Vernunft，der modernen Phänomenologie und der Gegens monograph，1920.

〔67〕Liu，Fang-tong，ed：Philosophy and modernization in China，edited by Liu Fangtong，Huang Songjie，George F.McLean，1997.

〔68〕Milchman Alan：Postmodernism and the Holocaust / edited by Alan Milchman and Alan Rosenberg，1998.

〔69〕Muyard Frank：La modernite et la postmodernite comme types societaux，perceptions du reel et formes subjectives，2001.

〔70〕Schacht Richard：Classical modern philosophers：Descartes to Kant ／ Richard Schacht.，1984.

〔71〕Schaeffer Jean-Marie：Art of the modern age：philosophy of art from Kant to Heidegger，2000.

〔72〕Sherover，Charles M.From Kant and Royce to Heidegger：essays in modern philosophy，2003.

〔73〕You，Haili：The sublime and sublimation：a critical introduction to postmodern aesthetics，1992.

〔74〕Rundell John F：Origins of modernity：the origins of modern social theory from Kant to Hegel to Marx，1987.

〔75〕Muehleck-Müller，Cathleen.Schönheit und Freiheit：die Vollendung der Moderne in der Kunst Schiller-Kant，1989.

〔76〕Norris Christopher：The truth about postmodernism，1993.

〔77〕Fontana Biancamaria：The Invention of the modern republic，1994.

〔78〕McCarthy John C：Modern Enlightenment and the rule of reason，1998.

〔79〕Wellmer Albrecht：Endgames：the irreconcilable nature of modernity：essays and lectures，1998.

〔80〕Platt Peter G：Wonders，marvels，and monsters in early modern culture，1999.

〔81〕Aulke Reinhard：Grundprobleme moralischer Erziehung in der Moderne：Locke-Rousseau-Kant，2000.

〔82〕Flikschuh，Katrin.Kant and modern political philosophy，2000.

〔83〕Cicovacki Predrag：Between truth and illusion：Kant at the crossroads of modernity，2002.

〔84〕Hearfield：Colin Adorno and the Modern Ethos of Freedom，2004.

〔85〕Lee Mabel，ed：Literary intercrossings East Asia and the West，edited by Mabel Lee and A.D.Syrokomla-Stefano，1998.

〔86〕Eldridge Richard Thomas：The persistence of Romanticism：essays in philosophy and literature，2001.

［87］Myskja Bjorn K：The sublime in Kant and Beckett：aesthetic judgement，ethics and literature，2002.

［88］Crowther Paul：The Kantian sublime：from morality to art，1989.

［89］Bernstein，J. M：The fate of art：aesthetic alienation from Kant to Derrida and Adorno，1992.

［90］Taminiaux Jacques：Poetics，speculation，and judgment：the shadow of the work of art from Kant to phenomenology，1993.

［91］Cheetham，Mark A：The Subjects of art history：historical objects in contemporary perspectives，1998.

［92］Cheetham，Mark A：Kant，art，and art History：moments of discipline，2001.

［93］Horowitz Gregg：Sustaining loss：art and mournful life，2001.

后　记

　　从 1979 年接触到李泽厚先生的《批判哲学的批判——康德述评》开始，我就和康德结下了不解之缘，从此走上了康德文艺美学研究的学术之路，至今已三十余载。在 20 世纪 90 年代中期左右，国内有关"现代性"问题的研究形成热潮，我亦与流其中，将关注的焦点集中于"康德文艺美学思想与现代性"这一课题。就我有限的阅读范围而言，"康德文学美学思想与现代性"问题局部专题研究的中外文文献颇为丰厚，而全局性的综合性考察却尚未形成规模，于是，填补这一学术空缺便成为我十几年来的科研努力方向所在。

　　本书是我和两位合作者施锐、杜萌若共同完成的国家社科基金后期资助项目"康德文艺美学思想与现代性"的一个阶段性成果。我们尝试突破国内康德研究中普遍存在的就康德论康德的旧有模式，采用问题史和思想谱系建构的方式，把康德作为轴心，贯串出"现代性"诸多领域的各个思想链条的脉络走势。另外，我们又借鉴美国批评家哈罗德·布鲁姆的"误读"理论与"影响的焦虑"理论，考察了康德思想影响与接受中的种种"变形"现象。尽管有以上创新之处，本书许多论题的研究仍处于草创阶段，远远未臻完善之境，我们恳切地期待着学术界同仁的批评教正。

张政文

2014 年 8 月

责任编辑:夏　青

图书在版编目(CIP)数据

康德文艺美学思想与现代性/张政文　施　锐　杜萌若　著.
　—北京:人民出版社,2014.12
(国家社科基金后期资助项目)
ISBN 978－7－01－014044－5

Ⅰ.①康…　Ⅱ.①张…②施…③杜…　Ⅲ.①康德,I.(1724~1804)－文学
美学－美学思想－研究　Ⅳ.①B516.31－53

中国版本图书馆 CIP 数据核字(2014)第 234367 号

康德文艺美学思想与现代性
KANGDE WENYI MEIXUE SIXIANG YU XIANDAIXING

张政文　施　锐　杜萌若　著

人民出版社 出版发行
(100706　北京市东城区隆福寺街 99 号)

北京市文林印务有限公司　新华书店经销

2014 年 12 月第 1 版　2014 年 12 月北京第 1 次印刷
开本:710 毫米×1000 毫米 1/16　印张:15.5
字数:274 千字　印数:0,001－1,500 册

ISBN 978－7－01－014044－5　定价:38.00 元

邮购地址 100706　北京市东城区隆福寺街 99 号
人民东方图书销售中心　电话 (010)65250042　65289539